Esoterik

Herausgegeben von Gerhard Riemann

Melvin Morse ist Kinderarzt und führt eine Privatpraxis in Seattle. Er hält eine Gastprofessur für Kinderheilkunde an der University of Washington und arbeitet an einem Kinderkrankenhaus. Mit seiner Frau und seinen vier Kindern lebt er in einem von ihm selbst gebauten Blockhaus.

Paul Perry arbeitet als freier Journalist für Zeitungen und Magazine. Er ist Koautor von Raymond Moodys »Leben vor dem Leben« und hat verschiedene Bücher geschrieben, u. a. »Healing Your Heart«. Bis 1987 gab er das »American-Health«-Magazin heraus. Paul Perry lebt in Scottsdale, Arizona, mit seiner Frau und seinen vier Kindern.

Dieses Buch wurde auf chlor- und säurefreiem Papier gedruckt.

Deutsche Erstausgabe Juli 1994

Titel der Originalausgabe: Transformed by the Light
Originalverlag: Villard Books, New York, 1992

Umschlaggestaltung: Peter F. Strauss
Satz: Ventura Publisher im Verlag
Druck und Bindung: Ebner Ulm
Printed in Germany
ISBN 3-426-86046-5

5 4 3 2 1

Melvin Morse und Paul Perry

Verwandelt vom Licht

Über die transformierende Wirkung
von Nah-Todeserfahrungen

Aus dem Amerikanischen
von Barbara Hörmann

Knaur

Den Patienten meiner Privatpraxis
Nur mit ihrer Unterstützung war diese Forschungsarbeit möglich

Melvin Morse

Meiner Frau, Darlene Bennett Perry

Paul Perry

Inhalt

Vorwort: Was ist eine »Nah-Todeserfahrung«?

Weltweit haben Millionen von Menschen schon einmal eine Erfahrung in Todesnähe gemacht. Tausende solcher sogenannter »Nah-Todeserfahrungen«* (oder kurz: NTEs) sind von in der Forschung tätigen Medizinern untersucht worden, wobei sich die Phasen oder Elemente feststellen ließen, die den NTEs gemeinsam sind und sie somit definieren. Im wesentlichen sind es neun Merkmale, die ein solches Erlebnis charakterisieren, obwohl manche Forscher, um ihre Untersuchung noch präziser zu gestalten, NTEs in weitere Merkmale untergliedern.

Wenn alle neun Merkmale vorhanden sind, handelt es sich um eine »voll ausgeprägte« Nah-Todeserfahrung. Solche NTEs sind jedoch selten. In der Regel weisen sie nur ein oder zwei der Merkmale auf, zum Beispiel eine außerkörperliche Erfahrung und ein Tunnel-Erlebnis. Entscheidend ist, daß jemand nicht unbedingt das Vollbild einer Nah-Todeserfahrung erlebt haben muß, um dadurch verändert zu werden. Viele, vor allem Kinder, machen nur die Erfahrung von Licht. Andere haben lediglich das Tunnel-Erlebnis. Dennoch handelt es sich hier, genauso wie bei den langen und ausführlichen Erlebnissen, ebenfalls um NTEs. Die in diesem Buch vorgestellte Untersuchung zeigt, daß sich praktisch alle,

* Wie der Fachausdruck *near-death experiences (NDEs)* im deutschsprachigen Raum meist übersetzt wird; A. d. Ü.

die durch eine Nah-Todeserfahrung hindurchgegangen sind, dadurch wandeln. Sie haben mehr Freude am Leben und so gut wie keine Angst vor dem Tod. Manche machen eine nach außen weniger sichtbare Wandlung durch. Sie entwickeln als Folge ihrer Begegnung mit dem Tod übersinnliche Fähigkeiten und sogar größere Intelligenz.
Die neun wesentlichen Merkmale von NTEs werden im folgenden aufgeführt. Jedes Merkmal wird anhand einer Geschichte veranschaulicht, die jemand, der schon an der Schwelle des Todes stand, tatsächlich erlebt hat.

1. Das Gefühl, tot zu sein

»Es ist schwer zu erklären. In dem Moment war ich nicht die Frau meines Mannes. Ich war nicht die Mutter meiner Kinder. Ich war nicht das Kind meiner Eltern. Ich war ganz und vollständig ich selber.«

Eine fünfundsechzigjährige aus Chicago nach einem Herzstillstand

2. Frieden und Schmerzfreiheit

»Es war, als ob die Bande, die mich an die Welt binden, gekappt worden wären. Ich empfand keine Furcht mehr und spürte auch eigentlich meinen Körper nicht. Ich konnte sie [die Ärzte und Schwestern] um mich herum arbeiten hören, aber das war bedeutungslos.«

Eine Hausfrau aus Georgia, die nach einem schweren Autounfall »starb«

3. Die Erfahrung, sich außerhalb des eigenen Körpers zu befinden

»Ich konnte auf mich selbst hinunterschauen, wie ich da in meinem Krankenhausbett lag und Ärzte und Schwestern geschäftig um mich herumliefen. Ich konnte sehen, wie sie einen Apparat ins Zimmer fuhren und am Bettende abstellten. Er hatte zwei Griffe, die aus einer Art Kiste herausragten. Wie ich später herausfand, handelte es sich um eins dieser Geräte, mit dem man dem Herz Stromstöße versetzt, um es wieder zum Schlagen zu bringen, wenn es damit aufgehört hat.

Ein Priester kam herein und gab mir die Sterbesakramente. Ich bewegte mich zum Bettende hin und beobachtete alles, was vor sich ging. Ich kam mir vor wie eine Zuschauerin bei einem Theaterstück.

Hinter mir im Bett war eine Uhr. Sie hing an der Wand. Ich konnte sowohl mich im Bett liegen sehen als auch die Uhr, die 11.11 Uhr anzeigte.

Dann ging ich zurück in meinen Körper. Ich erinnere mich noch, wie ich aufwachte und am Bettende nach mir suchte.«

Eine Frau aus Arizona, die beinahe an einer Überreaktion auf ein Arzneimittel gestorben wäre

4. Das Tunnel-Erlebnis

»Ich war beim Golfspielen, als sich ein Gewitter zusammenbraute, und zack – wurde ich von einem Blitz getroffen. Ich schwebte sekundenlang über meinem Körper, und dann fühlte ich mich durch so einen Tunnel hochgesogen. Sehen konnte ich nichts um mich herum, doch ich hatte das

Gefühl, mich sehr schnell vorwärtszubewegen. Ich war in einem Tunnel, das war mir klar, als ich dieses Licht am anderen Ende immer größer werden sah.«

Ein Autohändler aus dem Süden der USA,
den ein Blitz getroffen hatte

5. Lichtgestalten

»Am Ende des Tunnels wurde ich von einer Schar Leute empfangen. Sie leuchteten alle von innen her wie Laternen. Genauso leuchtete die ganze Umgebung, alles dort war von Licht erfüllt. Ich kannte niemanden von den Leuten, auf die ich da traf, aber sie schienen mich alle sehr zu lieben.«

Ein zehnjähriger Junge,
der einen Herzstillstand überlebte

6. Das Lichtwesen

»Ich weiß noch, daß ich in einem Garten ganz voller großer Blumen aufwachte. Wenn ich sie beschreiben sollte, würde ich sagen, sie schauten aus wie große Dahlien. Es war warm und licht und schön in diesem Garten.

Ich schaute mich darin um, und da war so ein Wesen. Und obwohl der Garten so außergewöhnlich schön war, ließ seine Gegenwart alles andere verblassen. Von ihm fühlte ich mich vollkommen geliebt und gestärkt. Es war das wunderbarste Gefühl, das ich je erlebt habe. Obwohl es so einige Jahre her ist, spüre ich dieses Gefühl immer noch.«

Eine Frau mittleren Alters über die
Nah-Todeserfahrung, die sie als Kind hatte

7. Die Lebensrückschau

»Dieses Lichtwesen umfing mich und führte mir mein Leben vor Augen. Alles, was du tust, mußt du bewerten. So unangenehm es auch ist, sich manches daraus anzuschauen, so ist es doch ein gutes Gefühl, mal alles loszuwerden. Ich erinnere mich an einen speziellen Vorfall in dieser Rückschau, nämlich daß ich als Kind meiner kleinen Schwester das Osterkörbchen wegriß, weil ein Spielzeug drinlag, das ich selber wollte. Doch im Rückblick empfand ich ihr Gefühl der Enttäuschung und des Verlusts und der Ablehnung. Ich steckte jetzt in der Haut all derjenigen, denen ich weh getan hatte, und derjenigen, denen ich zu einem guten Gefühl verholfen hatte.«

Eine Frau aus Ohio,
die mit 23 eine Nah-Todeserfahrung machte

8. Die widerwillige Rückkehr

»Nach der Rückschau auf mein Leben wollte ich nicht in meinen Körper zurückkehren. Ich fühlte mich wohl, wo ich war, und das Licht um mich herum war die reine Liebe. Es [das Lichtwesen] fragte mich, ob ich zurückkehren wollte, und ich sagte: ›Nein.‹ Es meinte jedoch, ich müsse zurückkehren, es gäbe noch etwas für mich zu tun. Ich wurde dann in meinen Körper zurückgesogen. Es läßt sich nicht anders beschreiben. Plötzlich lag ich da und schaute zu einem Arzt mit Paddeln in der Hand hoch.

Einen Augenblick lang war ich ärgerlich darüber, daß man mich wieder ins Leben zurückgeholt hatte. ›Mach das bloß nicht noch mal mit mir!‹ meinte ich. Damit schockierte ich meinen Freund, der alles getan hatte, um mich zu retten.«

Ein Herzspezialist, der von einem seiner Kollegen wiederbelebt wurde

9. Die Persönlichkeitsveränderung

»Das erste, was ich sah, als ich im Krankenhaus aufwachte, war eine Blume, und ich weinte. Ob Sie es glauben oder nicht, ich hatte noch nie wirklich eine Blume gesehen, bis ich aus dem Tod zurückkam. Eines habe ich gelernt, als ich starb: Wir sind alle Teil eines einzigen großen, lebendigen Universums. Wenn wir glauben, wir könnten einem anderen Menschen oder einem anderen Lebewesen weh tun, ohne uns selbst weh zu tun, dann ist dies ein trauriger Irrtum.«

Ein zweiundsechzigjähriger Geschäftsmann, nachdem er einen Herzstillstand überlebt hat

1 Die Verwandelten

»Es lohnt zu sterben, um herauszufinden, was Leben ist.«

T. S. Eliot

»Ehrlich gesagt, Dr. Morse, ich glaube nicht, daß mich diese Erfahrung irgendwie verändert hat.«

Gerade hatte mir Donna die erschreckende Geschichte jener Nacht erzählt, in der sie beinahe gestorben wäre, und ich wollte nun herausfinden, ob sie in den drei Jahren seit ihrer Nah-Todeserfahrung irgendwelche Veränderungen an sich festgestellt hatte.

Ihre Geschichte war typisch für die vielen hundert Nah-Todeserfahrungen, die ich mir in den letzten fünf Jahren angehört habe, und doch liefen mir kalte Schauer den Rücken hinunter, als ich sie so nüchtern erzählen hörte.

Donna war zwölf, als sie an akuter Lungenentzündung erkrankte. Sie durfte zu Hause bleiben, da ihr Arzt glaubte, die Krankheit medikamentös in den Griff zu bekommen. Er gab ihr die für diese Infektion üblichen Anweisungen: Sie sollte ihre Arznei schlucken, viel Flüssigkeit zu sich nehmen und sich ordentlich ausruhen. All dies machte sie auch, und doch spitzte sich an jenem denkwürdigen Abend die Lage so zu, daß sie ihr beinahe zum Verhängnis wurde.

Donna lag bei sich zu Hause auf der Couch, wie sie mir sagte, und sah fern, als sie auf einmal nur noch schwer Luft bekam. Sie versuchte, nicht daran zu denken und

sich auf die Unterhaltungsserie zu konzentrieren, die gerade über die Mattscheibe flimmerte. Doch kurz darauf hatte sie das Gefühl, als ob sich ihr ein Metallreifen immer enger um die Brust legte und alle Luft aus ihr herauspreßte. Donna schrie nach ihrer Mutter.
Was die Mutter dann sah, als sie ins Zimmer gelaufen kam, muß recht erschreckend gewesen sein, denn sie packte Donna und zog sie ins Freie, in die frische Luft. In dieser kalten Winternacht rang Donna im Vorgarten auf allen vieren nach Luft. Die Lungen aber zogen sich immer mehr zusammen, und das Atmen wurde ihr unmöglich. Donnas Mutter handelte schnell. Sie verfrachtete ihre Tochter ins Auto und raste zum Krankenhaus. Das letzte, was Donna hörte, war, wie ihre Mutter laut ihren Namen rief. Dann war sie in einer völlig veränderten Realität:

»Ich weiß noch, daß ich ein Licht gesehen habe. Ich war neugierig, und es zog mich dorthin. Es war, wie wenn man ins Blitzlicht einer Kamera schaut – weiß, golden und sehr hell.
Plötzlich griffen Hände nach mir, und ich sah meine Großeltern. Die Hände und meine Großeltern waren nicht bloß ein Teil des Lichts, sie waren das Licht. Da waren Hunderte von Händen, überall Hände. Sie schauten wie die von griechischen Skulpturen aus, und sie winkten mich zu meinen Großeltern, die seit mehreren Jahren tot waren.
Ich unterhielt mich mit meinen Großeltern, aber ich sprach nicht dabei. Ich erinnere mich auch nicht, etwas gedacht zu haben. Aber ich war direkt bei ihnen, als sie redeten. Und was

haben sie gesagt? Daß ich fast alle meine Probleme gelöst hätte und jetzt in die Richtung gehen könne, in die ich wolle. Das hieß, ich konnte entweder bei ihnen im Licht bleiben oder wieder in meinen Körper zurückkehren. Das liege bei mir, und ich müsse nicht unbedingt bei ihnen bleiben.«

Donna kann sich zwar nicht erinnern, eine Entscheidung getroffen zu haben, doch sie kehrte zurück. Und bei ihrer Rückkehr bekam sie gleich eine gehörige Dosis medizinischer Realität verabreicht. Der behandelnde Arzt im Krankenhaus meinte, ihre »Halluzination« sei von Drogen ausgelöst worden. Da er ihr im Krankenhaus keine gegeben habe, wollte er wissen, welche Art von Drogen sie denn von sich aus nehme.

Ihre Kinderärztin sagte dasselbe. Als Donna und ihre Mutter der Ärztin von dem Erlebnis mit dem Licht erzählten, meinte sie, es müsse von irgendeiner Halluzinationen hervorrufenden Droge herrühren. »Andernfalls«, sagte die Ärztin, »hieße das doch, daß sie eine Nah-Todeserfahrung gemacht hat.«

Und genau das war der Fall, dachte ich mir, nachdem ich mir Donnas Geschichte angehört hatte. Sie hatte diverse Elemente erlebt, die dem Nah-Todesforscher bekannt sind. Donnas starke Schmerzen waren einem Gefühl von Frieden und Schmerzlosigkeit gewichen. Ein intensives Licht voller Liebe zog sie an und nahm sie in sich auf. Sie sah Lichtgestalten – in ihrem Fall die verstorbenen Großeltern –, die sie trösteten durch ihr Wissen, daß alles in Ordnung war. Es stand ihr frei, in ihren Körper zurückzukehren (den sie während ihres Erlebnisses nicht mehr gespürt hatte) oder aber im Licht und bei ihren Großeltern zu bleiben. Jetzt, da sie zurückgekehrt war, stieß sie bei den Medizinern auf Ungläubigkeit – ein inoffizielles Symptom bei NTEs –, und die Ärzte wollten ihr weismachen, daß dieses Erlebnis gar nicht wirklich passiert war. Sie sollte also, wenn es nach den Ärzten ging, die selbst erlebte Realität leugnen.

An dieser Stelle kam ich ins Spiel. Auf einer Ärztetagung wurde Donna mir von einem Kollegen vorgestellt. Sie hatte mein vorheriges Buch *Zum Licht. Was wir von Kindern lernen können, die dem Tod nahe waren* gelesen und wollte mit jemandem aus der medizinischen Zunft sprechen, der sie »verstand«.

Ich konnte ihre Situation gut nachvollziehen. Nachdem ich mit Hunderten von Kindern und Erwachsenen über ihre Erfahrungen in Todesnähe gesprochen habe, kenne ich die Skepsis, mit der ihnen viele Ärzte begegnen, die nur schwer zugeben können, daß sich manches eben nicht mit Hilfe medizinischer Lehrbücher erklären läßt.

Noch etwas anderes hatten mir die Gespräche mit all diesen Menschen, die eine Nah-Todeserfahrung hinter sich haben, überzeugend gezeigt: Sie alle hatte dieses Erleben des Lichts verwandelt. Der Gedanke, daß sich an Menschen, die durch eine derartige Erfahrung hindurchgegangen sind, daraufhin eine Transformation vollzieht, ist nicht neu. Nur hatte noch niemand eine systematische Studie durchgeführt, in der überprüft wird, ob tatsächlich eine Veränderung stattgefunden hat.

Manche Forscher gehen gar so weit, zu behaupten, man könne nicht von einer »echten« Nah-Todeserfahrung sprechen, wenn dadurch keine Wandlung eingetreten sei. Für Phyllis Atwater etwa sind die Nachwirkungen einer Erfahrung in Todesnähe der Maßstab für ihre Echtheit.

Bei meinen eigenen Patienten hat diese Transformation meiner Beobachtung nach vielerlei Formen angenommen. Manche Menschen mit einer Todeserfahrung werden liebevoller und warmherziger. Andere gelangen zu erstaunlichen Einsichten auf Gebieten, die ihnen vorher völlig unbekannt waren. Wieder andere werden regelrecht hellsichtig und können Zukünftiges im Traum sehen oder Ereignisse dank einer plötzlichen Eingebung zutreffend vorhersagen.

Aber wie lange hält dies an? Oft behaupten ja Leute, denen ein Verwandter an Lungenkrebs gestorben ist, diese Erfahrung habe sie verwandelt, und sie geben das Rauchen auf. Aber wenn man die Sache überprüft, stellt sich ein paar Monate später heraus, daß sie wieder rauchen.

Und wie lange hält die Wandlung bei denjenigen an, die eine Nah-Todeserfahrung durchgemacht haben?

Zwar hatte noch niemand eine Studie durchgeführt, um die tatsächlich auftretenden Veränderungen zu untersuchen, doch war ich mir aufgrund meiner eigenen Erfahrungen sicher, daß jeder, der eine Nah-Todeserfahrung hinter sich hat, dadurch in irgendeiner Weise verändert ist. Aus diesem Grunde stellte ich Donna die Frage: »Und wie hat diese Erfahrung dein Leben verändert?« Und deshalb war ich auch verwundert über ihre Antwort: *»Ehrlich gesagt, Dr. Morse, ich glaube nicht, daß mich diese Erfahrung irgendwie verändert hat.«*

Ich fing an, tiefer zu bohren: »Hast du vielleicht jetzt ein besseres Verhältnis zu deinen Eltern?« – »Eigentlich nicht. Wir haben uns immer recht gut verstanden.« – »Vielleicht bist du in der Schule besser geworden?« war meine nächste Vermutung. Sie dachte kurz nach und schüttelte den Kopf: »Nein.« – »Okay. Aber fällt dir denn nicht Mathe jetzt leichter?« – »Auch nicht sonderlich«, meinte sie. Ich war ausdauernd, da ich wußte, daß Kinder und Teenager oft denken, sie hätten sich durch ihr Erlebnis nicht verändert.

»Kannst du in die Zukunft sehen?« fragte ich.

Es war ihr sichtlich nicht ganz wohl bei dieser Frage. »Ach das«, entgegnete sie mir, »wer hat Ihnen denn das gesagt?«

Ohne daß ich sie dazu ermuntern mußte, erzählte mir Donna nun einige Geschichten von präkognitiven* Träumen, die sie hatte, Träume, die bald eintretende Ereignisse ankündigen. Insgesamt konnte sie sich an vier solcher Träume erinnern, die sich in die Kategorie »verifizierbare übersinnliche Erfahrungen« einordnen lassen, das heißt, daß es sich um Träume handelt, die sie anderen erzählt hatte, *bevor* die im Traum vorkommenden Ereignisse eintraten.

Zum Beispiel träumte sie vom Tod ihres Großvaters, und

* Vom lat. *praecognoscere* = »vorher erfahren, im voraus wissen«; A.d.Ü.

zwar wenige Tage bevor er tatsächlich – völlig unerwartet – starb. Wie diese Träume aussahen, war recht interessant: Vier Nächte hintereinander sah Donna im Traum deutlich, daß ihr Großvater zum Grab der Familie ging und die Stelle auf dem Grabstein blankrieb, wo sein Name eingraviert werden würde. Dann saß er am Grab und sprach mit seinem Enkelsohn, der bei einem Autounfall tödlich verunglückt war. In keinem der Träume konnte sie verstehen, was er sagte, aber jedesmal erzählte sie ihrer Mutter hinterher, daß sie irgendwie wußte, er werde bald sterben.

Wenige Tage nach ihrem vierten Traum erlag er einem schweren Herzanfall.

Nach dem Tod des Großvaters las Donnas Mutter sein Tagebuch. Darin schrieb er, wie er über den Grabstein wischte und mit seinem Enkelsohn sprach, und das genau an den Tagen, als Donna davon geträumt hatte.

Sie erzählte mir noch weitere Träume dieser Art. In einem davon, einem recht beunruhigenden, träumte ihr, daß sie mit einer Freundin auf einer Party war. Es wurden Kärtchen ausgeteilt, auf denen etwas geschrieben stand. Donna konnte sich nicht mehr erinnern, was sie für eines bekommen hatte, aber auf dem ihrer Freundin stand das Wort *Selbstmord.* Am Morgen darauf erzählte sie ihrer Familie beim Frühstück von ihrem Traum, dachte dann aber nicht mehr weiter darüber nach, bis sie ungefähr eine Woche später mit ihrer Freundin auf einer Party war und diese über Probleme in der Familie zu sprechen begann und dabei erwähnte, daß sie sich am liebsten umbringen würde.

Ein paar Tage später beschlich Donna plötzlich das ungute Gefühl, ihre Freundin könnte ihre Drohung wahrmachen. Jedoch überkam sie diese Vorahnung nicht in Form eines Traums oder einer Vision, sagte Donna, sondern nur als starkes Gefühl, daß diese gute Freundin von ihr dabei war, sich das Leben zu nehmen. In Panik raste Donna zum Haus ihrer Freundin. Sie fand sie im Badezimmer, wo sie sich gerade die Pulsadern aufschnitt! Durch Donnas Eingreifen konnte das Mädchen dann psychiatrische Hilfe finden. So hatten sich sowohl ihr Traum als auch ihre Vorahnung bewahrheitet.

Doch sie hatte noch weitere Träume übersinnlicher Art: Während eine Freundin von ihr in einem Sommerlager war, hatten sie beide gleichzeitig denselben Traum. Und ein anderes Mal träumte sie von einem Brief und seinem Inhalt und konnte dem Verfasser des Briefes mitteilen, was darin stand, während der Brief noch unterwegs war. Bei einem anderen Vorfall, der sich am ehesten als Vision bezeichnen läßt, war sie auf einer Bergtour, als sie sah, daß ihrer Freundin ein Schatten folgte. Sie rief ihr zu aufzupassen, und in dem Moment gab eine Felskante unter dem Tritt der Freundin nach und bröckelte ab. Donna meint, ihr Zwischenruf habe die Freundin vor dem Abstürzen bewahrt. Angesichts ihrer Vorgeschichte glaube ich ohne weiteres, daß sie wahrscheinlich recht hat.

Unterschiedliche »Tode« – Gemeinsames im Leben danach

»Also schaut es doch so aus, als hätte deine Nah-Todeserfahrung für dich ganz schön was verändert!« sagte ich zu Donna. Sie lachte und gab zu, daß es so war. Donna hatte sich, wie alle anderen auch, gewandelt.

Das Interesse, das *Zum Licht* hervorgerufen hatte, ließ Hunderte von Leuten auf mich zugehen, die Erfahrungen in Todesnähe gemacht hatten. Bei den meisten handelte es sich um Erwachsene, die als Kinder mit dem Tod in Berührung gekommen waren. Es gab Leute darunter, die beinahe ertrunken wären, und solche, die von zu schnell fahrenden Autos überfahren worden waren. Es gab solche, die bei einer Mandeloperation »gestorben« waren, und solche, die den Kopf in eine Plastiktüte gesteckt hatten und fast erstickt wären. Manche hatten als allergische Reaktion auf Penicillin einen Kollaps der Atemwege erlitten, ein Pärchen war mit Baseballschlägern förmlich ins Koma geprügelt worden, und eine Frau war gar vom Blitz ins Ohr getroffen worden, als sie während eines Gewitters telefoniert hatte.

Auf ganz verschiedene Weise waren sie beinahe gestorben. Doch zeigten mir die Gespräche mit ihnen: Sie hatten etwas Wesentliches gemeinsam, *sie hatten sich verändert.*

Praktisch alle, mit denen ich sprach, hatten wenig oder keine Angst vor dem Tod. Auch wenn ihre Todeserfahrung mehrere Jahrzehnte zurückliegen mochte, beunruhigte sie der Gedanke ans Sterben nicht. Und warum

nicht? Weil sie ein *Wissen* besaßen, eine Botschaft, die aus dem Licht kam, das sie fast alle gesehen hatten. Wie mir ein zehnjähriges Mädchen mitteilte: »Es ist, als ob ich ein neues Leben hätte. Ich habe nicht solche Angst vor dem Sterben, weil ich jetzt mehr darüber weiß.«
Was sich außerdem bei ihnen allen feststellen ließ, war ihre Freude am Leben. Damit meine ich, daß sie alles mitnehmen, was das Leben zu bieten hat. Sie wollen das Leben bis zum letzten Tropfen auskosten. Manchmal sind sie sich dieses grundlegenden Wandels in ihrer Einstellung aber nicht einmal bewußt. Eine Siebzigjährige teilte mir beispielsweise mit:

> *»Mit mir ein Gespräch zu führen wäre reine Zeitverschwendung, denn meine Todeserfahrung hatte keinerlei Auswirkung auf mein Leben. Außerdem habe ich gar keine Zeit für so ein Gespräch. Ich bin viel zu beschäftigt – mit meiner Gartenarbeit, mit ehrenamtlichen Tätigkeiten und mit meinem Teilzeitjob. An mir ist überhaupt nichts Besonderes.«*

Eine geringe Angst vor dem Tod und Freude am Leben waren also all denjenigen gemeinsam, mit denen ich gesprochen hatte. Unter den vielen Menschen, die sich an mich wandten, fand ich aber auch manche Veränderungen, die über eine bloße Einstellungsänderung hinausgingen.
Eine erhebliche Zahl von Leuten behauptete, eine Wandlung an sich erfahren zu haben, die ins Paranormale reichte. So erklärten manche, sie seien nach ihrer Nah-Todeserfahrung zu größerer Intelligenz gelangt. Einer

davon, ein Schneepflugfahrer im Norden des Staates New York mit dem typisch amerikanischen Namen Tom Sawyer, sah sich im ersten Jahr nach seinem Erlebnis auf einmal eine Reihe von Zahlen und Symbolen aufschreiben. Er wußte weder, warum er sie aufschrieb, noch, was sie bedeuteten, doch ertappte er sich häufig, wie er so vor sich hin kritzelte, mal während der Kaffeepause, mal am Abend nach der Arbeit. Als er die Ergebnisse dieses Herumspintisierens einem College-Professor zeigte, stellte sich heraus, daß es sich bei dem, was er da aufschrieb, um Gleichungen des Physikers Max Planck handelte, der bekanntlich einen großen Beitrag zur heutigen Atomphysik geleistet hat. Sawyer meint heute dazu, seine Nah-Todeserfahrung sei für ihn ein Schnellkurs in Atomphysik gewesen. Aber wie und warum gelangt jemand ohne höheren Schulabschluß zu solchem Wissen? Kam es aus dem Lichterlebnis?
Andere waren überzeugt, die Fähigkeit zur Hellsicht entwickelt zu haben. Sie konnten nun – wie Donna – zukünftige Geschehnisse vorhersagen. Eine Frau war über ihre Fähigkeit, in die Zukunft zu sehen, derart beunruhigt, daß sie sich – nach dem prophetischen Traum, ihr Bruder werde von Eindringlingen ermordet – in medizinische Behandlung begab. Fast fünf Jahre lang nahm sie verschreibungspflichtige Medikamente ein, die ihre Sinne abstumpfen ließen und ihre Hellsichtigkeit ausschalteten. Schließlich hatte sie genug von diesem Leben auf Sparflamme, setzte die Medikamente ab und hat inzwischen akzeptiert, daß sie eben weiß, wie manche Ereignisse ausgehen, noch bevor sie eintreten. Warum aber

war sie mit diesem Wissen gesegnet oder – wohl eher – geschlagen?

Im Laufe der Zeit erfuhr ich noch von vielen weiteren Veränderungen an Leuten mit einer Nah-Todeserfahrung. Manche waren sehr tiefreichend, wie eben bei denjenigen, die an Intelligenz dazugewonnen oder auf einmal hellseherische Fähigkeiten bei sich entdeckt hatten. Andere dagegen waren von recht subtiler Art. Zum Beispiel können viele keine Uhr tragen, weil irgend »etwas« sie immer wieder kaputtgehen läßt. Einige berichten auch von »Schutzengeln«, die, noch lange nachdem sie so erschreckend knapp am Tod vorbeigegangen waren, bei ihnen blieben. Und es faszinierte mich, wieviel Hilfe sie von diesen gütigen Begleitern erfuhren.

Je häufiger ich mit solchen Leuten sprach, desto mehr fesselte mich die Sache, und ich dachte, sie wäre es wert, wissenschaftlich untersucht zu werden. Der Entschluß, mich der großen Schar der Gewandelten in einer Studie so eingehend wie möglich zu widmen, fiel, nachdem ich Olaf Sundens Geschichte gehört hatte.

Eine Fallstudie über Erkenntniszuwachs

Wie es kam, daß Olaf Sunden beinahe gestorben wäre, ist ohne weiteres einsichtig. Was aber mit ihm geschah, nachdem er knapp am Tod vorbeigegangen war, übersteigt meinen Verstand.

Mit vierzehn ließ sich Olaf die Mandeln herausnehmen. Während der Routineoperation erwischte er eine Überdosis Äther, was damals, als man Äther tropfenweise auf ein dicht am Gesicht des Patienten liegendes Mulltuch gab, relativ häufig vorkam. Olaf hörte auf zu atmen, und sein in Panik geratener Operateur begann, ihn zu schütteln. Es kann gut sein, daß zu diesem Zeitpunkt auch sein Herz stillstand. Obwohl er sich medizinisch gesehen im Koma befand, konnte Olaf empfinden, daß er nun tot war. Und so lautet sein höchst dramatischer Bericht:

»Plötzlich rollte ich mich zu einem Ball zusammen, und mir schien, ich krachte in eine Wand und hinein in eine andere Realität. Von einer Seite auf die andere durchzustoßen tat ungeheuer weh, nahm mir völlig die Luft. Die Kräfte, die mich durch die Todesschranke beförderten, waren gewaltig, und die Grenzbarriere war überaus stabil.
Plötzlich befand ich mich auf der anderen Seite, und alle Schmerzen waren vorbei. Ich hatte alles Interesse an meinem biologischen Leben und all meine Bindung daran verloren. [Mir wurde klar,] die Grenze zwischen Leben und Tod ist eine seltsame Schöpfung unseres Geistes. Sie ist furchterregend und real, wenn man sie von dieser Seite [der Seite der Lebenden] aus wahrnimmt, und ist doch unbedeutend von der anderen Seite her gesehen.
Mein erster Eindruck war der vollkommener Überraschung. Wie konnte ich hier nur so gut existieren, und wie konnte ich wahrnehmen und denken, wo ich doch tot war und keinen Körper hatte?«

Olaf war, als schwebe er in einem »Universum ohne Grenzen« dahin. Dieses Universum präsentierte sich ihm als System immer kleiner werdender Seifenblasen, ein System, in dem in sphärischer, konzentrischer Anordnung Kolonnen von Seifenblasen auftauchten, die sich in komplizierten, ihm jedoch völlig einsichtigen Formationen dahinbewegten.

An der Schwelle des Todes kam sich dieser vierzehnjährige Junge mit den mittelmäßigen Schulleistungen vor, als wären ihm die Schlüssel zum Universum übergeben worden. »Ich hatte das Gefühl absoluter Einsicht, die mich alles begreifen ließ«, schrieb er. Während seiner Todeserfahrung stand Olaf vor einem »hellen, orangefarbenen Licht«. Er nannte dieses Licht den »Punkt der Auslöschung«, einen erschreckenden Ort, der ihm jedoch allumfassendes Verstehen bescherte.

Zwar wollte Olaf bei diesem Licht bleiben, doch spürte er, wie sich »sein Geist in zwei Teile spaltete« und der Teil, der alles verstand, zurückblieb. Er sah ihn über sich als wunderschöne leuchtende Lichtgalaxie entschwinden, während er in einen Tunnel hinein und zurück in seinen Körper mußte. »Ich weiß noch, daß ich dachte: ›Aber ich möchte doch diese neue Relativitätsphysik verstehen!‹« schrieb Olaf. »Dann spürte ich einen Stoß und war in einem Kanal gefangen, durch den ich mit ungeheurer Gewalt in meinen Körper zurückbefördert wurde. Ich nahm meine ganze Kraft zusammen, um mir das kosmische Verständnis der Weltmaschinerie wieder ins Gedächtnis zu rufen.«

Olafs kosmische Reise endete in einem hell erleuchteten Operationssaal, wo er sich, als er aufwachte, inmitten von Glassplittern und verstreuten Instrumenten, umgeben von vier fiebrig agierenden Ärzten und mehreren aus der Fassung gebrachten Schwestern wiederfand. Zwei Jahre danach erfuhr er dann, daß er seine Mandeln immer noch hatte, sie waren ihm nie, wie geplant, herausgenommen worden.

Die Nah-Todeserfahrung hatte unmittelbare Auswirkungen auf Olafs Charakter. Aus einem Durchschnittsschüler wurde ein arroganter und sogar ketzerischer Schüler, der die ihm in der Schule gelieferten Erklärungen verwarf und sich eigene suchte. Er stützte sich auf Theorien, die er »auf der anderen Seite« gelernt hatte, um damit das Werk von Albert Einstein zu erklären.

Olaf hatte zunächst das Gefühl, sein Erlebnis in Todesnähe sei nicht viel mehr als ein außergewöhnlicher Traum gewesen. Aber als er, am Anfang seiner Schulzeit eher lernbehindert, schließlich auf einen akademischen Abschluß mit Auszeichnung zusteuerte, wurde ihm klar, daß während seines kosmischen Abenteuers irgend etwas mit ihm geschehen war.

Doch immer noch mißtraute er seiner Vision, bis dann in den frühen sechziger Jahren – er war inzwischen Mitte Vierzig – die Entdeckung des Neutrinos publik wurde. Erst jetzt erkannte Olaf, daß die Einsichten, die ihm seine Todeserfahrung vermittelt hatte, richtig waren. Ein Neutrino ist ein Elementarteilchen, das durch den massiven Kern eines Sterns hindurchgehen kann, ohne davon in irgendeiner Weise verändert oder beeinflußt zu werden. Als Olaf von diesen Neutrinos las, erkannte er, daß sie in seinem Erlebnis vorgekommen waren, nämlich als Seifenblasen, die durch feste Körper gingen.

Nun war er davon überzeugt, daß ihm sein Nah-Todeserlebnis ungeheure Einsichten in die Natur des Universums beschert hatte. Irgendeine rätselhafte Intelligenzquelle mußte dadurch angezapft worden sein. Er war klüger als vorher, aber zugleich frei von einem Denken, das ihn auf allgemeingültige Theorien und Werte festlegte.
Seine gesteigerte Intelligenz beweisen seine zahlreichen Leistungen auf technischem Gebiet, die zum Großteil daraus resultierten, daß er seiner Intuition vertraute, die ihm wiederum durch seine Todeserfahrung zugewachsen war. Er spricht nun von seiner beinahe tödlichen Mandeloperation als von »meiner kosmischen Gabe«.
Olaf hat circa hundert chemische Patente entwickelt, Erfindungen, die ihn zu einem Topingenieur im Bereich der Forschung und Entwicklung werden ließen. Er entdeckte eine Methode, wie bei der Papierherstellung mehr Kalk verwendet werden kann. Papier wird hauptsächlich aus dem Holz gefällter Bäume hergestellt. Olaf dagegen fand dank seines hochentwickelten wissenschaftlichen Vorstellungsvermögens heraus, wie man dem Papier 25 Prozent mehr Kalk oder Kaolin beimengen konnte, ohne daß dies seine Qualität irgendwie minderte. Diese Entdeckung bedeutet, daß grob geschätzt 25 Prozent weniger Bäume gefällt werden müssen, damit unser Papierbedarf gedeckt ist.
Olaf führt noch einen anderen Beweis an, wenn er seine »kosmische Gabe« glaubhaft machen will. Vor 25 Jahren erlitt seine Tochter, damals ein Teenager, bei einem Autounfall schwere Kopfverletzungen. Sie lag drei Mona-

te im Koma, und die Ärzte prognostizierten, daß sich daran wahrscheinlich nichts mehr ändern werde. Sie teilten Olaf offen mit, seine Tochter werde wohl für den Rest ihres Lebens in einem vegetativen Zustand bleiben. In dieser verzweifelten Situation kam Olaf und seiner Tochter seine Nah-Todeserfahrung zu Hilfe. Er mußte zwar die neurologische Diagnose hinnehmen, aber nicht hinnehmen wollte er, daß damit schon alle Chancen auf ein annehmbares Leben vergeben waren. Er vermutete, daß seine Tochter sich auf der anderen Seite befand, in einer ähnlichen Situation wie er nach seiner Äthervergiftung. Er wußte noch, was ihm damals als der Schlüssel erschien, der ihm den Tunnel für seine Rückkehr ins Leben öffnete. Es war die Erinnerung daran, wie er immer mit den Meereswellen mitgeschwommen war. Vielleicht konnte für sie eine ähnliche Erinnerung an etwas aus ihrem Leben auch der Schlüssel für die Rückkehr sein. Olaf war glücklicherweise im Besitz eines koffeinähnlichen medizinischen Wirkstoffs, den er erfolgreich bei sich und seiner Tochter getestet und der ihrer beider Erinnerungsvermögen bei wissenschaftlichen Vorlesungen bzw. Schulprüfungen verbessert hatte.
Olaf entschied sich, ein letztes verzweifeltes Experiment mit dieser Substanz durchzuführen. Der erste Test – sieben Wochen nach dem Unfall – brachte eine dramatische Wirkung. Das bewußtlose, apathische Mädchen versuchte sich vom Bett aufzurichten, fünfzehn Minuten lang, fiel dann aber wieder gänzlich ins Koma zurück. Eine Woche später wurde ein zweiter Versuch unternommen, der wesentlich größeren Erfolg erzielte. Die herbei-

gerufenen Ärzte bestätigten, daß entgegen allen Erwartungen das Koma sich zurückzubilden begann, auch wenn noch nicht feststand, ob so etwas wie ein geistiger Kontakt hergestellt war. Eine Entwicklung zum Leben hin hatte eingesetzt, und nach einem Monat erlangte Olafs Tochter wieder das Bewußtsein. Sie konnte nun, durch Händedruck, mathematische Fragen beantworten. Einen Monat nach ihrem Erwachen wurde sie in Mathematik geprüft und bestand tatsächlich die Prüfung. Es dauerte noch drei weitere Jahre, bis sie wieder laufen lernte, und zwei schmerzhafte Augenoperationen waren nötig, um die Augen wieder in Parallelposition zu bringen. Sie ist jetzt Architektin und Mutter zweier Kinder und leidet nur noch beim Gehen unter einer Lähmung des einen Beines.
Diese tragische Geschichte ist für Olaf ein Hinweis darauf, daß »kosmische Gaben« dieser Art ernsthafte wissenschaftliche Aufmerksamkeit verdienen.

Olaf erfuhr von meiner Arbeit aus medizinischen Zeitschriften wie *Lancet* und *The American Journal of Diseases in Children*, und nachdem er *Zum Licht* gelesen hatte, schrieb er mir und fragte an, ob er aus Schweden kommen könne, um mich zu sehen. Ich teilte ihm mit, daß es mir eine Ehre wäre.
Wir trafen uns in Washington, D. C., beim Internationalen Kongreß über Erfahrungen in Todesnähe. Olaf war ein hochgewachsener Mann Anfang Siebzig. Grauhaarig und distinguiert, gehörte er zu der Sorte von dynamischen Menschen, die eher in der Residenz eines Bot-

schafters zu Hause schienen als auf einer Tagung von Leuten, die eine Nah-Todeserfahrung hinter sich hatten. Doch Olaf war hoch erfreut, so vielen Menschen zu begegnen, die wie er selbst die Schwelle zum Tod überschritten und dabei besondere Einsichten gewonnen hatten.

Wir gingen in ein französisches Restaurant in Georgetown zum Essen, wo Olaf sich mit dem Kellner mühelos auf französisch unterhielt. Nachdem er eine gute Flasche Wein bestellt hatte, kam er auf das zu sprechen, worum es ihm bei seinem Besuch eigentlich ging.

»Ich bin nicht mehr der Meinung, daß ich aufgrund dessen, was mir widerfahren ist, verrückt oder spinnig bin«, sagte Olaf. »Ich weiß, daß mein Erlebnis etwas Reales und kein phantastischer Traum war. Aber die Frage, die sich mir stellt, ist folgende: Entsprang jenes Wissen meinem eigenen Gehirn, oder kam es von irgendwo anders her? Und was ist mit diesem Universum, in das ich hineingelangte. Bin ich da wirklich in eine andere Realität geraten?«

Regenbogen-Offenbarungen

War Olafs Erlebnis real? Gelangte er durch seine Todeserfahrung wirklich zu Wissen, das ihn auf über hundert Formeln stoßen ließ, die so einmalig und neu waren, daß er sie patentieren lassen konnte?

Nach diesen Fragen meinte Olaf ruhig und mit Nachdruck: »Diese Todeserfahrungen bedeuten einen Schritt nach oben auf der Entwicklungsleiter. Aus diesem Grunde kann es passieren, daß ein krimineller Jugendlicher wieder in die Gesellschaft zurückfindet. Er hat einen Schritt nach oben getan.«

Das Leben von Olaf Sunden weckte meine Neugier auf die Langzeitauswirkungen dieser Erfahrungen, aber es war nicht allein sein Fall, der mich zu der Transformationsstudie veranlaßte. Mir fielen Veränderungen unterschiedlichster Art auf, die alle interessant und meist ganz deutlich zu beobachten waren.

Nehmen wir zum Beispiel James. Er ist ein schwarzer Halbwüchsiger aus East St. Louis, der nach eigenen Angaben eigentlich auch wie die meisten seiner Freunde in die Gewalttätigkeiten von Banden und in den Drogenhandel verwickelt sein müßte. Trotz des ständigen Drucks seiner Altersgenossen, bei gesetzeswidrigen Unternehmungen mitzumachen, gerät James nicht auf die schiefe Bahn, und zwar aufgrund einer Nah-Todeserfahrung, die er machte, als er neun Jahre alt war.

Ich lasse James nun in seinen eigenen Worten erzählen:

»Ich war so was neun oder zehn Jahre. Ich konnte nicht schwimmen. Da war ich mal mit meinen Vettern im Kinderbecken, als ich plötzlich unterging. Ich hab' um Luft gekämpft, aber dann hab' ich einfach nicht mehr gekonnt. Da hab' ich gedacht, ich träum'. Es war, wie wenn ich auf mich selbst draufgeschaut hätte. Ich hab' Angst gehabt. Da bin ich einfach aus meinem Körper rausgeschwebt – dahin, wo es sicher war. Da war's ganz hell, und mir war so friedlich.
Und wissen Sie, wie ich so aus meinem Körper rausgeschwebt

bin und mich selber gesehen hab', da hab' ich plötzlich gemerkt, daß wir alle gleich sind. Es gibt kein Schwarz, und es gibt kein Weiß. Ich hab' dieses helle Licht gesehen und gewußt, da drin sind alle Farben, die's nur gibt, alles war in dem Licht – alles, was für mich gut war, mein' ich.«

James wurde von seiner Mutter aus dem Schwimmbecken gezogen und von den Bademeistern wiederbelebt. Seiner Mutter war es ganz peinlich, als er rief: »Ich hab' dich gesehen, ich hab' gesehen, wie du mich aus dem Wasser gezogen hast!« Zu Hause erzählte er ihr dann, wie er seinen Körper verlassen hatte und in dem Licht seine Regenbogen-Offenbarung erfuhr. Sie war beunruhigt über das, was sie hörte. »Red nicht so'n Quatsch!« schimpfte sie.

James veränderte sich fast unmittelbar nach seinem Erlebnis. Er trieb sich nicht mehr bei seinen üblichen Freunden herum, weil sie schon in die Drogendealerei hineingeraten waren. Und zur Überraschung (und Erleichterung) seiner Mutter nahm er die Schule auf einmal ernst.

Und das tut er jetzt, acht Jahre nachdem er beinahe ertrunken wäre, immer noch. Und immer noch meint seine Mutter, er »rede Quatsch«. Ich lernte James über eine nette und sensible Lehrerin an seiner Schule kennen. Sie hatte *Zum Licht* gelesen und begriffen, daß es sich bei dem »Quatsch«, den James redete, um nichts anderes als um eine Nah-Todeserfahrung handelte. James war erleichtert, daß er nun einen Namen hatte für das wichtigste Ereignis seines Lebens.

»Ich hab' immer gedacht, ich hätte einen Traum gehabt. Aber als ich dann von diesen Nah-Todeserfahrungen gehört habe, verstand ich, daß genau das mein Erlebnis war. Jetzt hab' ich eine bessere Meinung von mir selber. Ich weiß, daß ich anders bin. Ich komm' nicht mehr auf die Idee, Leute aus Spaß fertigzumachen, wie ich das früher getan hab'.
Wissen Sie, wie ich meinen Körper verlassen habe, hab' ich nicht gemeint, daß ich wieder zurückkommen könnte. Und daß ich meine Einstellung echt ändern konnte, find' ich erstaunlich. Ich seh' das Leben, wie es wirklich ist. Es ist nicht dafür da, daß man damit spielt. Ich will nicht hier enden, mitten in dieser ganzen Gewalt von den Banden und in dieser Armut. Ich glaub' sehr an Gott. Ich glaube, Gott hat mich aus meinem Körper rausgeholt und mich an einem sehr sicheren Ort behalten, als ich beinah ertrunken wär'.«

Ich war tief angerührt, als er mir von den Langzeitauswirkungen seiner Nah-Todeserfahrung erzählte. »Mit dem Leben soll man nicht spielen. Ich möchte es zu mehr bringen.«

Wenn Olaf und James auch grundverschieden waren, so wurden doch beiden einzigartige Lebenseinsichten zuteil. War es für Olaf ein tiefes Verständnis für die Molekularchemie, so war es für James die Entdeckung, daß die Hautfarbe bedeutungslos ist im Vergleich zu dem, was wir zum Leben beitragen können.
Jeder war durch Erfahrungen gegangen, infolge deren er sich nun stark von seinesgleichen unterschied. Obwohl es sich eigentlich als ziemlich schwierig herausstel-

len könnte, auf einmal stark verändert zu sein, scheinen die Betroffenen diese Wandlung als durchaus positiv und dauerhaft zu empfinden. Über seinen Wandel vom Bandenmitglied zum wißbegierigen Ghettoschüler meinte James: »Leicht war's natürlich nicht. Aber jetzt, wo ich das Licht gesehen hab', kann ich eben nicht mehr wie die andern sein.«

Ist es das Licht, das transformierend wirkt? Das fragte ich mich immer wieder. Ist es das während des Beinahtodes erlebte Licht, das diesen Leuten die Lebensfreude gibt und die Todesfurcht nimmt und sie mit so etwas wie Güte erfüllt?

Es gab noch weitere Fragen, die beantwortet sein wollten und auf die nur eine Langzeitwirkungsstudie Antwort geben konnte. Bleibt das Licht manchen Leuten auch noch lange nach ihrer Nah-Todeserfahrung erhalten? Kehrt es in scheinbar menschlicher Gestalt wieder zu ihnen zurück?

Der Schriftsteller und sein Musenengel

Diese Fragen stellten sich mir aufgrund des seltsamen Falles von David G., einem Bestsellerautor. Er lebt in der Nähe meines Mitautors Paul Perry in Arizona. Als David zu ihm in die Nachbarschaft zog, stattete ihm Paul einen Besuch ab und gab ihm ein Exemplar unseres Buches, sozusagen als Geschenk zum »Kennenlernen«. Ein paar Tage später bekam Paul einen überraschenden Anruf von David. »Als Kind habe ich auch so was erlebt«, sagte

er am Telefon. »Das hat mein Leben vollkommen verändert.«
Davids Geschichte ist schlicht und einfach. Das Verblüffende daran sind die Nachwirkungen:

»Ich hatte eine infektiöse Hepatitis, und das Fieber stieg auf 40 Grad. Ich war sehr krank und lag zu Hause im Bett. Meine Mutter stand mit meinem Vater daneben, und auch der Arzt war da. Er hatte gerade eine Infusionsflasche hergerichtet und eine Infusion gelegt.
Ich war hellwach und hörte, wie sie über meinen Fall redeten. Ich erinnere mich noch, daß der Arzt zu meiner Mutter sagte, daß ich zwar sehr krank sei, sie sich aber keine Sorgen machen solle, schließlich würden viele Kinder so krank und kämen durch. Plötzlich bemerkte ich eine vierte Person im Zimmer. Hinter meinen Eltern in der Ecke stand eine Frau!
In dem Moment, als ich sie sah, registrierte ich, daß ich mich außerhalb meines Körpers befand! Ich war plötzlich bei dieser Frau auf der anderen Seite des Zimmers und konnte meine Eltern von hinten sehen, und auch mich sah ich von dieser Seite aus im Bett liegen!
Ich wandte mich der Frau zu. Sie forderte mich auf, zu ihr zu kommen. Sie war, glaube ich, blond und bestimmt sehr freundlich. Außerdem war sie sehr hell, und man konnte sie kaum ansehen.
So schnell, wie ich meinen Körper verlassen hatte, war ich auch wieder drin. Ich konnte die Frau noch hinter meinen Eltern sehen, und sie wollte mich dazu bringen, zu ihr zu kommen. Ich richtete mich im Bett auf und streckte die Arme nach ihr aus, doch meine Arme gingen durch sie hindurch.

Wenn mein Vater mich nicht gepackt hätte, wäre ich aus dem Bett gefallen. So habe ich, glaube ich, nur die Flasche mit der Infusion umgeworfen.
Ich erzählte ihnen von der Frau in der Ecke, doch als sie dann hinschauten, war sie schon nicht mehr da. Aber sie hätten sie sowieso nicht sehen können. Sie war nur für meine Augen bestimmt.«

Auf das Erlebnis hin war David sogleich verändert. Er wurde sehr introvertiert. Anstatt viel Zeit mit Freunden zu verbringen, war David glücklich in seiner selbstgeschaffenen Spielwelt. Er war auch nicht mehr materialistisch eingestellt. Für ein Kind mit neun hieß das zum Beispiel, er mußte nicht mehr all die im Fernsehen angepriesenen Spielsachen haben. Überhaupt sah er sehr wenig fern. Das Erlebnis mit dem »Schutzengel« (so nannte er nun die Lichtfrau) hatte David zu einem glücklichen Einzelgänger werden lassen.
Der Schutzengel blieb für David fortan ein Wesen, das er nun mit dem inneren Auge wahrnahm. Er ist ihm nie wieder tatsächlich erschienen. Doch immer wenn er während Streßphasen Trost und Beistand braucht, ist die Lichtfrau da. Er spürt ihre Gegenwart im Raum, obwohl er sie nicht sehen kann.
Das wohl Rätselhafteste an Davids Schutzengel ist der Einfluß, den er auf seine Arbeit nimmt. David berichtet, es gebe Zeiten, in denen der Schutzengel ihm beim Schreiben helfe. An einer besonders schwierigen Stelle einer Geschichte, wenn er die Handlung im Geiste schon nach allen Seiten gedreht und gewendet hat und ihm

einfach nicht einfällt, wie sie weiterlaufen könnte, übernimmt die unsichtbare Hand des Schutzengels die Führung und geleitet ihn durch sein Werk:

»Es ist beinahe wie automatisches Schreiben. Ich weiß nicht, wie ich es sonst beschreiben soll. Manchmal stehe ich vor ganzen Abschnitten, bei denen ich mich nicht erinnern kann, sie selbst produziert zu haben. Sogar meine Frau, die eng mit mir zusammenarbeitet, merkt bei solchen Passagen, daß sie nicht von mir stammen. ›Das schaut mir nicht nach deinem Stil aus‹, sagt sie in so einem Fall, und ich muß ihr beipflichten. Es gibt Stellen in meinen Büchern, die scheinen mir wie von woandersher in den Schoß gefallen zu sein.«

Das Lichterlebnis veränderte David genauso wie schon Olaf und James und scheint ihm mehr Führung und Einsicht gebracht zu haben, nur hat bei ihm das Licht die Gestalt eines Schutzengels angenommen. Während ich über Davids Erfahrungen nachdachte, drängten sich mir die Fragen auf: Haben viele von denen, die sich gewandelt haben, einen Schutzengel? Ist die lebenslange Transformation, die sich an den meisten dieser Menschen vollzogen hat, der Anwesenheit solcher »Engel« über lange Zeit hinweg zuzuschreiben?

Die wissenschaftliche Untersuchung des Phänomens

Fragen über Fragen! Die Geschichten dieser vier bemerkenswerten Menschen und der vielen hundert anderen, die sich nach dem Erscheinen von *Zum Licht* an mich wandten, führten nur dazu, daß sich mehr Fragen stellten, als sich beantworten ließen. Mir fiel wieder ein, was Dr. Archie Bleyer, mein Mentor aus Forschungstagen, zu mir gesagt hatte: »Paß nur auf, Mel: Forschung, die gut ist, wirft immer mehr Fragen auf, als sie Antworten liefert!«

Diese Warnung bestätigte sich mir – und insbesondere dort, wo es um Erfahrungen in Todesnähe ging. Ich beschloß nämlich, die Eigenart dieser Erlebnisse im Rahmen einer zweiten größeren Studie zu untersuchen. Und zwar wollte ich diesmal die verschiedenen Arten der Wandlung, die sich in Menschen mit einer solchen Erfahrung vollzogen hatte, genauer unter die Lupe nehmen. Bevor ich diese Studie – die sicher umfangreich werden würde – in Angriff nahm, überlegte ich mir, welche Ereignisse damals zur Seattle-Studie führten, dieser Untersuchung, die Neuland erschloß und den Rahmen für *Zum Licht* bildete.

Die damalige Arbeit fing ganz harmlos an. 1982 untersuchte ich als Kinderarzt am Krankenhaus eine meiner kleinen Patientinnen, ein Mädchen mit Namen Katie, die beinahe in einem öffentlichen Schwimmbad in Idaho ertrunken wäre. Auch ohne ihre Nah-Todeserfahrung war Katies Geschichte schon außergewöhnlich genug. Sie hatte nachweislich neunzehn Minuten lang keinen fühlbaren Puls. Als ich sie das erste Mal sah, waren ihre Pupillen starr und erweitert, was bedeutete, daß mit großer Wahrscheinlichkeit eine irreversible Schädigung des Gehirns eingetreten war.

Ich tat jedenfalls, was ich konnte, obwohl ich im Grunde meines Herzen nicht daran glaubte, daß sie überleben würde.

Ihre Familie war da anderer Meinung. Es war eine große Familie, und im Laufe der nächsten drei Tage saßen immer irgendwelche Familienmitglieder bei Katie am Bett, hielten ihr die Hand, redeten mit ihr oder beteten. Manchmal taten sie auch all dies gleichzeitig, wodurch sich das Ganze ein wenig chaotischer gestaltete, als dies den Ärzten und Schwestern auf der Intensivstation lieb war. Jedoch fanden wir uns damit ab, zum Teil deshalb, weil die Familie sich einfach weigerte, das Zimmer zu verlassen, hauptsächlich aber, weil wir dachten, das Mädchen würde sterben.

Ich weiß noch, wie ich bei Katie eine Kanüle in eine Arterie einführte und helles rotes Blut über das Bettzeug spritzte. Und während dies passierte, hielt sich die ganze um das Bett versammelte Familie an den Händen und betete. Laß sie nur, dachte ich bei mir. Sie ist ohnehin tot.

Drei Tage später war sie vollständig genesen.

Eines Nachmittags fragte ich sie beiläufig, ob sie noch wußte, wie das damals war im Schwimmbad. Ich versuchte herauszufinden, warum sie beinahe ertrunken wäre, und dachte, sie sei vielleicht mit dem Kopf gegen den Schwimmbadrand geschlagen oder hatte vielleicht sogar einen epileptischen Anfall. Aber die Antwort, die sie mir gab, war überhaupt nicht das, was ich erwartet hatte: »Meinen Sie, als ich den himmlischen Vater gesehen habe?«

Im Verlauf der nächsten Tage erzählte Katie mir ihre außerordentliche Geschichte. Während sie im Krankenhaus war, hatte sie ihren im Koma liegenden Körper verlassen, konnte aber jetzt im Detail beschreiben, wie die Ärzte aussahen, die sie dort behandelten, und was sie alles mit ihr angestellt hatten.

Dann schilderte sie, wie sie einen langen, dunklen Tunnel hochging, wo sie von einem »Engel« mit Goldhaar namens Elisabeth begrüßt wurde. Der Engel nahm sie bei der Hand und sagte zu ihr: »Ich bin hier, um dir beizustehen.«

Genau das tat der Engel dann auch die nächsten drei Tage über. Er tröstete Katie und unternahm mit ihr sogar einen Ausflug nach Hause, wo sie einen ihrer Brüder beim Spielen in seinem Zimmer sehen konnte und ihrer Mutter zuschaute, die eilig eine Mahlzeit kochte, bevor sie wieder ins Krankenhaus hetzte, um an Katies Bett zu sein.

Da ich nicht recht wußte, was ich sagen sollte, fragte ich sie, wie es denn »da oben« so war.

»Das werden Sie schon noch sehen, Dr. Morse«, meinte sie. »Im Himmel ist es lustig.«

Katies Fall steht im Widerspruch zur gängigen Lehrmeinung in der Neurologie. Nach den einschlägigen Lehrbüchern müßten bei einem Kind mit Katies Symptomen jegliche Hirnfunktionen ausgesetzt haben, und es sollte daher überhaupt nichts mehr begreifen können. Wie in einem der führenden Lehrwerke auf diesem Gebiet zu lesen ist, müßte das Koma eigentlich »das menschliche Bewußtsein leer gefegt haben«.

Katies Erfahrung (ebenso wie die anderer, wie ich noch herausfinden sollte) paßt nicht so ohne weiteres zur gängigen neurologischen Lehrmeinung.

Ich begann nun, mir die medizinische Literatur über Erfahrungen in Todesnähe genauer anzuschauen, und war nicht recht glücklich über die Qualität der Forschung. Sie war zwar interessant, jedoch offensichtlich weitgehend anekdotisch, lediglich eine Sammlung interessanter Geschichten – bis auf wenige Ausnahmen.

Selbst Dr. Raymond Moody war da meiner Meinung. In seinem bahnbrechenden Buch *Leben nach dem Tod* räumte er ein, daß seine Forschungsarbeit nicht wissenschaftlich war, sondern aus dem Zusammentragen von Geschichten bestand. Er forderte die medizinisch-wissenschaftliche Welt offen dazu heraus, Erfahrungen in Todesnähe wissenschaftlich zu untersuchen, und behauptete kühn, solche Untersuchungen würden seine These, daß Nah-Todeserfahrungen sich bei allen Menschen gleichen, bestätigen.

Ich habe Dr. Moodys Herausforderung angenommen und leitete die im Kinderkrankenhaus in Seattle durchgeführte Seattle-Studie. Meine Kollegen und ich führten die Untersuchung an 26 Kindern durch, die einen Herzstillstand überlebt hatten, und verglichen ihre Erfahrun-

gen während ihres Nah-Todes mit denen von 176 Kindern, die schwer krank, aber nicht klinisch tot gewesen waren. Die zwei Gruppen wurden im Hinblick auf Alter, Geschlecht, Medikation und eingesetzte Anästhetika sorgfältig aufeinander abgestimmt. Alle Kinder waren dem angsteinflößenden Ambiente der Intensivstation ausgesetzt gewesen. Beide Gruppen hatten (wie durch Bluntuntersuchungen festgestellt wurde) den gleichen Sauerstoffmangel im Gehirn erlitten, und die generelle Zusammensetzung ihres Blutes war die gleiche.
Fast alle der klinisch toten Patienten hatten eines oder mehrere Elemente der typischen Nah-Todeserfahrung erlebt. Jedoch nicht einer der 176 Patienten der Kontrollgruppe hatte irgendwelche Symptome, die Ähnlichkeit mit einem Nah-Todeserlebnis hatten.
Was zeigte diese Studie? Ganz einfach, daß es noch keine Nah-Todeserfahrung auslöst, wenn man sich so fühlt, als müsse man gleich sterben. Der Nah-Tod ist tatsächlich erforderlich, damit die NTE-Kernsymptome auftreten. Kurz gesagt, besteht die Kernerfahrung darin, daß man das Gefühl hat, den physischen Körper zu verlassen, daß man in eine Welt der Dunkelheit eintritt und anschließend ein warmes Licht voller Liebe erlebt. Das Licht, das Kinder in aller Regel erleben und schildern, ist ein Licht, »das lauter Gutes in sich hat«, wie es einer unserer jungen Teilnehmer an der Studie beschreibt.
Die Seattle-Studie belegt also, daß man »dem Tode nahe« sein muß, um eine »Nah-Todeserfahrung« zu machen, und sie belegt auch, daß NTEs keine Hirngespinste sind, die durch die Wiederbelebung hervorgerufen werden.

Daß es sich bei NTEs nicht um Phantasieprodukte oder Halluzinationen handelt, ergibt sich schon daraus, daß niemand aus der Kontrollgruppe sie erlebte. Erstaunlicherweise war noch nie jemand dieser grundsätzlichen Frage wissenschaftlich nachgegangen.
Während ich die Seattle-Studie leitete, fand ich vieles heraus, aber das Wichtigste, was ich dabei lernte, war zuzuhören, ja, einfach zuzuhören. Indem ich die Kinder in ihrer Weisheit anhörte, wurde mir bewußt, daß wir auf diese Art etwas über das größte Rätsel in Erfahrung bringen können, das die Menschheit seit jeher beschäftigt: Was geschieht mit uns, wenn wir sterben?

Fragen, die die Transformationsstudie stellt

Nun aber ging ich daran, eine Studie in Angriff zu nehmen, die eine ganz andere Frage zum Inhalt hatte: Was geschieht mit den Menschen, die eine Nah-Todeserfahrung gemacht haben und nicht sterben? Verändert sich ihr Leben, und wenn, wie?
Ich nahm mir einen großen Schreibblock aus dem Schrank und zog mich in eine stille Ecke des Wohnzimmers zurück. Ganz oben auf die Seite schrieb ich: »Veränderungen« und darunter: »Eine Studie, die ermitteln soll, auf welcherlei Weise Nah-Todeserfahrungen Menschen verändern.«
Nacheinander führte ich die Fragen auf, die diese Studie beantworten sollte:

Nimmt bei Menschen, die eine Nah-Todeserfahrung hinter sich haben, die Angst vor dem Tod wirklich ab?

Sie scheinen sich weniger vor dem Tod zu fürchten als Leute, die keine Todeserfahrung gemacht haben. Haben sie wirklich weniger Angst, oder scheint sie nur geringer? Es wurde immer davon ausgegangen, daß solche Menschen den Tod nicht so fürchten wie wir anderen, aber beim Sichten der wissenschaftlichen Literatur stellte ich fest, daß kein Forscher den Aspekt Angst vor dem Tod eingehend untersucht hatte.

Ich notierte mir einen Ausspruch von Woody Allen, der mir im Gedächtnis geblieben war: »Nur dreierlei steht fest: der Tod, die Steuern und die Angst vor beidem.« Konnte es sein, daß Menschen mit einer Todeserfahrung bloß eins davon fürchten?

Nehmen bei Menschen mit einer Nah-Todeserfahrung übersinnliche Fähigkeiten wirklich zu?

Viele derjenigen, mit denen ich zu tun habe, behaupten, daß ihre Erfahrung in Todesnähe paranormale Vorkommnisse nach sich gezogen hat. Dies sind nun aber keine Exzentriker, die sich merkwürdig anziehen und aus dem Kaffeesatz lesen oder auf spiritistischen Sitzungen zu finden sind. Es sind ganz gewöhnliche Leute, denen etwas Außergewöhnliches widerfahren ist.

Zwei Menschen fielen mir ein, als ich die obige Frage notierte, ein Bankdirektor und eine Hausfrau. Zuerst zu dem Bankdirektor und seinem Traum, der sich erfüllen sollte:

»Mir träumte von einem Mann, den ich kannte. Eine Sekunde lang erschien er mir mitten in der Nacht, schwarz gekleidet und wie auf einer Wolke stehend. Ich hatte ihn zehn Jahre lang nicht gesehen.
Am nächsten Tag nahm ich in der Bank, in der ich arbeite, einen Scheck entgegen von jemandem, der mit dem Mann aus dem Traum verwandt war. Ich erkundigte mich nach ihm und erfuhr, daß er in der Nacht davor gestorben war.«

Der Bankdirektor hatte dieses Erlebnis eigentlich als tröstlich empfunden. Er meinte, es bestätige ihm, daß das Universum eine spirituelle Seite habe, und dies gebe ihm das Gefühl, daß hinter dem Leben mehr stecke, als man auf den ersten Blick meinen möchte.
Genauso bemerkenswert ist die übersinnliche Erfahrung der Hausfrau:

»Ich berührte zufällig einen Freund meines Sohnes am Arm, als ich plötzlich ganz deutlich vor mir sah, wie aus seiner Schulter Blut spritzte und der Arm abfiel! Ich fuhr zurück, und mir stockte der Atem vor Entsetzen. Erst als ich ein paarmal die Augen auf und zu gemacht hatte, verschwand die Vision.
Am selben Abend erzählte ich meinem Mann, was ich gesehen hatte. Am nächsten Tag passierte es dann tatsächlich: Der Junge verlor seinen Arm bei einem Arbeitsunfall.«

Dieses Erlebnis war sehr beunruhigend für die Hausfrau. Im Gegensatz zu dem Bankdirektor war es ihr kein Trost, von Ereignissen im voraus zu wissen. Nach meinen Erkenntnissen liegt für viele Nah-Todeserfahrene nichts Beruhigendes in ihrer Hellsichtigkeit.

Warum haben Menschen mit einer Nah-Todeserfahrung mehr Freude am Leben als die Durchschnittsbevölkerung?

Die Nah-Todeserfahrenen, mit denen ich gesprochen habe, wollen alle soviel wie irgend möglich aus ihrem Leben machen. Viele bezeichnen sich selbst als »Workaholics«, doch weisen sie in den wenigsten Fällen die negativen Eigenschaften auf, die die von ihrer Arbeit Besessenen sonst an sich haben.

Wir wollten in Erfahrung bringen, welche geistigen Werte sie hatten und wie sie lebten. Verbringen sie wirklich mehr Zeit mit ihrer Familie? Haben sie mehr Hobbys? Verwenden sie mehr Zeit auf Meditation? Dies nämlich sind die Spuren, die eine Nah-Todeserfahrung zurückläßt, ein Beweis dafür, daß bei diesen Leuten tatsächlich Veränderungen stattgefunden haben. Von einem Nah-Todeserfahrenen stammt beispielsweise folgende Äußerung:

»Mir ist ein Licht aufgegangen – im doppelten Sinne: Das Licht, das ich bei meinem ›Tod‹ gesehen habe, ließ mich das Leben in einem neuen Licht sehen. Seitdem ist mir klar: Das Leben will gelebt sein, der Tod – und mit ihm das Licht – kommt früh genug.«

Erlangen Menschen nach einem Nah-Todeserlebnis größere Intelligenz?

Olaf Sunden und Tom Sawyer sind nur zwei von vielen, die behaupten, ihre Intelligenz habe seit ihrer Todeserfahrung zugenommen. Wäre dies denkbar? Könnte es sein, daß sie eine höhere Intelligenzquelle, die *außerhalb* ihres Gehirns liegt, anzapfen (eine Frage, die sich Olaf stellte) oder daß diese außerordentliche Erfahrung einen Teil ihres Gehirns aktivierte, der vorher ungenutzt war?

Dies ist eine spannende Frage, die mich an einen metaphysischen Ausspruch von keinem Geringeren als Albert Einstein denken läßt: »Die größte Erfahrung, die wir machen können, ist die des Unfaßbaren.«

Ich legte den Schreibblock beiseite. Es gab noch viele weitere Fragen, auf die die Transformationsstudie Antwort geben sollte, und es mußte noch viel wissenschaftliche Vorarbeit geleistet werden, ehe wir überhaupt damit anfangen konnten. Zu diesem Zeitpunkt hatte ich noch keine Ahnung davon, daß meine Untersuchung belegen würde, daß es sich bei NTEs um reale Wahrnehmungen handelt, um etwas, was dann bei den Betroffenen dauerhaften Wandel bewirkt.

2 Die Transformationsstudie

»Wenn wir uns den Tod vorzustellen versuchen, nehmen wir uns selbst als Zuschauer wahr.«

Sigmund Freud

So manche wertvollen Ratschläge kamen mir in den Sinn, während ich die Transformationsstudie im einzelnen zusammenstellte.
Sie stammten von Dr. Raymond Moody, dem geistigen Vater der Nah-Todesanalyse, der beispielsweise immer deutlich auf folgendes hinwies: Läßt sich ein Forschungsprojekt nicht in ein oder zwei Sätzen zusammenfassen, so wird es wahrscheinlich auch nicht zu signifikanten Ergebnissen führen.
Ich nahm mir diese Warnung zu Herzen und legte die zentrale Frage, die das Projekt beantworten sollte, eindeutig fest: Haben Nah-Todeserfahrungen transformierende Auswirkungen, die sich belegen lassen? Ich wollte wissenschaftlich nachweisen, was viele Forscher als gegeben annahmen, daß nämlich NTEs bei den Betroffenen Veränderungen bewirken. Ich wollte auch wissen, ob diese Veränderungen nicht manchmal mehr sind als nur Einstellungsänderungen, wie beispielsweise bei denjenigen, denen größere Intelligenz oder übersinnliche Kräfte zuwachsen.
Für die Transformationsstudie würde die Hilfe einer ganzen Reihe von Fachleuten nötig sein sowie der Einsatz

verschiedener psychologischer Tests, die sich bereits auf breiter Basis bewährt hatten.

Da in Medizinerkreisen Erfahrungen in Todesnähe von vielen noch immer als ein »spleeniger« Untersuchungsgegenstand angesehen werden, hielt ich es für das beste, die konservativsten und angesehensten Wissenschaftler, die ich auftreiben konnte, zur Mitarbeit zu gewinnen. Ich suchte sowohl die Unterstützung von medizinischen Fachleuten, die Nah-Todeserfahrungen wissenschaftlich erforscht, als auch solcher, die noch nie auch nur über dieses Thema nachgedacht hatten. Einer dieser Berater war Dr. Wren Hudgins, Vorsitzender der Washington State Psychological Association. Seine Erkenntnisse waren vor allem deshalb besonders wertvoll, weil er keine bestimmten weltanschaulichen Ziele verfolgte und keine vorgefaßte Meinung hatte zu den Problemen, um die es ging. Außerdem holte ich mir Rat bei Dr. Justine Owens vom Institut für Persönlichkeitsstudien an der University of Virginia. Sie und ihr Kollege Ian Stevenson sind Kapazitäten auf dem Gebiet der Nah-Todeserfahrungen sowie Experten für Persönlichkeitstests, und so war mir Dr. Owens eine ungeheure Hilfe, als es festzulegen galt, wie die Persönlichkeitsveränderungen bei den zu untersuchenden Leuten eingestuft werden sollten.

Beratung und Beistand kam zudem von Bruce Greyson und Kim Clark, beide Mitglieder der International Association of Near-Death-Studies, kurz IANDS. Die internationale Organisation bietet Leuten Hilfe, die Erfahrungen dieser Art hinter sich haben. In den weltweit existierenden IANDS-Ortsgruppen können solche Menschen mit anderen zusammenkommen, die wie sie ihr wunderbares (und bisweilen erschreckendes) Lichterlebnis in seiner Rätselhaftigkeit zu bewältigen suchen. Greyson und Clark verfügen beide über reiche Informationen über knapp dem Tod Entronnene, besonders in bezug auf ihren jeweiligen philosophischen Standpunkt und andere Aspekte, die sich aus ihrem Erlebnis ergeben. Hilfe anderer Art leisteten Psychiater wie Stuart Twemlow und Glen Gabbard (Experten für außerkörperliche Zustände) und Russell Noyes (der sich mit dem Phänomen der Dissoziation* genauer auseinandergesetzt hat), da sie die Funktion des Gehirns und der Psyche untersuchen, um so herauszufinden, ob es eine »mechanistische« Erklärung für Nah-Todeserfahrungen gibt. Ihre Arbeit führte mich in manche sehr lohnende Richtung. Die von mir angestrebte Ausgewogenheit unter den herangezogenen Beratern läßt sich besonders gut an Vernon Neppes und Joyce Hawkes veranschaulichen. Diese beiden sind so gegensätzlich, wie man es nur sein kann. Neppe war Direktor der Abteilung für Neuropsychiatrie an der University of Washington. Er kann einwandfreie schulmedizinische Referenzen vorweisen und hat ein klassisches medizinisches Lehrbuch über medikamentöse Behandlung bei Anfällen verfaßt. Außerdem hat er über hundert Aufsätze über parapsychologische Phänomene in angesehenen Zeitschriften veröffentlicht. Seine faszinierende Arbeit auf dem Gebiet des Paranormalen

* Dissoziation ist eine krankhafte Entwicklung, in deren Verlauf zusammengehörige Denk-, Handlungs- oder Verhaltensabläufe in weitgehend unkontrollierte Teile und Einzelerscheinungen zerfallen.

zeichnet sich durch ihre Wissenschaftlichkeit aus. Dank seines beweglichen – und auch skeptischen – Geistes nimmt er sich die Freiheit, sich bei seinen Forschungen auf viele Gebiete einzulassen, ohne dabei von vorgefaßten Meinungen auszugehen.

Joyce Hawkes dagegen, die Heilerin (sie zuckt zusammen, wenn sie als Geistheilerin bezeichnet wird), war früher Biochemikerin und hat über fünfzig Artikel in wissenschaftlichen Zeitschriften veröffentlicht. Sie reiste nach Bali und verbrachte dort mehrere Wochen in den Bergen, wo sie mit eingeborenen Heilern zusammenarbeitete und zu verstehen suchte, warum deren Heilkunst in so vielen Fällen derart effektiv ist. So kann sie die Heilkraft des Geistes unmittelbar bezeugen. Uns half sie, den Zusammenhang zwischen Nah-Todeserfahrungen und übersinnlichen Fähigkeiten besser zu verstehen.

All diese Berater haben mir zusammen mit einem Team von Assistenzärzten und freiwilligen Studenten unter der Leitung meiner Forschungsassistentin Shannon Greer geholfen, mit den Bergen von Daten und Anekdoten fertig zu werden, die von den fast fünfhundert Personen hereinkamen, die an der offiziellen Studie teilnahmen. Shannon arbeitete etwa zwei Jahre lang ganztägig an dieser Studie. Sie fuhr nach Japan und traf sich mit Forschern an der Universität von Tokio, wo sie zwei Monate lang Nachforschungen über die kulturübergreifenden Seiten von Todeserfahrungen anstellte. Sie sorgte auch für die nötige Kontinuität während des ganzen Projekts und hörte wahrscheinlich mehr Todeserfahrungen aus erster Hand als irgendwer sonst, mit Ausnahme von Raymond Moody, der seiner Schätzung nach schon über zehntausend Erlebnisse erzählt bekommen hat!

Ein Blitz fuhr durch mich hindurch

Was waren das für Leute, denen unsere Studie galt? Und was für Fragen stellten wir ihnen? Diese Frage möchte ich beantworten, indem ich mit Ihnen die Akte einer Patientin aus der untersuchten Gruppe durchgehe. Nehmen wir als typisches Beispiel die »Patientin Nr. 44«.

Ihre Todeserfahrung liegt 32 Jahre zurück. Sie war fünfzehn, als sie in der Küche mit einem Jungen aus ihrer High-School telefonierte und ein Blitz in die Telefonleitung einschlug. Da sie nicht geerdet war, ging der starke elektrische Schlag durch die Telefonleitung und traf die Patientin in den Kopf. So schildert sie ihr Erlebnis:

> *»Der Blitz kam durch die Leitung und fand nur Erdung, indem er durch mich hindurchfuhr. Er kam durch den Hörer in mein Ohr gefahren, ließ mein Trommelfell platzen, verbrannte mir den Hörnerv, fuhr den Hals hinunter und durch die Schulter in den Heizkörper, an dem ich lehnte, von wo aus er schließlich durch die Heizungsrohre aus dem Haus fand. Meine Mutter sagt, es gab eine Explosion wie bei einer Bombe, und davon wurde ich über drei Meter quer durchs Zimmer geschleudert. Den Telefonhörer hielt ich immer noch umklammert, als man mich fand.*
>
> *Das alles erfuhr ich aber erst viel später, weil ich sofort bewußtlos wurde. Ich war plötzlich in einer anderen Dimen-*

sion. An einen Tunnel oder so, durch den ich durchmußte, kann ich mich zwar nicht erinnern, doch wurde ich in eine sehr friedliche Welt versetzt, an einen Ort, der wie ein sehr weißes und helles Licht ausschaute. In unserer Alltagsrealität hätte man die Augen zusammenkneifen müssen, weil man gar nicht hätte hinschauen können. Aber in dem Zustand, in dem ich war, konnte ich das schon, und es war sehr friedlich.

Das in unserer Sprache zu beschreiben ist sehr schwierig. Es war, wie wenn man in einem Flugzeug über den Wolken schwebt, während die Sonne untergeht. Aber anders als im Flugzeug waren das Wolkenmeer und das rote Glühen zum Greifen nahe direkt um mich herum. Wenn ich das so zu beschreiben versuche, fehlen mir fast die Worte.

Das Gefühl, das ich dabei hatte, war das von völligem und absolutem Frieden. Ich war als Kind nicht unglücklich, es war also nicht so, daß mein Leben nicht froh und friedlich gewesen wäre. Aber das dort war ein Friede, den ich nie zuvor erfahren hatte und danach auch nicht mehr.

Ich hatte keinen Körper, war aber von einer Art Essenz umschlossen. Wenn Sie mit dortgewesen wären, hätten Sie sehen können, daß ich in etwas war, was wie eine dünnwandige Gelatinekapsel ausschaute, so ähnlich wie diese zigarrenförmigen Kapseln mit Medizin drin. Diese Kapsel hatte mich zwar nicht in ihrem Griff, aber irgendwie verfügte sie über meine Sinne.

Ich konnte nämlich hören und sehen und riechen und empfand mich als ›Ich‹, nur hatte ich keinen Körper, und das machte mir auch nichts aus. Mir war so warm, und ich fühlte mich wie zu Hause dort. Alle Angst vor dem Tod war weg. Ich wußte, ich war in der jenseitigen Welt. Über mein Leben wollte

ich mir überhaupt keine Gedanken machen. Ich war unbesorgt. Ich war sehr glücklich dort.
Plötzlich aber spürte ich, wie es mich hinunterzog und ich zurück in meinen Körper katapultiert wurde. Ich war zornig. Ich glaube, ich war noch nie zuvor so wütend! Ich schrie und tobte vor Zorn und Wut, weil ich zurückwollte – dorthin, wo die Wolken waren!
Ich konnte absolut nichts hören, weil es in meinen Ohren nur so dröhnte. Aber ich konnte spüren, wie mich mein Hund Sparky ableckte, wie das Collies machen, wenn sie einen finden und sich fürchten. Ungefähr zu der Zeit hat mich auch meine Mutter gefunden. Ihrer Schätzung nach war das vielleicht vier bis sechs Minuten nach dem Blitzschlag.«

Lebensphilosophie und Vorgeschichte

Nachdem sie uns über ihre Erfahrung erzählt hatte, nahmen wir die persönliche und medizinische Vorgeschichte von Patientin Nr. 44 auf. Denn falls vorausgegangene chirurgische Eingriffe, verordnete Medikamente oder eine eventuelle psychiatrische Behandlung erfaßt waren, ließe sich untersuchen, ob solche Faktoren die Nah-Todeserfahrung beeinflußt haben oder damit in irgendeiner Weise zusammenhängen könnten.
Wir berücksichtigten auch Details aus der Kindheit und hielten dabei besonders nach eventueller Mißhandlung oder Vernachlässigung Ausschau, da manche Forscher der Meinung sind, die Wahrscheinlichkeit einer Nah-Todeserfahrung sei bei mißhandelten Kindern später grö-

ßer als bei anderen. Nach Gesprächen mit über siebzig Kindern, bei denen sich ein Zusammenhang zwischen Mißhandlung und NTE nicht herstellen ließ, stehe ich dieser Theorie zwar eher ablehnend gegenüber, doch wollte ich in meiner Untersuchung nichts unbeachtet lassen.
Unter den Fragen zur persönlichen Vorgeschichte waren auch solche nach geistigen Werten: Wieviel mehr Wert legt Patientin Nr. 44 auf geistige Dinge als auf materiellen Wohlstand? Welchen Prozentsatz ihres Einkommens spendet sie für wohltätige Zwecke? Wie viele Stunden pro Woche ist sie ehrenamtlich für Hilfsorganisationen tätig? Über eine Reihe von Fragen zum »Langzeiteffekt« ihrer Nah-Todeserfahrung fanden wir einiges über ihre geistigen Werte heraus, zum Beispiel:

- Wie denken Sie über Gott und Religion?
- Wie stehen Sie zu Ihrem eigenen Tod und dem Tod im allgemeinen?
- Was ist der Sinn des Lebens?
- Wie ist Ihre Einstellung zur Natur?
- Wie denken Sie über Selbstmord?

Wir stellten fünfzehn solcher Fragen, die alle darauf abzielten herauszufinden, wie die jeweiligen Patienten über geistige Dinge dachten und inwieweit die Nah-Todeserfahrung möglicherweise darauf Einfluß genommen haben könnte. Zwar scheinen diese Fragen auf den ersten Blick einfach zu beantworten, doch versuchen Sie einmal, Ihre Ansichten zu dem jeweiligen Punkt niederzuschreiben! Nicht wenigen bricht der Schweiß aus, wenn sie es probieren, und sie können sich einfach zu vielen dieser ganz grundlegenden Fragen keine Meinung bilden. Einige davon finde auch ich fast unmöglich zu beantworten. Doch wußten über 90 Prozent der Nah-Todeserfahrenen, die an unserer Studie teilnahmen, Antwort auf all diese tiefschürfenden Fragen.

Danach legten wir der Patientin Nr. 44 – wie all den anderen Teilnehmern an der Studie – eine Reihe von standardisierten Tests vor. Diese Tests werden von Forschern bei den verschiedensten Patienten eingesetzt, nicht nur bei solchen mit Nah-Todeserfahrungen. Wir wollten einen Vergleich haben zwischen unseren Ergebnissen und den anhand eines breiteren Bevölkerungsspektrums gewonnenen, um so zu ermitteln, wie sich Menschen mit Nah-Todeserfahrung statistisch von Leuten ohne ein solches Erlebnis unterscheiden. Ich werde die Tests im folgenden in Kurzform vorstellen, damit Sie sehen, was in unserer Untersuchung alles erfaßt wurde:

Lebensanpassungsprofil

Dieser vierseitige Test wird eingesetzt, um die Testpersonen in Hinsicht auf Depressionen, Spiritualität, Medikamenteneinnahme, Eßgewohnheiten und Grad der Zufriedenheit mit dem Leben im allgemeinen anhand einer Punkteskala einstufen zu können. Von Therapeuten wird dieser Test häufig durchgeführt, um das Ansprechen eines Patienten auf eine Therapie zu bestimmen, aber er findet auch Anwendung, um die Eignung eines Bewerbers für eine Stelle zu ermitteln.

Typisch für diesen Test sind Fragen wie zum Beispiel: Wie oft haben Sie in den letzten vier Wochen etwas mit einem Freund zusammen unternommen? 1) Nie, 2) ein- bis zweimal, 3) ein- bis zweimal pro Woche, 4) täglich.

Meßskalen für Todesfurcht

Wir verwendeten zwei dieser Skalen, eine direkte, die Templer-Skala, die aus fünfzehn »Richtig-oder-falsch«-Fragen besteht wie etwa: Ich habe große Angst vor dem Sterben. Ich habe wirklich Angst vor einem Herzanfall. Ich denke oft daran, wie kurz das Leben eigentlich ist.
Die andere von uns verwendete Meßskala für Angst vor dem Tod verbirgt sich hinter dem Reker-Peacock-Test, einer sehr raffinierten und klugen Methode, die die Lebenseinstellung untersucht und erfaßt, in welchem Maße die Befragten mit ihrem Leben zufrieden sind und was ihnen wichtig ist.
Statt Ja-oder-nein-Fragen zu stellen, arbeitet der Test mit Aussagen, und der Proband soll einschätzen, inwieweit sie jeweils für ihn zutreffen oder nicht. Zum Beispiel wurde Patientin Nr. 44 folgende Feststellung vorgelegt: »Das Leben ist sehr aufregend für mich.« Sie mußte dann eine Antwort ankreuzen, die zwischen »Völlig unzutreffend« und »Völlig zutreffend« liegen konnte. Andere Aussagen waren: »Etwas, was ich nicht genau definieren kann, fehlt in meinem Leben.« Oder: »Ich glaube, in der Regel treffe ich in meinem Leben selbst die Wahl.«

Der Greyson-Wertekatalog

Dieser Fragebogen wurde von dem bedeutenden Nah-Todesforscher Bruce Greyson entwickelt und erfaßt alles mögliche, was für eine Person von Bedeutung ist, zum Beispiel körperliche Fitneß, Selbsterkenntnis, Gebet, Weltfriede, Geld und materielle Dinge, persönlicher Erfolg.

Fragebogen zu subjektiven paranormalen Vorkommnissen

Da eine der merkwürdigsten Behauptungen von Personen mit einer Nah-Todeserfahrung die ist, daß sie hellseherische Fähigkeiten entwickelt haben, war eine unserer Befragungen daraufhin angelegt, dies genauer unter die Lupe zu nehmen. Das Vorhaben war bei einigen Beratern der Studie sehr umstritten: Ihrer Meinung nach setze man sich der Lächerlichkeit aus, und das ganze Projekt stieße auf um so größere Skepsis, wenn man derlei Äußerungen nachginge. Ich dachte anders darüber. Obwohl ich den Behauptungen vom Zunehmen übersinnlicher Kräfte skeptisch gegenüberstand, tauchten sie einfach zu häufig auf, um sie nicht zur Kenntnis zu nehmen. Meiner Ansicht nach durften wir uns dem nicht verschließen. Schenkten wir ihnen keine Beachtung oder, schlimmer noch, keinen Glauben, so könnte uns eine der allerfaszinierendsten Transformationen entgehen.

Ich machte meinen Forscherkollegen klar, daß ich übersinnlichen Kräften gegenüber ebenfalls skeptisch war, es aber doch nicht schaden würde, die Berichte über außersinnliche Wahrnehmung und Präkognition, das Vorhersehen zukünftiger Ereignisse, zu sammeln und auszuwerten. Außerdem hatten wir ja schon das Verlassen des physischen Körpers und das Wahrnehmen von Lichtwesen als reale Erfahrung akzeptiert. Warum sollten dann übersinnliche Erscheinungen wie Telepathie und Träume, die Zukünftiges vorwegnehmen, nicht genauso wahrscheinlich sein? Schließlich hat die umfangreiche und sogar von der Regierung initiierte Forschung während der letzten zwanzig Jahre in mancher Hinsicht Bestätigung für paranormale Phänomene gebracht.

Mir lag nichts daran, übersinnliche Erfahrungen zu beweisen oder zu widerlegen. Ich wollte herausfinden, wer solche Erlebnisse hat und was sie für ihn bedeuten. Insbesondere wollte ich wissen, ob sich übersinnliche Erfahrungen nach Nah-Todeserlebnissen vermehrt beobachten lassen. Aktivieren sie ein verborgenes Potential in uns und machen es verfügbar? Derlei Fragen muß nachgegangen werden.

Es stellte sich heraus, daß dies die produktivste Seite unserer Studie wurde und zu einem ganz neuen Verständnis von Nah-Todeserfahrungen und von einem breiten Spektrum übersinnlicher Phänomene führte – doch hier greife ich bereits voraus.

Mit dem Segen des Forscherteams nahm ich also schließlich den von Dr. V. M. Neppe entwickelten Fragebogen zu subjektiven paranormalen Erfahrungen in unsere Studie auf. Dieser ausführliche Test hilft dem Befragten, sich darüber klarzuwerden, wie er zu Übersinnlichem steht, und eventuelle Erlebnisse in dieser Richtung als bestätigt oder unbestätigt einzustufen. Der Fragebogen eignet

sich hervorragend für skeptische Wissenschaftler, die zur objektiven Realität paranormaler Erscheinungen nicht eindeutig Stellung beziehen wollen, sie aber dennoch genauer betrachten möchten.
Bestätigte Erfahrungen sind solche, die viele Details aufweisen oder vor ihrem Eintreten anderen mitgeteilt wurden. Jemand, der kein Erlebnis in Todesnähe hinter sich hat, macht in seinem Leben im Durchschnitt nur einmal eine verifizierbare übersinnliche Erfahrung, Nah-Todeserfahrene dagegen, wie sich zeigte, um ein Vielfaches häufiger. Ein Beispiel dafür ist die Patientin Nr. 44, die seit ihrer Nah-Todeserfahrung vor mehr als zwanzig Jahren drei nachweisbare Erlebnisse hatte. Der folgende exemplarische Vorfall ist ihrer Akte entnommen:

»Ich fuhr gerade zur Arbeit und war ausgesprochen guter Stimmung. Mit einemmal wurde ich sehr deprimiert. Ich war ganz durcheinander, und ich hatte Angst. Ich mußte weinen, und mir war geradeso zumute, als ob meine Kinder gestorben wären.
Ich hatte solche Angst, daß ich, gleich als ich an meinem Arbeitsplatz angelangt war, die Schule anrief, um herauszufinden, ob mit den Kindern alles in Ordnung war. Ihnen ging's gut, und so rief ich eine Nachbarin an und fragte, ob zu Hause etwas passiert war. Sie teilte mir mit, daß um zehn nach acht, gerade während ich zur Arbeit fuhr, mein Kätzchen totgefahren worden war.«

Eine weitere nachprüfbare Erfahrung stammt von einer anderen Patientin aus unserer Studie. Sie spürte, während sie in der Arbeit war, plötzlich einen stechenden Schmerz in der Schulter. Anschließend hatte sie das deutliche Gefühl, daß sich zu Hause jemand verletzt hatte. Sie rief umgehend daheim an, und ihre Tochter war am Telefon und weinte. Die Polizei hatte ihr gerade mitgeteilt, daß ihr Mann sich auf einer Landstraße mit dem Auto überschlagen und die Schulter gebrochen hatte.

Auch unbestätigte Erfahrungen sind von Bedeutung, etwa solche, bei denen sich Ahnungen bewahrheiten. Man hat zum Beispiel das Gefühl, das Telefon werde gleich läuten, und es läutet dann tatsächlich. Oder man denkt an jemanden, und am nächsten Tag kommt ein Brief von ihm. Derlei ist auch wichtig, um die Funktionsweise des Gehirns und des Gedächtnisses besser zu verstehen. Doch darauf werde ich später noch ausführlicher eingehen.

Was die Patientin Nr. 44 sowie alle anderen zuletzt ausfüllen mußten, war ein von Dr. Neppe entwickelter Fragebogen zu Vorkommnissen, die mit der Sensibilität des Schläfenlappens in Zusammenhang stehen. Diese Gehirnregion muß meiner Ansicht nach mit erhöhten übersinnlichen Fähigkeiten und Nah-Todeserfahrungen in Verbindung gebracht werden.

In vorausgegangenen Arbeiten hatte ich aufgezeigt, daß die Nah-Todeserfahrung mit all ihren Bestandteilen vom Schläfenlappen, diesem direkt über den Ohren liegenden Bereich des Gehirns, ihren Ausgang nimmt. In *Zum Licht* nannten wir diesen Bereich den Sitz der Seele, da außer dem Erleben des mystischen Lichts alle Elemente von Nah-Todeserfahrungen entweder an dieser Stelle ihren Anfang haben oder hierüber laufen.

Einige Skeptiker meinten nun, diese Erkenntnis bedeute, daß wir nicht an Nah-Todeserlebnisse glauben dürften – hätten wir doch durch die Entdeckung, in welchem Bereich des Gehirns sie ablaufen, irgendwie bewiesen, daß es keine realen Erlebnisse seien. Doch in Wirklichkeit ist das Gegenteil der Fall. Dadurch, daß wir sie im Gehirn lokalisieren konnten, hatten wir bewiesen, daß sie real waren. Wir hatten gezeigt, daß es greifbare Erlebnisse waren, die nun von allen Ärzten ernst genommen und nicht lediglich als eine Art schlechter Traum abgetan werden sollten.

Als ich meine Hypothese über den Sitz der Seele mit Neppe durchdiskutierte, wurde uns klar, daß so gut wie alle übersinnlichen und mystischen Erfahrungen in den Schläfenlappen ihren Anfang nehmen. Vielleicht ist es so, daß eine Nah-Todeserfahrung dem Menschen einen größeren Teil des Schläfenlappens verfügbar macht, ihm dessen ungenutzte Bereiche erschließt.

Der Mann, der die Tragödie kommen sah

Wieder kommt mir eines jener Erlebnisse in den Sinn, die damals der Grund waren, daß ich gern mehr über die Rolle der Schläfenlappen bei paranormalen Erfahrungen wissen wollte.

Robert Darby ist 45 Jahre alt und Computerprogrammierer. Er wäre fast in einem Fluß des tiefen Südens ertrun-

ken. Wie er erzählt, hat er, als er damals ins Wasser fiel, nicht um Luft gerungen, sondern sich friedlich und heiter gefühlt.
Während er unter Wasser war, sah er vor sich ein Licht so hell wie die Sonne durchs Wasser scheinen. Jahrelang dachte er, es sei tatsächlich die Sonne gewesen, aber der Anblick hatte sich ihm so tief eingeprägt, daß er zu der Überzeugung gelangt war, es müsse eine andere Art von Licht gewesen sein.
Robert hatte also, wie so viele andere Menschen mit einer Nah-Todeserfahrung, geglaubt, er habe die Sonne gesehen. Aber die Tatsache, daß er keine Angst verspürt hatte und heiter und gelassen war, während er in ein liebendes helles Licht eintauchte, ist ein sicheres Indiz dafür, daß es sich um eine Nah-Todeserfahrung gehandelt hatte. Robert war zwar der Meinung, sein Erlebnis habe ihn hellsichtig gemacht, doch hatte ihn etwas, was ihm kürzlich widerfuhr, dann doch verwirrt und beunruhigt. In einem Traum, der sich verifizieren ließ, erlebte er ein Busunglück, das dann tatsächlich am nächsten Tag passierte. Doch damit nicht genug: Er war für jene, die bei dem Unfall ihr Leben verloren, Begleiter auf dem Weg »durch den Tunnel zum Himmel hinauf«:

»In diesem Traum schwebte ich aus meinem Körper heraus und war hoch in der Luft, als wäre ich in einem Flugzeug. Auf dem Boden unten lag Schnee, und ich sah ein gelbes, rautenförmiges Warnschild. Ein Pfeil zeigte in die Richtung, in der ich mich bewegte, und ein Lichtstrahl fiel auf das Schild. Ich konnte die Rocky Mountains erkennen und weiß

noch, wie ich vor mich hin sagte: ›Jetzt sind es noch vierzig Meilen bis Denver.‹

Plötzlich war alles dunkel – und dann das Quietschen und Krachen eines heftigen Zusammenstoßes. Ich wandte mich zu dem Fahrgast neben mir und redete beruhigend auf die Frau ein: ›Es wird schon alles gut!‹

Ich spürte, wie es uns in die Luft hob, und hatte das Gefühl, daß wir etwas Totes hinter uns ließen. Wir waren zu sechst oder zu siebt und befanden uns auf einer weiten Ebene. Plötzlich erschien über uns ein helles orangefarbenes Licht, das immer gleißender wurde. Sein Anblick erfüllte uns mit Freude. Es war wie an einem wunderschönen Tag in den Bergen.

Wir kamen zu einem Ort, an dem viele Gestalten zu sehen waren, manche davon in langen Gewändern. Eine rief aus: ›Endlich seid ihr da!‹ Wir waren alle voller Freude.«

Dann wachte Robert auf. – An seinem Arbeitsplatz erzählte er den Traum einigen Kollegen.

Um halb elf Uhr abends hörte er in den Nachrichten, daß ein mit 22 Leuten besetzter Bus in den Bergen außerhalb von Denver verunglückt war. Sechs Leute waren tot. Auf den Bildern, die das Fernsehen an diesem Abend brachte, war zu sehen, daß der Unfall sich direkt nach einem rautenförmigen Warnschild ereignet hatte.

Diese Geschichte zeigt, wofür so etwas wie der »Schläfenlappen-Fragebogen« unter Umständen nützlich sein kann. Es ist sicher möglich, daß das, was dieser Mann als Kind in Todesnähe erlebt hat, eine lebenslang erhöhte Sensibilität des Schläfenlappens ausgelöst hat. Solche

Erlebnisse müssen gesammelt und mit dem Standardinstrumentarium wissenschaftlicher Analyse ausgewertet werden; denn sie sind viel zu bedeutend, um nur als gefundenes Fressen für die Sensationsblätter zu dienen.

Eingehende kritische Musterung

Als schließlich alle Interviews beendet und alle Fragebogen ausgefüllt waren, hatte Patientin Nr. 44 sich mindestens vier Stunden lang der kritischen Musterung durch einen meiner Assistenten oder durch mich ausgesetzt. Sie war persönlich oder am Telefon befragt worden und hatte einen dicken Stoß Papier mit Auskünften beschrieben. So war es mit all denjenigen, die sich bereit gefunden hatten, wegen ihrer Nah-Todeserfahrung bei der Studie mitzumachen. Sie bekamen kein Geld dafür; ihre einzige Entschädigung bestand in der Chance, mehr über sich selbst und über die Auswirkung, die ihr Erlebnis für sie hatte, zu erfahren.

Den meisten mußte dies als Entgelt wohl gereicht haben, denn erstaunlicherweise hielten 53 Prozent bis ans Ende der Studie durch. Wir hatten schließlich Daten von mehr als 150 Personen mit einer Nah-Todeserfahrung. Diese hohe Durchhaltequote und die große Zahl der bis ins Detail ausgeforschten Teilnehmer bedeutete, daß wir stichhaltige Ergebnisse liefern konnten.

Viele zusätzliche Stunden wurden dann von dem Untersuchungsteam darauf verwendet, die Akte eines jeden

Patienten auszuwerten. Ihr Hauptanliegen war es, das gesamte Material auf »innere Widersprüche« hin zu überprüfen. Das heißt, wir verglichen die Werteerhebungen mit Detailinformationen aus der persönlichen Akte, zum Beispiel Essensgewohnheiten, soziale Betätigung etc. So konnten wir diejenigen herausfinden, die uns nicht die Wahrheit gesagt hatten oder die sich selbst etwas vormachten.

Um die Echtheit ihrer Geschichten zu überprüfen, hatten wir einige Fangfragen in die Tests eingebaut. Diese Fragen sollten dazu dienen, Leute herauszusieben, die ihre Erfahrung nicht wahrheitsgetreu geschildert oder die Fakten reich ausgeschmückt hatten. Wir fragten zum Beispiel: »Hatten Sie irgendwann während Ihrer Nah-Todeserfahrung kalte Füße? Wenn ja, war es der rechte oder der linke Fuß?« Da noch in keinem Nah-Todeserlebnis kalte Füße vorgekommen waren, mußte man als Antwort ein klares Nein erwarten bei all denen, die ihre Geschichte wirklich erlebt und nicht wenigstens Teile davon erfunden hatten.

Nur sehr wenige der Testpersonen fielen auf diese Fangfragen herein. In den allermeisten Fällen hatten wir es bei denen, die sich zu der Studie bereit fanden, nicht mit Hochstaplern zu tun.

Die Teilnehmer an der Studie waren Erwachsene, die als Kind eine Erfahrung in Todesnähe gemacht hatten. Ich wollte diese Personengruppe, weil Kinder kulturell weniger beeinflußt sind als Menschen, die erst als Erwachsene ein derartiges Erlebnis haben. Kinder würden nicht unbedingt auf die Idee kommen, diese Erfahrung müsse nun ihr Leben ändern. Bei Erwachsenen hingegen bestand eher die Möglichkeit, daß sie damit rechneten und eventuelle Veränderungen dann gerne übertrieben darstellten.

Eine weitere Voraussetzung war, daß seit ihrem Erlebnis wenigstens zehn Jahre vergangen sein mußten. Eintretende Veränderungen mußte man dann als langfristig ansehen und nicht nur als vorübergehende Erscheinung, die lediglich ein paar Tage oder Monate über das auslösende Ereignis hinaus andauerte.

Diese zeitliche Vorgabe hatte eine wesentliche Auswirkung auf die Studie. Wir stellten fest, daß viele ihr Leben lang noch nichts von Nah-Todeserfahrungen gehört hatten. Erst vor fünfzehn Jahren war nämlich Raymond Moodys wegweisendes Buch *Leben nach dem Tod* erschienen, und erst in den letzten fünf Jahren wurde dieses Thema über die Medien einer breiten Öffentlichkeit zugänglich gemacht. Daher erfuhren viele, die sich an der Studie beteiligten, erst von uns, daß das, was sie erlebt hatten, eine Nah-Todeserfahrung war. Manche erklärten rundweg, ihre Erfahrung habe sich wenig oder gar nicht auf ihr Leben ausgewirkt. Die Ergebnisse der Studie belegten dagegen, wie falsch sie mit ihrer Meinung in Wirklichkeit lagen.

Ebendies macht die folgende Geschichte anschaulich: Eines Nachmittags erklärte ich in meinem Sprechzimmer einem meiner jungen Patienten, wie eine Mandeloperation abläuft. Er würde sich nämlich am nächsten Tag im Krankenhaus einfinden müssen und brauchte aus

meinem Munde die Zusicherung, daß die Operation reibungslos klappen würde.
Sein Großvater hatte ihn hergebracht und saß dabei, während ich alle eventuellen Begleiterscheinungen mit ihm besprach. Als ich damit zu Ende war, schaute er von seiner Illustrierten auf und sagte: »Und wann erzählen Sie ihm was von dem Tunnel? Da wird's dann nämlich unheimlich, aber irgendwie Spaß gemacht hat's auch.«
»Was für ein Tunnel denn?« fragte ich.
»Sie wissen doch, der Tunnel mit diesen Windungen wie in einer Muschel, der dann zum Licht wird.«
Später fand ich anhand der Krankenblätter heraus, daß man diesem Mann mit vier Jahren die Mandeln herausgenommen hatte und er fast an einer Überdosis Äther gestorben wäre. Ich brachte ihn dann dazu, bei der Studie mitzumachen. Obwohl er abstritt, daß die Erfahrung sich auf sein Leben ausgewirkt hatte, entsprach sein psychologisches und psychisches Profil dem vieler anderer, die sich durch ihre Erfahrung tiefgreifend gewandelt hatten.

Vom Rechtsanwalt bis zum Fließbandarbeiter

Menschen mit Nah-Todeserfahrungen zu finden, die einen Querschnitt der Bevölkerung repräsentieren, war nie eine leichte Aufgabe. Meines Wissens ist die einzige wirklich objektive Studie von Nah-Todeserfahrungen im Erwachsenenalter die des Kardiologen Michael Sabom aus Atlanta. Er befragte systematisch und fortlaufend

Personen, die Herzanfälle überlebt hatten, und bat sie mitzuteilen, was sie in unmittelbarer Nähe des Todes erlebt hatten.
Seine Patienten hatten zweierlei Arten von Nah-Todeserfahrungen. Typ eins waren die von ihm als *autoskopisch* bezeichneten, bei denen sich Patienten ihren Angaben nach von ihrem Körper lösten und zur Decke schwebten. Diese Gruppe konnte durchwegs ihre eigene Wiederbelebung sehr exakt beschreiben. Sabom hält minuziös viele Erlebnisberichte fest, bei denen die Patienten Aufschriften auf Apparaten wiedergeben konnten, die eingesetzt wurden, um ihre Herztätigkeit wieder in Gang zu setzen und ihren Zustand zu stabilisieren, Apparate, die sich außerhalb ihres Blickfelds befanden, auch wenn sie die Augen offen gehabt hätten.
Die zweite Art von Erfahrung, die Saboms Patienten schildern, war die *transzendente*, wie er sie nannte. Was diese Patienten oft nicht erlebten, war, ihren Körper von außen zu sehen, sondern sie schwebten davon in ein anderes Reich, eines, in dem strahlendes Licht alles erfüllte. Dort angelangt, trafen sie oft auf himmlische Wesen, die von manchen als »Gott« bezeichnet wurden.
Überlebende von Vorfällen mit beinahe tödlichem Ausgang der Reihe nach zu befragen, wie Sabom dies tat, ist die beste Methode, Nah-Todeserfahrungen zu untersuchen. Wenn die Zahl der Befragten groß genug ist und das Krankenhaus Angehörige aller Rassen und Einkommensschichten behandelt, wird man so zu einem »repräsentativen Querschnitt« der Gesellschaft gelangen.
Manche Forscher haben über Annoncen in Boulevard-

blättern nach Teilnehmern an Untersuchungsgruppen gesucht. Bei Studien dieser Art ist es schwierig, in Krankenblätter Einsicht zu nehmen oder die Echtheit von Erfahrungen zu belegen. Die Personen, die man auf diese Weise findet, werden wahrscheinlich ihre Geschichte schon oftmals erzählt haben und über die Jahre hinweg so manche Einzelheit verändern.

Eine andere Untersuchungsmethode war die, nur solche Unfallopfer zu untersuchen, die in der Folge ihres beinah tödlichen Schocks das Bewußtsein nicht verloren, um dann festzustellen, ob bei ihnen NTEs auftraten. Andere Forscher wiederum haben nur Patienten befragt, die aufgrund ihres fast tödlichen Schockerlebnisses bewußtlos wurden, um von ihnen zu erfahren, was ihnen von ihrem Aufenthalt im Niemandsland der Bewußtlosigkeit noch im Gedächtnis war.

Raymond Moody, Begründer der Nah-Todesforschung, sammelte einfach die Geschichten von vielen verschiedenen Patienten in Krankenhäusern. Er wertete dann den Inhalt ihrer Erlebnisberichte aus und unterteilte sie in die gängigen Bestandteile eines Nah-Todeserlebnisses: das Verlassen des Körpers, das Durchqueren eines Tunnels, das Wahrnehmen von Lichtwesen. Diese von Moody identifizierten Symptome sind auch immer noch das Grundgerüst der vorliegenden Studie. Moodys anekdotisch vorgehende Untersuchung ist vor allem deshalb so beeindruckend, weil er sie durchführte, noch ehe Nah-Todeserfahrungen in der breiten Bevölkerung anerkannt waren.

Inzwischen hat beinahe jeder davon gehört, und die

Leute sind in der Regel nur allzu bereit, darüber zu sprechen. Sie tun dies jetzt ganz offen, was ja sein Gutes hat: Daß diese Erfahrungen als normaler Teil des Lebens gesehen werden, ist schließlich, was wir Forscher die ganze Zeit erreichen wollten.

Um einen geeigneten Personenkreis für unsere Studie zusammenzustellen, mußte ich viele Quellen anzapfen und versuchte dabei, Probanden aus allen Lebensbereichen zu finden. Unter denen, die wir aussuchten, waren Automechaniker, Computerfachleute, Fließbandarbeiter, Angestellte, Rechtsanwälte, Ärzte, Musiker, Fernsehstars, Hausfrauen und Buchhalter. Ich stellte sicher, daß Personen aller Einkommensgruppen sowie verschiedenster Religionen und unterschiedlicher ethnischer Herkunft vertreten waren. Zudem wählten wir Leute aus dem ganzen Land und nicht nur aus ein oder zwei Gegenden aus. Wir wollten, daß der Personenkreis sich ähnlich zusammensetzte wie die amerikanische Gesamtbevölkerung.

Diese Patienten wurden zum einen durch andere Ärzte, die von meinem speziellen Interesse für dieses Thema wußten, an uns weitervermittelt. Außerdem gab ich immer, wenn ich in Radio-Talkshows oder Fernsehsendungen auftrat oder ein Zeitungsinterview gab, eine Telefonnummer bekannt, wo Leute mit einschlägigen Erfahrungen anrufen konnten.

Eine meiner Lieblingsmethoden war es, nach einem Vortrag über Erfahrungen in Todesnähe zu erklären, daß ich Leute für die Studie bräuchte, die normalerweise zu zurückhaltend oder zu beschäftigt wären, um bei einem solchen Projekt mitzumachen. Einige der besten Versuchspersonen stießen auf diese Weise dazu.

Eine Frau zum Beispiel kam nach einem Vortrag auf mich zu. Sie hatte als Kind eine Nah-Todeserfahrung gemacht, äußerte sich aber sehr zynisch über andere mit ähnlichen Erlebnissen, da ihr die Mischung aus Gefühligkeit und Überempfindsamkeit bei den meisten NTE-Selbsthilfegruppen, die sie aufgesucht hatte, die Sache verleidete. Der einzige Grund, warum sie sich nun freiwillig meldete, war, daß sie wie ich dachte: »Wenn Skeptiker wie ich den Mund nicht aufmachen, werden wir nie verstehen, was es mit diesen Erfahrungen auf sich hat.«

Sie erwies sich als wahre Goldgrube für vorurteilslose Informationen. Was sie erlebt hatte, war schnell erzählt:

> *»Ich war acht Jahre, als ich fast in einem Schwimmbecken ertrunken wäre. Ich erinnere mich an eine tiefe schwarze Leere. Dann war da plötzlich ein helles Licht, und ich fühlte tiefen Frieden. Ich weiß noch, daß ich mit dem Licht redete und darum kämpfte, in diesem Licht zu bleiben. Aber mir wurde gesagt, es gäbe noch etliches zu erledigen. Dann kam ich zurück.«*

Ich ließ sie alle vorher in diesem Kapitel besprochenen Tests bearbeiten. Sie hatte sehr geringe Angst vor dem Tod – wie aus den zwei Tests hierüber hervorging – und stark ausgeprägte Freude am Leben. Dies wird zum Beispiel durch folgende Antwort deutlich: »Jeder Tag hat etwas ganz Besonderes für mich. Jeder Tag ist ein Sonnenaufgang. Ich liebe das Leben. Es ist absolut sinnvoll.«

Die Tests und Gespräche zeigten darüber hinaus, daß sie mit jenen vermeintlichen »überempfindsamen Spinnern« mehr gemein hatte, als sie glaubte.
Ein weiteres bis dahin unentdecktes Juwel war ein Mann, der meinen Glauben daran, daß Kindern immer angenehme oder glückliche Nah-Todeserfahrungen beschert werden, erschütterte. Er meinte, seine Kindheitserfahrung in Todesnähe habe bei ihm nur ein Gefühl der Verwirrung und der Angst hinterlassen. Hier ist seine Geschichte:

»Ich alberte im Wasser herum, fiel dabei hin und schlug mit dem Kopf auf. Da schwebte ich aus meinem Körper heraus und sah meine Mutter, die in absoluter Panik war. Sie schrie meinen Bruder an, er habe mich umgebracht, weil er mich umgestoßen hatte.
Ich hatte das Gefühl, ich müßte in meinen Körper zurückkehren, aber ich zögerte damit, denn ich hatte Angst, ausgeschimpft zu werden, weil wir da gespielt hatten, wo wir nicht sollten. Plötzlich hörte ich eine Stimme sagen: ›Du gehst jetzt zurück, wir haben noch was vor mit dir.‹«

Diese zwei Beispiele sind typisch für die Art von Menschen, die wir für unsere Studie ausfindig gemacht haben. Natürlich wollten wir auch die »Gläubigen«, da sie ja etwas Wichtiges zu erzählen haben. Doch wir brauchten ebenso die Ungläubigen und die Zweifler, die eine Erfahrung in Todesnähe gemacht hatten, aber nicht so ganz glaubten, was sie gesehen hatten. Auch wenn es schwierig und zeitraubend war, diese Leute aufzuspüren, war es sicher der Mühe wert. Letztlich ist der *einzige* Weg herauszufinden, was Nah-Todeserfahrungen in Wahrheit sind, der, das gesamte Spektrum zu untersuchen. Wir verglichen nun unsere Probanden mit Nah-Todeserfahrung mit fünf anderen Gruppen, denen wir dieselbe Reihe von Tests und Fragen vorlegten:

Erwachsene, die als Kinder schwere Krankheiten überlebt haben, aber über keinerlei NTE berichten können: Ein Vergleich mit dieser Gruppe ist deshalb wichtig, weil es ja sein könnte, daß schon das Überleben einer beinahe tödlichen Krankheit oder Verletzung einem Menschen dieselbe Wertschätzung des Lebens schenkt, die sonst nur Personen mit einer Nah-Todeserfahrung zugeschrieben wird.

Erwachsene, die ganz deutlich ein warmes und liebendes Licht erlebt haben, und zwar entweder als Kinder oder als Erwachsene: Von der Existenz dieser Gruppe von Leuten erfuhr ich erst nach dem Erscheinen von *Zum Licht.* Seitdem habe ich von vielen Erwachsenen gehört, die intensive und lebendige Lichterlebnisse schildern. Und ich möchte betonen, daß es sich hier um normale Menschen handelt, die nicht am Rande des Todes stehen. Doch beschreiben sie dieses Licht in derselben mystischen Terminologie wie diejenigen, die Erlebnisse in Todesnähe hinter sich haben. Hier ein Beispiel:

»Ich war achtzehn, als mein Vater und ich zu meinem Lieblingsplatz, dem Häuschen meines Großvaters, fuhren. Als wir

durch das Eingangstor die Auffahrt hochfuhren, fiel uns auf, daß der heiße Sommer das Häuschen und den Grund darum herum verändert hatte. Es war kein Leben mehr da, keine Vögel, die sangen, und das Gras hatte sich ganz braun verfärbt. Und der See war mit braunen Algen bedeckt. Daraufhin meinte ich zu meinem Vater, daß unsere kleine Welt gestorben war.
Urplötzlich verfinsterten sich die Wolken, und es begann zu regnen. In dem Moment war mein Vater auf einmal nicht mehr da. Die Wolken teilten sich, und ein hellglänzendes Licht schien auf mich herab. Ich war völlig in dieses liebende und mitfühlende Licht getaucht.«

Derjenige, der dieses Erlebnis hatte, schrieb mir und fragte, ob dies das gleiche gewesen sei wie ein Nah-Todeserlebnis. Es war eindeutig nicht dasselbe, da er ja nicht dem Tod nahe gewesen war und nicht einmal Todesangst gehabt hatte. Doch ist seine Erfahrung nicht der einzige Fall dieser Art. Von vielen habe ich in Briefen oder Gesprächen von derlei Erlebnissen erfahren. Ich wollte diese Gruppe von Leuten mit denen, die dem Tod nahe waren, vergleichen, um zu sehen, ob sie in den Genuß der positiven Auswirkungen einer Nah-Todeserfahrung kamen, ohne dem Tod ins Auge geblickt zu haben.
Ich bin froh, daß ich die Gruppe mit in die Studie einbezogen habe, da sie zu einem viel besseren Verständnis von spirituellen Erfahrungen beigetragen hat.

Erwachsene, die sich selbst als mystisch oder spirituell bezeichnen: Viele Menschen behaupten von sich, sie hätten mystische oder übersinnliche Fähigkeiten, aber bei sehr wenigen ist dies tatsächlich überprüft worden. Wirklich als solche definierbare mystische Erfahrungen haben auch nur sehr wenige erlebt. Machen Leute, die sich für hellsichtig halten, ebenso viele verifizierbare paranormale Erfahrungen wie Menschen mit einem Nah-Todeserlebnis? Dies würde eine einmalige Gelegenheit sein, die beiden Gruppen miteinander zu vergleichen. Ich war höchst erstaunt über das Ergebnis dieser Gegenüberstellung.

Erwachsene, die als Kinder außerkörperliche Erfahrungen gemacht haben: Manche Forscher sind der Meinung, daß außerkörperliche Erfahrungen einfach nur eine Variante von NTEs sind. Der Hauptunterschied ist, wie sie sagen, der, daß man dem Tod nicht nahe sein muß, um eine »Obie«* zu erleben.
Ich war der Meinung, es sei wesentlich, normale Erwachsene mit einer außerkörperlichen Erfahrung im Kindesalter ebenfalls in die Studie aufzunehmen. Denn zum einen ist dies das gängigste paranormale Vorkommnis, da 16 Prozent aller Amerikaner behaupten, wenigstens einmal im Leben ihren Körper verlassen zu haben. Zum anderen wäre so die Gelegenheit gegeben herauszufinden, ob OBEs und NTEs wirklich dasselbe sind.

* Wie die amerikanischen Forscher die *OBE* – von engl. *out-of-body experience* – salopp nennen; A. d. Ü.

All diesen Gruppen würde dann eine Gruppe ganz »normaler« Erwachsener ohne vorausgegangene schwere Krankheit, ohne mystische Lichterlebnisse, ohne außerkörperliche Erfahrungen und selbstverständlich ohne Nah-Todeserfahrung gegenübergestellt werden.
Wozu dies alles gut sein sollte, war, Antwort zu finden auf die eine Frage: *Haben Nah-Todeserfahrungen Auswirkungen, die sich nachweisen lassen?*

Warum dieses Interesse von meiner Seite?

Ich bin schon oft gefragt worden, weshalb ich mich so sehr für Nah-Todeserfahrungen interessiere. Ehrlich gesagt, weil ich diese Geschichten glaube, die da von Kindern wie Erwachsenen erzählt werden. Was hätten sie denn davon, sie zu erfinden? Und sie erzählen derart schön und schlicht, daß man diesen Geschichten einfach nachgehen muß.
So habe ich aber nicht immer gedacht. Als ich zum ersten Mal von Nah-Todeserfahrungen hörte, glaubte ich, dies seien lediglich Halluzinationen, ausgelöst von den verabreichten Medikamenten oder durch Sauerstoffmangel. Ich dachte wie die meisten meiner Kollegen, sie seien eine Art psychologischer Abwehrmechanismus, der dazu dient, die Todesangst zu lindern.
Nach vier Jahren Medizinstudium und zwei Jahren Ausbildung im Krankenhaus hatte ich viele Male Patienten geholfen, dem Tod noch mal von der Schippe zu springen. Aber nicht einmal hörte ich einen von ihnen davon

sprechen, daß er durch einen Tunnel in eine andere Welt gelangt sei. Inzwischen ist mir klar, daß möglicherweise viele meiner Patienten eine Nah-Todeserfahrung gemacht haben, daß ich mir aber einfach nicht genügend Zeit nahm, ihnen zuzuhören und es herauszubekommen.

Zum Glück erzählte mir dann ein schüchternes und hübsches siebenjähriges Mädchen von einem sehr lebendigen Nah-Todeserlebnis, das sie hatte, als sie fast im öffentlichen Schwimmbad ertrunken wäre und neunzehn Minuten lang klinisch tot war.

Während sie mir beiläufig erzählte, wie es war, beinahe zu sterben und wieder zurückzukommen, muß sie bemerkt haben, daß ich ganz entgeistert dreinschaute. »Keine Angst, Dr. Morse! Sie werden schon sehen, im Himmel ist es lustig!«

Nach dieser Geschichte ist mein Leben nicht mehr so, wie es vorher war. Ich erkenne nun, daß auch in der Medizin Raum für Gefühl und Spiritualität ist. In all diesen Jahren der wissenschaftlichen Untersuchung von NTEs bin ich beidem oft begegnet, ohne daß dabei der Wunsch zu gefallen im Spiel gewesen wäre. Diese Geschichten kommen aus tiefstem Herzen.

Mein Mitautor bezeichnet Nah-Todeserfahrungen als »paranormale Vorfälle, die normalen Menschen widerfahren«. Diese Tatsache kommt in der Verwunderung und der Begeisterung zum Ausdruck, mit der diese Geschichten erzählt werden – zum Beispiel die folgende: »Genau als die Tür sich hinter meinem Leben schloß, ging eine andere Tür auf, und ich trat in eine neue Welt.

Seitdem ist nichts mehr so, wie es vorher war.« Wenn Leute so etwas sagen, dann muß das Erlebte eine starke und stimulierende Wirkung haben, die unweigerlich dazu führt, über Gott und die Welt, den Sinn des Lebens, nachzudenken.
Ehe ich über die Ergebnisse der Transformationsstudie berichte, möchte ich Ihnen aber zunächst einige dieser wundersamen Geschichten mitteilen.

Patientin Nr. 1:
»Ihre Zeit ist noch nicht gekommen«

»Mit neun Jahren wurde ich aus einem unerfindlichen Grund krank. Ich hatte 41 Grad Fieber oder mehr und war einige Male beim Arzt. Als offensichtlich wurde, daß es nicht aufwärtsging mit mir, mußte ich auf Entscheidung des Arztes hin ins Krankenhaus. Das brachte aber auch keine Besserung. Im Laufe der nächsten Tage stieg das Fieber sogar noch.
Sie machten alle nur erdenklichen Tests mit mir, konnten aber die Ursache für das Fieber nicht finden. Schließlich entschied ein Team von drei oder vier Kinderfachärzten, sie müßten das Fieber herunterbringen oder ich würde einen Hirnschaden erleiden. Ich war inzwischen schon sehr schwach, und die Ärzte gaben ihrer Besorgnis Ausdruck, daß ich dieses Fieber nicht mehr lange würde überstehen können.
Zuletzt beschlossen die Ärzte, drastische Maßnahmen zu ergreifen: Sie zogen mich nackt aus und packten mich zwischen Eiswürfel mit einem Leintuch über dem Ganzen. Eine Schwester stand daneben, um alle paar Minuten meine Temperatur zu messen.

Als sie mich auf diese Weise ganz einpackten, wurde ich ohnmächtig. Ich kam mir vor, als ob ich schwebte, und alles um mich herum war dunkel und angenehm. Und dann kam er, dieser Tunnel aus Licht mit dem ungemein hellen Licht am Ende.

Irgend jemand stand mir bei, durch diesen Tunnel hochzukommen. Als ich an seinem Ausgang anlangte, hatte ich eine wunderschöne Aussicht: Vor mir lagen lauter Blumenwiesen, und rechts von mir lief eine hübsche Straße, und die Bäume waren bis zur halben Höhe weiß angestrichen, und ein weißer Zaun war auch da. Es war wunderschön.

Und auf der Wiese ganz rechts waren die phantastischsten Pferde, die ich je gesehen hatte. Ich mußte zwar über zwei Zäune klettern, wenn ich zu ihnen hinkommen wollte, aber mit meinen neun Jahren war das kein Problem, und ich machte mich auf den Weg.

Nachdem ich ein Stück in diese Richtung gelaufen war, tauchte neben mir so ein weißes Licht auf, so eine Erscheinung, die freundlich und gar nicht bedrohlich war. Die Erscheinung sagte: ›Wohin willst du?‹ Und ich antwortete: ›Ich möchte da hinüber.‹ Und sie sagte darauf: ›Prima! Gehen wir zusammen!‹

Unterwegs gab es viele Blumen, deren Namen ich nicht kannte, und ich fragte, wie sie hießen, und pflückte welche im Gehen.

Und dabei redete ich mit diesem blendenden weißen Licht, das alle Farben hatte und gleichzeitig gar keine Farbe. Und es hatte an sich kein Gesicht mit Gesichtszügen, aber das störte mich gar nicht. Ich erinnere mich, daß ich zurückschaute und durch den Tunnel auf die Leute hinuntersah, die da alle um mein Bett herumstanden, und es kümmerte mich nicht, daß ich hier oben war und mein Körper da unten. Es ging mir sogar sehr gut dabei.

So redete ich also mit diesem Licht und wanderte zu diesen Pferden hinüber. Und gerade hatte ich das Bein über den obersten Querbalken des Zauns geschwungen und wollte auf die Pferdeweide, als so eine Stimme aus dem Nichts sagte: ›Was macht sie denn da?‹ Und das Licht antwortete: ›Sie will zu den Pferden.‹ Und die Stimme sagte: ›Das geht nicht. Ihre Zeit ist noch nicht gekommen. Sie muß zurück.‹

In dem Moment umklammerte ich den Querbalken, weil ich nicht zurückwollte. Das war das allerletzte, was ich wollte. Und dann haben die Stimme und das weiße Licht noch ein wenig miteinander gesprochen und beschlossen, daß ich zurückkehren müsse. Da rastete ich völlig aus. Ich klammerte mich am Zaun fest und schlang die Arme und Beine drumherum und ließ nicht los. Die Stimme lachte nur. ›Komm, das kannst du später noch haben. Aber jetzt ist nicht die Zeit dafür. Und einen Wutanfall zu kriegen tut dir gar nicht gut.‹ Und ohne mein Zutun schwebte ich über der Weide und hinein in den Tunnel und war auf dem Rückweg. Und ich schrie und kreischte, beißend und um mich schlagend, doch diese Hand führte mich sachte den Tunnel hinunter, den ich hochgekommen war. ›Warum kann ich denn nicht bleiben?‹ zeterte ich. ›Weil es für dich noch etwas zu tun gibt‹, erwiderte die Stimme. Und ich spürte, wie diese Hand mich sanft durch denselben Tunnel, den ich heraufgekommen war, wieder hinunterführte und ich in meinen Körper zurückschnellte.

Ich weiß noch, wie ich in meinem Bett lag und zu einem Arzt hochschaute, der erschrocken neben dem Bett stand. Mit einem

Seufzer der Erleichterung sagte er zu einer der Schwestern: ›Ach, wie gut! Sie ist zurück!‹«

Patient Nr. 2:
»Ich war in ein warmes Licht gehüllt«

»Mein Erlebnis widerfuhr mir zwischen der sechsten und siebten Klasse. Es war Sommer, und ich war oben am See, wo wir schon das ganze Wochenende über Wasserski fuhren. Ich fuhr zusammen mit einem anderen Jungen hinter dem Motorboot her. Da stürzte ich nach vorne, und die Schleppleine schlang sich mir um den Arm. Die Leine zog sich zu und schnitt sich durch die Haut und den Muskel bis auf den Knochen ein. Ich hatte heftige Schmerzen, und dann wurde ich ohnmächtig. Später bekam ich einen Schock wegen dem vielen Blut, das ich verlor, und wegen der Schmerzen, mit denen das alles verbunden war.

Der Fahrer des Motorboots jedenfalls wußte nicht, daß ich noch festhing, und fuhr deshalb mit voller Kraft weiter. Ungefähr dreißig Sekunden lang zog er mich hinter dem Boot her, und ich wurde unter Wasser gezogen.

Ich erinnere mich, wie ich dachte: ›Jetzt ist es aus mit dir!‹ Der nächste Gedanke, an den ich mich erinnere, war aber dann: ›Das macht mir gar nichts aus!‹ Der Schmerz ging vorbei, und obwohl das Wasser an mir vorbeirauschte, konnte ich das nicht spüren.

Ich war in ein warmes Licht gehüllt. Ich ging keinen Tunnel hoch, wie ich das von anderen Leuten gehört habe, aber ich löste mich von meinem physischen Körper und konnte mich selbst kurz sehen, wie ich da unter Wasser dahinschoß und aus dem Arm blutete, doch ohne mir auch nur irgendwie Sorgen zu machen.

Mein Leben spulte sich vor meinen Augen ab, und ich erinnere mich speziell daran, daß ich dachte, wie toll es doch gewesen war. Mir fiel ein, was ich bisher alles geschafft und wieviel Freude ich erlebt hatte, und ich war froh, hiergewesen zu sein. Ich wußte, daß ich jetzt sterben mußte, und konnte mein Leben so akzeptieren, wie es gelaufen war. Komischerweise war mir da so friedlich zumute wie nie zuvor.

Endlich merkte der Typ, der das Boot fuhr, daß etwas nicht stimmte, und ging vom Gas. In dem Moment kam ich dann an die Wasseroberfläche, denn ich hatte eine Schwimmweste an. Nun war ich nur noch voller Panik. Ich kehrte in die Realität zurück und hatte heftige Schmerzen. Man brachte mich auf dem schnellsten Weg ins Krankenhaus, und dort wurde ich behandelt. Ich stand acht Stunden lang unter Schock, und wie die Ärzte sagten, wäre ich wegen des Blutverlusts beinahe gestorben.«

Patientin Nr. 3:
»Da sah ich Licht durch so einen Tunnel kommen«

»Mit ungefähr neun Jahren war ich einmal mit meiner Schwester, die auf mich aufpaßte, am Strand. Sie ging mit mir zu einer Felsbucht, wo die Wellen krachend gegen die Felsen schlugen. Wir gingen weit hinaus, sammelten Muscheln und achteten kaum darauf, was um uns herum geschah.

Auf einmal wurde ich von einer großen Welle erfaßt und zwischen die Felsen gespült, wo ich irgendwo im tiefen Wasser

landete. Tonnenweise schluckte ich Wasser, und meine ganze Lunge schien mir voll davon zu sein. Ich erinnere mich an die schreckliche Angst, die ich hatte, wie ich auf den finsteren Grund dieses Meeresbeckens sank.
Das einzige, was ich spürte, waren Blasen über Blasen, aber ich bekam überhaupt keine Luft. Da sah ich Licht durch so einen Tunnel kommen, und dann befand ich mich in dem herrlichsten Garten, den ich je gesehen hatte.
Mein kurzes Leben lief vor mir ab, und ich stand vor einer großen Gestalt, einem Licht, das, glaub' ich, Gott war.
Es war so schön, daß ich nicht wieder wegwollte, aber diese Gestalt wußte, was ich dachte, und sagte mir, ich müsse zurückkehren.
Woran ich mich als nächstes erinnern kann, ist, wie jemand meinen Kopf hochzog. Man hatte mich zur Badeanstalt hinübergetragen, und dort lag ich dann, als ich aufwachte. Der Mann von der Wasserwacht hatte mir eine Menge Wasser aus der Lunge gepumpt, und er meinte, eigentlich müßte ich tot sein. Ich habe in mehrerlei Hinsicht Glück gehabt an diesem Tag.«

Patient Nr. 4:
»Ich schaute auf mich selbst hinunter«
»Ich war vier und meine Schwester acht, und sie hatte Angst davor, in den Keller hinunterzugehen, um sich ein Spielzeug zu holen, und so schickte sie mich. Da das Licht unten nicht ging, nahm ich eine Taschenlampe.
Ich stieg also die Treppe hinunter, aber weil ich sehen wollte, wie eine kaputte Birne aussah, richtete ich die Taschenlampe

auf das kaputte Licht an der Decke. In dem Moment fiel ich seitlich von den Stufen hinunter und landete unten auf dem Betonboden.

An das Hinunterfallen erinnere ich mich nicht mehr. Das nächste, was ich noch weiß, ist, daß ich an der Decke oben war und auf mich selbst hinunterschaute. Es war nicht absolut dunkel da drin, und so konnte ich mich da liegen sehen, reglos und mit dem Gesicht nach unten.

Ich schaute einfach nur zu und wartete darauf, daß ich etwas machte. Aber ich habe nichts gemacht. Ich atmete nicht und rührte mich nicht. Ich schwebte nur da oben und dachte dabei, daß ich wohl tot sein mußte.

Ich war sehr entspannt, und es ging mir gut. Irgendwie wartete ich einfach ab, was nun passieren würde. Dann merkte ich, wie es heller wurde im Keller. Es wurde wirklich immer heller, und zwar kam das Licht von hinten. Ich schaute mich um, und es war keine Wand da, nur so ein kleines und sehr hell leuchtendes Licht hoch droben. Und es wurde in einem fort größer. Es war ja nur ein Licht, aber es war das Schönste, was ich je gesehen hatte.

Gerade als ich mich umdrehte, um daraufzuzugehen, erschien meine Mutter in der Tür. Sie sauste die Treppen herunter und fand mich da am Boden, ganz grau im Gesicht und ohne das geringste Lebenszeichen, und sie hob mich auf und schüttelte mich, und da fing ich wieder zu atmen an. Dann trug sie mich hoch in ihr Zimmer und rief den Arzt.

Das ist eigentlich alles, was ich erlebt habe, doch es war das Beeindruckendste, was mir je widerfahren ist, und das Wunderbarste.«

Patientin Nr. 5:
»Als ich ein Guckloch hinunterschauen konnte«

»Ich war in der fünften oder sechsten Klasse und saß im Schulzimmer, als mir schlecht wurde. Mir war ganz schwarz vor den Augen, aber ich schaffte es noch, zur Lehrerin vorzugehen und sie zu fragen, ob ich heimgehen könnte. Danach erinnere ich mich nicht mehr an sehr viel, nur daß die Lehrerin meinte, sie würde mich von zwei Mädchen nach Hause bringen lassen. Ich war dann sehr krank und hatte eine Infektion im Bein, weswegen ich später ins Krankenhaus mußte.

Ich lag, glaube ich, bei meiner Großmutter auf dem Sofa, als ich mit einemmal ein Guckloch hinunterschauen konnte. Durch dieses Guckloch konnte ich ganz woandershin sehen: Ein gepflasterter Weg mit viel Grün drumherum war da, und ich erinnere mich auch an ein Spalier und eine Steinmauer. Eine wunderschöne Frau in einem langen Kleid streckte lächelnd die Arme aus, und ich sah, wie ein junges Mädchen – das war wohl ich – auf sie zuging. Ich spürte Liebe und Glück in mir, während ich bei dieser ganzen Szene zuschaute. Die Frau schien sich hinunterzubeugen und das Mädchen hochzuheben, und sie wirbelten lachend und Arm in Arm durch die Gegend. Das Gefühl dabei war unglaublich, und es war so ein schönes Bild!

Nachdem ich wieder gesund war, kam ich oft wieder auf dieses Erlebnis zurück. Wenn es in der Schule oder zu Hause nicht gut lief, dann sprach ich immer von meiner ›Tunnelvision, dieser spinnigen Sache‹. So nannte ich das Ganze halt, was anderes fiel mir nicht ein.«

Patientin Nr. 6:
»Ich fühlte mich wohl und war sehr froh«

»Als ich sechzehn war, hatte ich während einer Operation eine Nah-Todeserfahrung. Sie war sehr intensiv und persönlich, und ich habe sie über all die Jahre nur wenigen Menschen mitgeteilt.

Man hatte mir ein Narkosemittel gegeben, und ich war völlig weg und schlief so, wie man eben schlafen soll, wenn man operiert wird.

Auf einmal bewegte ich mich in irgendeine Richtung und gelangte schließlich zu einem Wesen, das unendliche Liebe ausstrahlte. Ich fühlte mich wohl und war sehr froh, bei ihm zu sein. Ich dachte über mein junges Leben nach, und mir kamen all die körperlichen Beschwerden in den Sinn, die ich schon gehabt hatte, und ich sagte: ›Ich bin froh, daß damit jetzt Schluß ist.‹ Dieser Meinung war das Wesen aber nicht. ›Du hast noch nicht viel gemacht‹, meinte es geduldig.

Sofort kam in mir das Gefühl auf, daß ich noch eine Mission zu erfüllen hätte, und ich sagte: ›Du hast ja recht, vielleicht sollte ich zurückkehren.‹ Und eh' ich mich versah, war ich wieder in meinem Körper mit all seinen Schmerzen. In so einem Körper drin empfand ich mich als ganz schwer und eingeengt.

Das machte mich völlig wütend. Ich hatte doch gesagt, ›vielleicht‹ sollte ich zurückkehren, und nicht, ich will zurückkehren.

Doch ich beruhigte mich schnell wieder. Seitdem aber habe ich das Gefühl einer unerfüllten Mission. Immer meine ich, ich müßte etwas für die Menschheit tun. Ich wurde Krankenschwester, und doch komme ich nicht los von dem Gefühl, daß ich erst noch herausfinden muß, was genau ich eigentlich tun soll.«

Erstaunliche Ergebnisse

Die Transformationsstudie brachte spannende Ergebnisse. Nachdem wir endlich das Datenmaterial von über vierhundert Teilnehmern an dem Forschungsprojekt ausgewertet hatten, stellte sich heraus, daß eine Nah-Todeserfahrung bei den Menschen, denen sie widerfährt, diverse bleibende Veränderungen bewirkt, zu denen vor allem die folgend beschriebenen zählen.

Eine verminderte Angst vor dem Tod: Menschen mit einer Nah-Todeserfahrung haben nur etwa halb soviel Angst vor dem Sterben wie der Durchschnitt der Bevölkerung. Wenn man sie nach ihren Gefühlen in bezug auf den Tod fragt, dann lauten die typischen Antworten etwa: »Ich habe keine Angst mehr davor.« Oder: »Ich weiß jetzt, daß es dort, wo wir hingehen, wenn wir sterben, besser ist.« Diese von vielen aufgeschriebene Antwort deckt sich mit den in den Tests erzielten Punkteergebnissen, die sehr niedrig lagen, wenn nach der Todesfurcht gefragt wurde.

Eine Zunahme übersinnlicher Fähigkeiten: Die Testpersonen aus der NTE-Gruppe verzeichnen mehr als viermal so viele nachweisbare übersinnliche Erfahrungen wie diejenigen aus der »normalen« Gruppe und aus der mit überstandener schwerer Krankheit. Und nicht nur das,

sie hatten sogar doppelt so viele verifizierbare übersinnliche Erfahrungen wie diejenigen, die von sich behaupten, sie seien hellsichtig.
Die Zukunft voraussagen zu können, wünschen sich nicht wenige von uns. Doch für die meisten, die eine Nah-Todeserfahrung hinter sich haben und daraufhin plötzlich feststellen, daß genau das nun in ihrer Macht steht, ist dies keine erfreuliche Neuigkeit. Mehr darüber erfahren Sie im vierten Kapitel, das von diesem Thema handelt.

Eine gesteigerte Lebensfreude: Menschen mit einer Nah-Todeserfahrung haben die positiven Charakteristika dynamischer Persönlichkeiten; das heißt, sie haben den Drang, hart zu arbeiten, ohne dabei die negativen Komponenten wie schnelles Aufbrausen oder Ellbogenmentalität auf dem Weg nach oben aufzuweisen.
Viele bezeichnen sich als arbeitswütig und ständig aktiv, weil sie »nicht genug kriegen können vom Leben«. Aber ich muß nochmals darauf hinweisen, daß diese Leute nur die positiven Züge der unermüdlichen Arbeiter haben und sich selbst in die falsche Schublade stecken, wenn sie sich arbeitssüchtig nennen. Sie sollten sich besser als »lebenssüchtig« bezeichnen, weil sie das Leben mit einem solchen Schwung und so einer Begeisterung angehen.
Ich mußte lachen über die Selbstcharakterisierung einer Frau aus der NTE-Gruppe: »Ich bin nicht wie die meisten Leute mit solchen Erfahrungen. Ich bin die ganze Zeit tätig, arbeite im Garten, und meine Gedanken sind aufs

Leben gerichtet. Ich bin nicht ›abgehoben‹ wie die meisten dieser Leute da.« Ich mußte ihr klarmachen, daß die meisten »dieser Leute da« gar nicht abgehoben sind. Sie leben ihr Leben genauso schwungvoll wie sie und schweben nicht in höheren Sphären, wie manche glauben.

Eine höhere Intelligenz: Obwohl der Beweis hierfür schwierig ist, kann man nicht einfach darüber hinwegsehen: Viele aus der NTE-Gruppe glaubten an sich eine Höherentwicklung festzustellen und meinten, ihre Begegnung mit dem Tod und die dadurch ausgelöste spirituelle Erfahrung habe sie intelligenter gemacht.
Kann es sein, daß die Erfahrung selbst zu gesteigerter Intelligenz führt? Oder ist es so, daß einen diese Erfahrung bei der Lösung verwirrender Probleme einen anderen Weg einschlagen läßt?
Ich glaube schon, daß bei manchen Menschen nach einer Nah-Todeserfahrung tatsächlich eine Steigerung der Intelligenz vorkommt, obwohl ich nicht sagen könnte, weshalb. Ich beschloß, mir die Geschichten und diese Menschen nochmals genauer anzuschauen, um zu sehen, ob es irgendeinen konkreten Grund für erhöhte Intelligenz gäbe. Was ich dabei herausfand, verblüffte mich.

Die Ergebnisse der Transformationsstudie und die Geschichten der bemerkenswerten Menschen, die daran teilgenommen haben, sind in diesem Buch weitgehend ohne statistische Auswertungen wiedergegeben, um eine zu wissenschaftliche Ausdrucksweise zu vermeiden. Da wir aber wissen, wie wichtig es für Sie ist, unsere wissenschaftlichen Daten einsehen zu können, haben wir sie in einem gesonderten Teil am Ende des Buches angefügt. Erwähnen möchte ich außerdem, daß einige der Geschichten, die Sie lesen werden, von Leuten stammen, die nicht an der Transformationsstudie beteiligt waren. Manche kommen von Leuten, die sich mit mir in Verbindung setzten, nachdem sie unser erstes Buch *Zum Licht* gelesen hatten. Sie wollten mit mir über ihre eigenen Erfahrungen sprechen. Wir verwenden ihre Erlebnisse zum einen, um damit wesentliche Punkte, die die Studie zur Sprache bringt, zu verdeutlichen, zum anderen, weil es einfach gute Geschichten sind.

»Aber einen Augenblick noch, Dr. Morse! Glauben Sie an ein Leben nach dem Tod?« – Diese Frage wird mir nach jedem Vortrag gestellt. Ich antworte darauf mit einem buddhistischen Witz, der folgendermaßen lautet:

Ein Schüler fragt einen berühmten Heiligen, ob es ein Leben nach dem Tode gebe.

»Warum fragst du da mich?« erwiderte der heilige Mann.

Den Schüler verblüffte diese Antwort. »Du bist doch ein geistiger Lehrer, der mit Gott spricht!«

»Das stimmt«, sagte der Heilige, »ich bin ein geistiger Lehrer – aber doch kein toter!«

3 Weder Angst vor dem Leben noch vor dem Tod

> »Nur dreierlei steht fest: der Tod,
> die Steuern und die Angst vor beidem.«
>
> *Woody Allen*

Ungefähr ein halbes Jahr vor Abschluß der Transformationsstudie hatte ich es bei einer Talk-Show im Spätprogramm des Rundfunks mit einem besonders rüden und unangenehmen Moderator zu tun, der mir mit seinen Fragen sehr zu schaffen machte. Er bat mich, zu umreißen, welche Bedeutung der Nah-Todeserfahrung denn wirklich zukomme. Ich gab zur Antwort, daß es eine echte spirituelle Erfahrung sei, die von Ärzten nun nicht mehr als Halluzination abgetan werden sollte.

»Diese Leute machen eine spirituelle Erfahrung; was sie erleben, läßt sich nicht einfach als negative Reaktion auf ein Medikament wegerklären«, sagte ich. »Sie hat insofern Bedeutung, als es sich um eine reale Erfahrung handelt, und die Ärzte sollten sie nicht herunterspielen, bloß weil wir keine Erklärung dafür haben.«

»Ja und? Was ist denn so großartig daran, Herr Doktor?« meinte er unwirsch. »Da haben sie diese Visionen und sterben fast dabei, und was soll's?«

Ich stammelte eine Entgegnung: »Wenn mehr Ärzte die Existenz einer spirituellen Seite anerkennen würden, dann könnte die Nah-Todeserfahrung bewirken, daß unsere Krankenhäuser und Intensivstationen patientenfreundlicher würden.«

Der Moderator knurrte mich schon wieder an: »Ja und? Was ist denn, Doc? Haben Sie etwa Angst, daß die Patienten damit anfangen könnten, Sie wegen entgangener Nah-Todeserfahrungen zu verklagen?«

Bei dieser kleinen Auseinandersetzung verschlug es mir einigermaßen die Sprache. Nachdem ich nun die Ergebnisse der Transformationsstudie gesichtet habe, fällt mir die Antwort auf jenes »Ja und?« nicht mehr schwer. Von den Menschen mit einer Nah-Todeserfahrung können wir so manches sehr Wesentliche darüber lernen, wie man dem Leben begegnet – und dem Tod. Vorausgesetzt, wir legen mal unseren skeptischen »Knurrton« ab und stellen das Bedürfnis, den Beifall der neunmalklugen Wissenschaftler zu finden, hintan, so werden wir sehen, daß es hier eine Gruppe von Leuten gibt, deren Erfahrungen ihre Angst vor dem Tod so sehr haben schwinden lassen, daß sie wahre Lebenskünstler geworden sind.

Beweis dafür ist die Transformationsstudie, die uns zeigte, daß diejenigen, die NTEs hinter sich hatten, insbesondere die, die das warme und liebende Licht erlebt hatten, nur so strotzten vor Lebenslust, und damit verbunden war eine so gut wie nicht vorhandene Angst vor dem Tod.

Dr. Stuart Twemlow erklärte gegenüber einem Reporter des *Life*-Magazins: »Leute, die eine Nah-Todeserfahrung gemacht haben, werden wohl den Tod nie mehr fürchten. Ihr Glaube ist gestärkt, so daß sie die Furcht vor Katastrophen, mit der man lebt, schließlich überwunden haben. NTEs haben eine heilende Wirkung.«

Dies läßt sich am besten aus einer Analyse der Informationen, die wir über die Angst vor dem Tod zusammengetragen haben, ersehen. Wir setzten zweierlei Methoden ein, um Angst vor dem Tod in Punkten bewerten zu können. Eine davon war die Templer-Skala, ein Test mit fünfzehn Fragen, mit dem Ängste und Zwangsvorstellungen gemessen werden. Der andere Test war der von Reker und Peacock entwickelte.

Er besteht aus mehreren absichtlich hinter anderen Testfragen versteckten Fragen, so daß die Probanden gar nicht wissen, daß es hierbei um ihre Angst vor dem Tod geht. Indem wir diese Fragen über mehrere Tests verteilen, verhindern wir, daß die Testpersonen ihre wahren Gefühle über den Tod verheimlichen.

Wir setzten auch Angst vor dem Tod und Lichterlebnis zueinander in Beziehung, wobei wir die Validitätsskala für NTEs von Greyson verwendeten. Diese Skala wurde von Dr. Bruce Greyson entwickelt, um damit bewerten zu können, wie glaubhaft eine Erfahrung ist und wie intensiv sie war.

Wir fanden heraus, daß Erwachsene mit einer Nah-Todeserfahrung im Kindesalter wesentlich geringere Angst vor dem Tod haben als Leute ohne eine solche Erfahrung, und zwar trifft dies unabhängig davon zu, ob sie nun eine lebhafte und wunderschöne Erinnerung an einen Himmel voller Blumen haben oder nur ein kurzes und flüchtiges Lichterlebnis.

Und je intensiver ihre Erfahrung war, desto geringer war ihre Angst vor dem Tode.

Ganz im Gegensatz dazu hatten unseren Ergebnissen zufolge Leute, die zwar dem Tode nahe waren und über-

lebt haben, denen dabei aber keine Nah-Todeserfahrung beschert wurde, sogar eine etwas höhere Todesfurcht, als dies normalerweise der Fall ist. Und Menschen, die sich der New-Age-Bewegung zurechnen und sich selbst als sehr spirituell einschätzen, haben diese Angst vor dem Tod wie der Durchschnitt der Bevölkerung.
Verminderte Angst vor dem Tod stellt sich nicht dann ein, wenn man beinahe stirbt oder daran glaubt, daß NTEs das Tor zum Jenseits sind. Sie ergibt sich erst dann, wenn man tatsächlich das Licht am Ende des Tunnels gesehen hat.

Im Überleben erfahren

Angesichts dieser Ergebnisse kommt einem Sokrates in den Sinn, der darauf hingewiesen hat, daß wir Angst vor dem Tod haben, aber nicht einmal wissen, was der Tod ist. Warum fürchten sich dann Menschen mit einer Nah-Todeserfahrung nicht vor dem Tod? Sie haben den Tod erlebt und überlebt. Sie glauben, wie unsere Studie erwiesen hat, daß das Sterben nichts ist, wovor man Angst haben müßte. Das betonen sie immer wieder. Hier sind einige ihrer Aussagen zu diesem Thema:

- »Es ist nicht der Tod, es ist eine andere Art von Leben.«
- »Dort im Himmel ist es schön.«
- »Der Tod? Da drüber mach' ich mir gar keine Sorgen.«

- »Ich denke darüber nach, und irgendwie macht er mir angst. Ich rauche und trinke nämlich zuviel. Doch ich weiß ja, wie der Tod in Wirklichkeit ist und daß es nichts ist, wovor man sich fürchten müßte.«
- »Ich fürchte ihn nicht. Es wird sein, wie wenn man in eine andere Dimension eintritt. Der Tod ist einfach eine Tür, die sich öffnet. Ich trauere nicht allzusehr, wenn Menschen sterben.«
- »Der Tod ist etwas, was unsere Gesellschaft fürchtet und was man lernt zu fürchten. Das ist sehr schade, weil er doch eigentlich etwas wirklich Schönes ist.«
- »Also wenn er kommt, dann kommt er eben. Beim ersten Mal war's ja auch nicht so schlimm.«

So äußern sich ganz normale Leute, die eines gemeinsam haben: Sie sind als Kinder tatsächlich tot gewesen und haben diese Erfahrung nie mehr vergessen. Sie kommen aus allen Schichten und Berufen: Es sind Hausfrauen, Versicherungsagenten, Arbeiter, Zimmerleute, Ärzte, Rechtsanwälte, Fernsehnachrichtensprecher etc. Durch die Bank haben sie keine Angst vor dem Tod, einfach weil sie ihm schon begegnet sind und wissen, was sie erwartet. *Sie wollen leben.* Auch das betonen sie. Alle sind der Ansicht, ihr Leben habe Sinn und Zweck und sie seien hier, um ein Ziel zu erreichen. Dieses Ziel oder dieser Sinn, den die Todeserfahrung ihrem Leben beschert hat, besteht nicht immer in einer ausgefallenen Botschaft. Meistens ist dieses Ziel gar nichts Besonderes.
Einem 75jährigen Eigentümer einer Baufirma zum Beispiel sagte bei seiner Nah-Todeserfahrung das Licht, er

solle zurückkehren, er habe noch eine Aufgabe zu erledigen. Als ich ihn fragte, was das für eine Aufgabe sei, wurde er ganz schön ärgerlich: »Was meinen Sie denn? Ich habe Ihnen doch gesagt, daß ich meine eigene Firma habe, mit sieben Angestellten. Ich habe eine Familie und habe drei Kinder großgezogen. Was soll es denn da sonst noch für eine Aufgabe geben?«

Außerdem sind diese Leute nicht selbstmordgefährdet. Wenn man sie über Selbstmord befragt, dann lautet die typische Antwort: »Der Selbstmord verstößt gegen alles, was ich im Leben für wertvoll und wichtig erachte. Ich will die Entscheidung eines anderen nicht verurteilen, aber ich weiß, für mich kommt das nicht in Frage.«

Diese Haltung bestätigt sich auch bei einem Blick auf die wissenschaftlichen Daten, aus denen hervorgeht, daß diejenigen, die einen Selbstmordversuch machen und dabei ein Nah-Todeserlebnis haben, nur selten noch einmal versuchen, sich das Leben zu nehmen. In einer solchen Studie wurden Leute, die einen Sprung von der Golden-Gate-Brücke überlebt hatten, von Forschern befragt, welche Erinnerungen an ihren Sprung ihnen geblieben wären. Solche mit NTEs unternahmen keinen neuerlichen Selbstmordversuch. Doch mehr als 25 Prozent derjenigen ohne NTE haben erneut versucht, sich das Leben zu nehmen.

Andere paranormale Erfahrungen

Im Rahmen der Transformationsstudie untersuchten wir auch, wie andere paranormale Erfahrungen den sogenannten »Lebensfreude-Index« beeinflussen. Am eingehendsten beschäftigten wir uns mit außerkörperlichen Erfahrungen. Dies sind die gängigsten unter den paranormalen Erfahrungen, die man kennt. Laut mancher Studien widerfahren sie, wie schon erwähnt, bis zu 16 Prozent der Bevölkerung.

Die geläufigsten außerkörperlichen Erfahrungen sind kurz und simpel. Ein Jogger sieht zum Beispiel plötzlich von oben auf seinen Kopf. Oder eine Frau steht mitten in der Nacht auf, um sich ein Glas Wasser zu holen. Als sie am Spülbecken nach dem Glas greifen will, geht ihre Hand mitten hindurch.

Einer großen Zahl von Personen mit derartigen Erfahrungen legten wir dieselben psychologischen Tests vor wie der NTE-Gruppe. Wir testeten sie im Hinblick auf ängstliches und feindseliges Verhalten, Aggressionen und psychosomatische Beschwerden wie Kopfweh und Magenschmerzen. Unser Ziel war es, herauszufinden, ob paranormale Erfahrungen, die nicht im Zusammenhang mit NTEs auftraten, eine ebenso tiefe Auswirkung auf den Lebensfreude-Index hatten wie NTEs.

Darunter waren Leute mit faszinierenden außerkörperlichen Erfahrungen. Zum Beispiel erzählte ein 81jähriger früherer Zeitungsreporter von seinem 35 Jahre zurückliegenden Erlebnis: Es war spät am Abend, und er döste in der Telefonzentrale vor sich hin. Auf einmal hörte er eine Stimme sagen »Los!«, und er schwebte aus seinem Körper heraus und zum Gebäude hinaus. Er überquerte ein offenes Feld und trieb wie ein Ballon über dem Fluß dahin. Unterhalb von ihm lag im Buschwerk eine Leiche, die sich dort verfangen hatte.

Plötzlich schnellte er wieder zurück in seinen Körper und schreckte aus dem Schlaf hoch. Er rief sofort die Feuerwehr an und gab ihr den heißen Tip, daß im Fluß eine Leiche zu finden sei. Und die Feuerwehrleute fanden genau an der Stelle, zu der er sie geschickt hatte, einen leblosen Körper.

Eine andere außerkörperliche Erfahrung wurde von einer Krankenschwester aus Washington, D.C., kurz und bündig berichtet: Wie sie so im Bett lag, spürte sie plötzlich, daß sie zur Decke schwebte. Unten konnte sie ihren Körper liegen sehen, aber diese neue Perspektive machte ihr weder angst, noch fühlte sie sich unbehaglich dabei. Schließlich kehrte sie einfach wieder zurück.

Ich erwartete, daß die Versuchspersonen mit den außerkörperlichen Erfahrungen genauso verändert wären wie die der NTE-Gruppe. Diese Leute berichten nämlich von vielen Merkmalen, die genauso bei NTEs auftreten, unter anderem von fehlender Angst, lebhaften und klaren Gedanken, dem Gefühl einer Grenze und der Entscheidung, in den Körper zurückzukehren.

Als wir jedoch die Ergebnisse ihrer Tests auswerteten, stellte sich heraus, daß die außerkörperliche Erfahrung keine verändernde Wirkung hatte. Und dies, obwohl solche Erfahrungen hohe Werte auf der Validitätsskala von Greyson erzielten, was bedeutet, daß sie NTEs sehr ähnlich waren. Einer meiner Assistenten bezeichnete die außerkörperliche Erfahrung scherzhaft als Trockenübung, als eine Erfahrung, die eher dem Bedienen eines Flugsimulators gleicht als dem tatsächlichen Fliegen eines Jets.

Diese Ergebnisse lassen mich annehmen, daß der transformierend wirkende Teil der Nah-Todeserfahrung, der Teil, der die positiven Persönlichkeitsveränderungen auslöst, irgendwie in dem Lichterlebnis enthalten sein muß. Als ein kleines Mädchen meinte, »alle guten Dinge sind in diesem Licht drin«, hat sie damit vielleicht die größte Wahrheit über Nah-Todeserfahrungen ausgesprochen.

Verwandelt vom Licht?

Das weiße Licht ist ein Aspekt der Nah-Todeserfahrung, der sich meines Erachtens physiologisch nicht im Gehirn lokalisieren läßt. Wie im vierten Kapitel zu lesen steht, kommen die anderen Bestandteile, so hat man herausgefunden, zumeist vom rechten Schläfenlappen her. Ich habe diesen Bereich direkt über dem rechten Ohr daher in meiner eigenen Forschungsarbeit als Schaltstelle der Mystik bezeichnet. Dort, so glaubt man, nehmen die außerkörperlichen Erfahrungen ihren Anfang ebenso wie einige andere Merkmale der NTEs, die Lebensrückschau etwa oder die Begegnung mit verstorbenen Verwandten, das Passieren des Tunnels und Himmelsvisionen. Zahlreiche Wissenschaftler haben nachgewiesen,

daß alle diese Elemente von NTEs ihren Sitz im rechten Schläfenlappen haben.
Das einzige Element, das sich nicht im Gehirn lokalisieren läßt, ist das Lichterlebnis. Noch kein reduktionistisch vorgehender Forscher konnte den Ausgangspunkt für das Licht im Gehirn ausfindig machen.
Bei der Analyse der Daten unserer Studie stellte ich fest, daß die Personen die größte Wandlung erfuhren, die ein Licht sahen. Und je tiefer das Lichterlebnis, desto größer war die Wandlung. Egal, ob es sich um Seeleute, Punkrocker oder Grundstücksmakler, um leitende Angestellte oder Hausfrauen, um Geistliche oder Gurus handelt, sie alle wandelt das Licht, dem sie ausgesetzt sind.
Das Wissen, daß im Augenblick des Todes etwas Erfreulicheres als die Auslöschung auf sie wartet, hat bei diesen ganz normalen Menschen eine beispiellose positive Wandlung bewirkt.
Für mich steht außer Zweifel, daß diese Wandlung zu einem großen Teil auf der verminderten Angst vor dem Tod beruht, die Ernest Becker, mit dem Pulitzerpreis ausgezeichneter Autor von *The Denial of Death*, »die Grundangst« nennt, »die Einfluß auf alle anderen Ängste nimmt, eine Angst, gegen die niemand immun ist und die wie ein Wurm inmitten der Glücksansprüche des Menschen sitzt«. Die Nah-Todeserfahrung hat zumindest diese Angst auf ein bloßes Unbehagen reduziert.
Nun sollen mehrere Fallstudien folgen, in denen zunächst auf das jeweilige Nah-Todeserlebnis und dann auf den Grad der Wandlung eingegangen wird.

»Ein Gefühl allergrößten Wohlbehagens«

Spencer Christian präsentiert die Wettervorhersage in »Good Morning America«, einer Fernsehsendung, die jeden Tag Millionen Zuschauer hat.
Ich begegnete Spencer 1990, als ich in dieser Sendung über meine Forschungsarbeit sprach, aus der dann *Zum Licht* hervorging. Nach der Sendung nahm er mich beiseite und erzählte mir von seiner eigenen Nah-Todeserfahrung im Alter von fünf Jahren. Es war meiner Meinung nach eine tiefe Erfahrung, die zu vielen Veränderungen in seinem Leben führte, auf die ich nach Spencers Bericht über sein Kindheitserlebnis eingehen werde.

»Ich machte mit fünf Jahren eine Nah-Todeserfahrung. Im Krankenhaus von Newport News, Virginia, wo ich damals lebte, sollten mir die Mandeln herausgenommen werden, nach landläufiger Meinung eine Routineoperation.
Ich wurde mit Äther betäubt. Während der Operation kam es zu starken Blutungen, und ich verlor eine große Menge Blut. Ich weiß das nur, weil man es mir erzählt hat, nicht weil ich mich selber daran erinnern kann. Nach dem, was man mir später berichtete, war der Blutverlust so gravierend, und ich wurde so schwach, daß ich dem Tod nahe war. Die Ärzte glaubten, ich würde ihnen auf dem Operationstisch wegsterben.
Woran ich mich dagegen erinnere, wie ich so auf dem Operationstisch lag, ist, daß ich das Bewußtsein wiedererlangte, während die Operation noch im Gange war. Ich weiß noch,

daß ich die Ärzte und Schwestern sehen konnte, die wie wild an mir herumfuhrwerkten, und auch das Zerren und Ziehen dieser Sachen da in meinem Hals konnte ich spüren.
Das nächste, woran ich mich erinnern kann, ist das Gefühl, mich außerhalb meines Körpers zu befinden und alles von einem Punkt oberhalb des Operationstisches aus betrachten zu können. Ich befand mich fast an der Decke oben und schaute von da aus hinunter.
Mir ist in Erinnerung, daß ich spürte, wie alle Angst und Panik wie weggeblasen waren. In mir war nur ein Gefühl allergrößten Wohlbehagens und völliger Geborgenheit, wie ich es noch nie zuvor empfunden hatte. Ich glaube, es war so ein Gefühl, wie wenn einen die Mutter in den Armen hält und wiegt.
An eine Begegnung mit einem Wesen, das ich als Gott bezeichnen würde, erinnere ich mich eigentlich nicht. Aber daran, daß ich das Empfinden hatte, vor der Wahl zu stehen, ob ich zurückkehren wollte oder nicht. Irgendwie, so entsinne ich mich, entschied ich mich dafür, zurückzukehren und wieder in meinen Körper einzutreten.«

Spencer hatte Probleme, die Erfahrung seiner Mutter zu schildern, die in der darauffolgenden Woche die meiste Zeit an seinem Bett im Krankenhaus verbrachte. Sie glaubte, ihr Sohn spreche von einem Traum, aber Spencer beharrte darauf, daß es mehr war. Es stand ihm gleich danach alles lebhaft vor Augen, und so blieb es noch jahrelang. »Bis ins Teenageralter hinein konnte ich mich genau daran erinnern, was ich erlebte hatte, als ich auf jenem Operationstisch lag«, sagte Spencer.

Als Teenager fand er heraus, wie seine Erfahrung genannt wurde, und es fiel ihm auch auf, daß er eines der wesentlichen Merkmale von Menschen mit dieser Erfahrung hatte, nämlich die geringe Angst vor dem Tod, die er folgendermaßen erklärt: »... irgendwie hat sich so das Gefühl eingestellt, das Leben ist etwas, was sich auch nach dem physischen Tod noch fortsetzt.«

Spencer hat wie die meisten Menschen mit einer Nah-Todeserfahrung eine positive Sicht des Lebens. Er sieht das Leben als eine »Durchgangsstation ... einen Übergang in ein anderes Reich«. Er ist der Ansicht, dieser Übergang müsse natürlich erfolgen, nicht durch Selbstmord. »Wenn es ein Verbrechen gegen die Natur gibt, so meine ich, ist es der Selbstmord. Ich glaube daran, daß uns das Leben von Gott geschenkt ist, und denke, es ist sehr schade, wenn jemand diesem Leben gewaltsam ein Ende setzt, bevor seine Frist abgelaufen ist.«

Spencer sieht wie die anderen, die sich durch diese Erfahrung gewandelt haben, sein Leben als überaus sinnerfüllt an. »Ich empfinde es als mein Lebensziel, alle Tage soviel Positives, wie ich nur kann, jedem weiterzugeben, der mir begegnet.« Das Faszinierende an Spencer und den anderen durch diese Erfahrung Gewandelten ist es, daß sie tatsächlich ein Lebensziel in Worte fassen können. Die meisten Menschen sind dazu einfach nicht imstande.

Wie viele andere aus der NTE-Gruppe denkt auch Spencer, daß wir dazu hier sind, um etwas zu tun, »was der gesamten Menschheit dient. Es gehört zu unserer Lebensaufgabe«, so sagte er, »für andere dazusein und

sensibel auf Standpunkte und Bedürfnisse anderer zu reagieren sowie offen für andere Sehweisen und tolerant gegenüber anderen Kulturen zu sein.«
Obwohl Spencer beruflich sehr erfolgreich ist, rangieren materielle Besitztümer nicht sonderlich hoch in seinem Bedürfniskatalog. Er gibt selten seinen Namen für ausgesprochen kommerzielle Unternehmungen her. Da unterstützt er lieber eine Serie von Videos, die Menschen helfen sollen, mit den praktischen Seiten des Todes und des Sterbens zu Rande zu kommen. Diese Videos geben handfeste Ratschläge zum Abfassen eines Testaments und zur Problematik lebenserhaltender Maßnahmen und des Umgangs damit. Erziehung und Familie sind Spencer Christian wichtig. »Erziehung hat eine größere Bedeutung, als ich dies auszudrücken vermag«, meint er. »Die Familie und Freunde sind mir wohl wichtiger als alles andere. Ich glaube, mein Selbstwertgefühl und meine positive Lebenseinstellung und das Gefühl, mit der Welt in Frieden zu leben, rühren von einer sehr liebevollen und fürsorglichen Familie her.«

»Im Wissen liegt Frieden«

Vor fast 35 Jahren verbrachte die damals zehnjährige Jan die Ferien mit ihrer Familie in einem Cottage an der Felsküste von Maine. Dort war sie eines Tages allein mit ihrer zwölfjährigen Schwester, die auf sie aufpassen sollte. Doch den beiden Mädchen war es zu langweilig im Häuschen, und sie beschlossen, einen Spaziergang zum

Strand hinunter zu unternehmen. Als sie so von einem Felsen zum anderen hüpften, rutschte Jan aus und landete kopfüber in einem tiefen, bei Flut mit Wasser gefüllten Becken. Sie schluckte sofort Wasser und erinnert sich bis heute an das panikartige Gefühl, als sie »versuchte, ihre Lungen als Kiemen einzusetzen«. Dann geschah etwas Unerwartetes.

»Als allererstes spulte sich mein Leben blitzschnell vor mir ab. Ich sah Szenen aus der Schule und bei Familienessen ablaufen, nichts sonderlich Wichtiges, nur so Momentaufnahmen. Dann kam ich durch einen Tunnel oder so was Ähnliches. Der war nicht sehr lang, und am anderen Ende war ein wunderschönes Licht, so schön, daß ich nicht mehr wegwollte von da. Ich stand mitten in einem Garten, und die Pflanzen dort leuchteten richtig.
In dem Licht konnte ich eine Gestalt erkennen, das war Gott, das weiß ich. Ich wollte bei ihm bleiben, aber es ging nicht. Jemand zog mich aus dem Wasser und pumpte mir die Lungen leer.«

Als Jan aufwachte, mußte ihr Brustkorb zusammengepreßt werden, um das Wasser aus ihren Lungen herauszubekommen. Ihre Eltern brachten sie ins Krankenhaus, wo sie untersucht und noch am selben Tag entlassen wurde.
Ihre Nah-Todeserfahrung dauerte wahrscheinlich nur wenige Sekunden, doch deren Auswirkungen haben bis heute angehalten. Ihre Angst vor dem Tod zum Beispiel liegt bei dem Wert drei, das ist weniger als halb so hoch

wie bei der Normalgruppe. Wenn man sie fragt, wie sie sich das erklärt, zuckt sie nur die Schultern und meint: »Im Wissen liegt Frieden. Ich habe das Leben im Jenseits gesehen, und es ist voller Frieden.«
Wo auch immer sich Jan befand während ihrer Nah-Todeserfahrung, sie wollte dort bleiben. Jetzt ist sie froh, zurückgekehrt zu sein. »Im Licht hat mein Leben Sinn und Zweck bekommen«, sagt Jan.
Sie ist Mutter von drei Kindern und arbeitet ganztags in einer Bäckerei. In ihrer Freizeit (und ich weiß eigentlich nicht, woher sie die überhaupt nimmt) ist sie in einem Hospiz tätig, wo sie Krebspatienten hilft, mit den Schmerzen und der Angst vor dem Sterben besser zurechtzukommen.
»Ich erzähle den Leuten von meiner Erfahrung und wie sie mich verändert hat«, sagt sie. »Ich erzähle ihnen, daß ich, wie ich gestorben bin, den Himmel gesehen habe. Das scheint zu helfen.«

»Sei eine gute Mutter!«

Suzanne, 53, Mutter von zwei Kindern, machte vor zwanzig Jahren eine Erfahrung in Todesnähe, wurde aber nicht in die Transformationsstudie einbezogen, weil diese Erfahrung sich nicht in der Kindheit zugetragen hatte. Ich füge sie jedoch in diesem Kapitel ein, weil sie ein Beispiel für eine sofortige und deutlich sichtbare Wandlung im Anschluß an ein Nah-Todeserlebnis ist.
Fast fünfzehn Jahre lang war Suzanne mit einem Mann

verheiratet, der sie mißhandelte. Nach außen hin schien er der perfekte Ehemann zu sein, doch zu Hause, wenn sie allein waren, hatte Suzanne viel durchzumachen: Es verging kaum ein Tag, ohne daß sie sich schlagen oder anbrüllen lassen mußte. Sie wollte sich scheiden lassen, aber ihre religiösen Eltern waren dagegen und meinten, vielleicht würde sich noch alles ändern.

Nach vierzehn unglücklichen Ehejahren erlebte Suzanne einen »Glückstag«, wie sie ihn heute nennt. Während sie ins Handschuhfach ihres Wagens griff, entging ihr, daß die Autos vor ihr zum Stehen gekommen waren, und sie fuhr mit zirka 55 Stundenkilometern auf ein vor ihr haltendes Auto auf.

Mit inneren Blutungen wurde sie ins Krankenhaus gebracht, und dort trat, während ihre Verletzungen festgestellt wurden, ein Herzstillstand ein:

»Mitten in all dem Durcheinander dort im Krankenhaus wurde ich aus meinem Körper heraus- und in einen Tunnel hineinkatapultiert. Ich ging den Tunnel hinunter auf ein wunderschönes Licht zu, das mich am Ausgang warm umfing.

Ich fühlte mich von allen Seiten liebevollst in die Arme genommen, und an der Wange spürte ich warm ein Wesen, an das ich mich anscheinend anlehnte. In der Ferne waren Leute zu sehen, und ich wollte zu ihnen hin, um sie zu begrüßen.

Die Stimme eines Mannes, eine sehr warme, liebevolle Stimme, hielt mich zurück. Sie schien von demjenigen zu kommen – wer oder was immer dies auch war –, der mich so wunderbar lieb und warm umfaßt hielt. Die Stimme sagte: ›Suzanne, dreh dich um!‹ Ich wandte mich um und sah meine Kinder mitten in der Luft stehen. Dann sagte die Stimme: ›Geh zurück, und sei eine gute Mutter!‹«

Suzannes Leben änderte sich auf diese Botschaft hin unverzüglich und dramatisch. Sie verließ ihren Mann, der sie so schlecht behandelte, und ging nicht mehr in die Kirche, in der sie sich stark engagiert hatte. Dafür drückte sie nochmals die Schulbank, und – wie dies bei Studenten vorgerückten Alters eben so ist – es kostete sie einige Anstrengung, bis sie schließlich einen Abschluß in der Hand hatte. Nach ein paar Jahren heiratete sie wieder und hat jetzt die Ehe und das Heim, wie sie es sich schon immer gewünscht hatte. Ihren Glauben hat sie sich bewahrt, doch in anderer Form:

»Ich gehe nicht mehr in die Kirche, aber ich habe einen tiefen persönlichen Glauben. Über lange Zeit dachte ich, das Wesen, das mich warm umfing, war Jesus, und ich war überzeugt, daß diese Erfahrung ein Zeugnis meines Glaubens war. Aber einer organisierten Religion angehören kann ich jetzt nicht mehr. Nachdem ich dem Licht so nahe gewesen bin, kann ich in der Religion keine Bürokratie mehr ertragen.«

»Es zog mich zu diesem weißen Licht hin«

Darla, eine fünfundvierzigjährige Hausfrau aus Arizona, begegnete dem Tod, als ihr mit sechs die Mandeln herausgenommen wurden.
Sie lebte damals mit ihrer Familie mitten auf dem Land, so daß kein geeignetes Krankenhaus in der Nähe war, wo diese relativ simple Operation durchgeführt werden konnte. Statt dessen begab sie sich in die Praxis eines Arztes, der sie auf einen Untersuchungstisch legte und ihr Äther verabreichte. Er gab ihr jedoch zuviel von diesem Narkosemittel, und bei Darla kam es zu einem Herzstillstand:

»Eine Zeitlang war es dunkel, aber ich hatte das Gefühl, mich durch irgend etwas hindurchzubewegen. Da muß es wohl durch den Tunnel gegangen sein.
Dann kam ich heraus. Ich sage ›herauskommen‹, weil es mir so schien, als käme ich auf der anderen Seite heraus. Als ich draußen war, zog es mich zu so einem weißen Licht hin, und ich weiß noch, daß ich dachte: ›So friedlich ist das hier. So muß es im Himmel sein.‹ Und da war dieses einfach unglaubliche Gefühl: Wie Eisen zum Magneten zog es mich zu diesem Licht.
In dem Licht war kein Gesicht, wie dies manche Leute schildern. Ich habe auch nicht Gott oder so etwas gesehen. Es war mehr wie eine Energie, und es war ganz wunderbar.
Darauf dachte ich so bei mir, daß ich eigentlich da bleiben wollte. Ich wollte eigentlich gar nicht mehr zurück. Aber dann mußte ich an meine Schwestern denken. Ich war das älteste

von vier Mädchen, und es kam mir, daß ihr Leben zerstört wäre, wenn ich nicht zurückkäme.

Einen seltsamen Gedanken hatte ich noch: Mein Vater würde den Arzt umbringen, wenn ich nicht zurückkäme, dachte ich. Von irgendwo oben konnte ich alle da unten beobachten. Ich sah den Arzt und wie er mich schüttelte und die Schwester, die furchtbar verängstigt dreinschaute. Ich sah ihre Gesichter so lebhaft vor mir, daß ich sie noch jahrelang aus einer Menge wieder herausgefunden hätte.

Als ich wieder ins Leben zurückkehrte, wußte ich, daß ich im Himmel gewesen war. Von da an war alles ganz anders für mich. Ich nahm die Dinge viel leichter als meine Schwestern. Sie regten sich auf über Sachen – wie etwa ob sie jetzt einen Freund hatten oder nicht. Aber so etwas berührte mich eigentlich gar nie.

Ich glaube, die Veränderung in mir kam durch die Art, wie ich jetzt die Zeit betrachtete. Das war nach jener Erfahrung ganz anders geworden. Mir wurde klar, daß die Zeit, wie wir sie von der Uhr ablesen, nicht die wirkliche Zeit ist. Was wir für eine lange Zeit halten, ist in Wirklichkeit nur der Bruchteil einer Sekunde. So zu denken ließ mich weniger materialistisch sein.«

Das Licht »nahm mir meine ganze Angst«

Dana, die jetzt 51 ist, glaubt, ihre Nah-Todeserfahrung stehe ihr ins Gesicht geschrieben, auf dem sich immer ein Lächeln zeigt. Sie ist ein Mensch, der sich gut anpassen kann, und sie packt das Leben sehr energisch an. Sie heiratete mit zwanzig und hat eine ganze Reihe von Unternehmen ins Leben gerufen, die ihr gehörten, darunter drei Schönheitssalons und ein Werbegraphikstudio. Auf ihrer Prioritätenliste rangieren Kinder ganz oben wie auch Hilfe und Beistand für ihre Schwestern in der katholischen Kirche, der sie angehört. Laut ihren Testwerten liegt ihre Angst vor dem Sterben bei fast Null. Ihre Lebenseinstellung leitet sich ganz und gar aus der Erfahrung her, die sie vor vierzig Jahren in Todesnähe gemacht hat:

»Als ich acht oder neun war, hatte ich Masern. Damals gab es noch keine Antibiotika, und meine Krankheit erreichte ein sehr kritisches Stadium.
Meine Eltern schliefen abwechselnd bei mir, um mich im Auge zu behalten. In dieser einen speziellen Nacht fühlte ich mich, wie ich noch weiß, ganz furchtbar elend und wachte auf. Aber ich war nicht in meinem Körper, ich schwebte darüber und schaute auf meine Mutter und mich hinunter.
Meine Mutter war wach und merkte, daß ich nicht atmete. Sie rief nach meinem Papa, der ins Zimmer gerannt kam und mich zu schütteln anfing.
In dem Moment ging ich einen Tunnel hoch. Ich steuerte auf ein Licht zu, doch gleichzeitig sprach eine Stimme bei mir im

Kopf: ›Laßt sie zurückgehen. Sie ist noch nicht soweit.‹ Ich ging aber trotzdem in dieses wunderschöne helle Licht hinein. Es fühlte sich so schön an und nahm mir völlig meine ganze Angst vor dem Tod.
Dann kam ich zurück.«

Alle diese Menschen haben als Folge ihrer NTEs dieselben Veränderungen erfahren. Sie zeichnen sich durch eine Lebensfreude aus, die weit größer ist als die ihrer Mitmenschen. Sie haben so gut wie keine Angst vor dem Tod und leben sehr intensiv im »Jetzt«, genießen das Leben, so wie es kommt, und machen soviel daraus, wie sie nur können.
Sie sind buchstäblich verwandelt, und zwar in der Hinsicht, daß sie keine Angst kennen: weder vor dem Leben noch vor dem Tod.

Aus den Erfahrungen anderer lernen

Wir sollten aus diesen Begegnungen mit dem Tod soviel wie möglich über das Leben lernen, auch wenn es sich um die Erfahrungen von anderen handelt.
So hat Barbara es jedenfalls gemacht. Sie hatte nie selbst ein Erlebnis in Todesnähe. Doch dadurch, daß sie mit ihrer Schwester deren vierzehn Jahre dauerndes Ringen mit der Leukämie durchstand, wobei diese auch eine tiefe Nah-Todeserfahrung während einer Operation erlebte, erwarb sie viele der Einsichten und Merkmale, die sich sonst nur nach NTEs einstellen:

»Meine Schwester und ich standen einander sehr nah. Wir erzählten uns gegenseitig immer alles, so wie dies viele Schwestern tun. Sie war ein paar Jahre älter als ich, und in vielerlei Hinsicht war sie mir eine Lehrerin.
Ihre lange Leidensgeschichte endete 1980. Fast vierzehn Jahre lang war sie immer wieder im Krankenhaus gewesen und hatte dort die verschiedensten Untersuchungen und Operationen über sich ergehen zu lassen und mußte dabei nach vorübergehenden besseren Phasen immer neue Krankheitsattacken durchstehen.
Und während eines solchen Eingriffs im Laufe ihres Kampfes mit dieser Krankheit wäre sie beinahe gestorben. Danach war sie eine Zeitlang sehr in sich gekehrt. Aber eines Abends, als wir noch in unserem Zimmer zusammensaßen, erzählte sie mir von ihrem Erlebnis. Dabei war ihrem Gesicht anzusehen, daß es sich bei dem, was ihr da widerfahren war, um etwas ganz Einmaliges und Echtes handelte.
›Ich lag auf dem Operationstisch‹, berichtete sie. ›Und ganz plötzlich spürte ich, wie ich nach oben gezogen wurde. Zuerst ging es langsam, doch dann wurde das Tempo zunehmend schneller. Ich befand mich in einem schwarzen Tunnel, aber am Ende des Tunnels war ein Licht, das immer heller wurde, je näher ich kam. Es war anders als jedes andere Licht und läßt sich nicht beschreiben. Es war wunderschön.
Als ich fast am Ende des Tunnels angelangt war, wurde ich wieder langsamer, und dann war ich da. Dieses Licht war ganz hell, und es umfing mich und erfüllte mich mit vollkommener Liebe und Freude. Ich weiß nicht, wie ich es dir anders schildern sollte. Ich fühlte mich so ganz rein und ruhig und geborgen. Ich wollte nichts als für immer hier bleiben.

Das nächste, was ich weiß, ist, wie mein Leben blitzschnell vor meinen Augen ablief, alles, was ich je in meinem Leben gemacht hatte. Danach spürte ich, wie ich den Tunnel wieder hinunterfiel, immer schneller, bis ich wieder in meinem Körper war.‹

Sie sagte mir, daß ihr auf diese Erfahrung hin ihre Krankheit keine Angst mehr mache. Sie glaubte, daß das Licht Jesus war und daß ihr das Glück zuteil wurde, das himmlische Licht zu sehen.

Daraufhin veränderte sich viel in ihrem Leben. Sie war mit einemmal diejenige, die tapfer war. Vor einem medizinischen Eingriff oder nach einer schlechten Prognose von seiten der Ärzte war sie es, die alle anderen beruhigte. Sie litt zwar immer noch, aber sie schien eine andere Einstellung zu haben, als ob sie wüßte, daß das Ende in Wirklichkeit gar nicht das Ende war.«

Als ihre Schwester dann 1980 starb, merkte Barbara, daß sie selbst ein anderer Mensch geworden war. Sie vermißte ihre Schwester zwar sehr, doch die Art und Weise, wie diese die letzte Zeit ihres Lebens zugebracht hatte, gab ihr neuen Auftrieb. Ihr erging es nicht so wie vielen anderen beim Verlust eines geliebten Menschen: Weder verlor sie den Glauben, noch wurde sie deprimiert, sondern sie lernte das Geschenk des Lebens neu schätzen. »Was meine Schwester in einer anderen Welt gesehen hat, hat mir meine Welt viel heller werden lassen«, sagt sie.

Es läßt sich leichter bewältigen

Solche Geschichten wie die vorausgegangene habe ich oft gehört, Geschichten von Leuten, die eine Nah-Todeserfahrung von jemand anderem geheilt oder gar verwandelt hat. – Hier ist noch eine, die von einer einundsiebzigjährigen Frau aus Michigan stammt:

»Seltsamerweise war für mich aufgrund der Vision, die meine Nichte auf dem Sterbebett hatte, der Tod meines Mannes im Alter von 44 viel leichter zu bewältigen.
Meine Nichte starb mit zehn Jahren an Krebs. Zum Schluß war sie so krank, daß sie den Kopf nicht mehr vom Kissen heben konnte. Doch wenige Stunden bevor sie starb, setzte sie sich plötzlich im Bett auf und sagte zu ihrer Mutter: ›Du kannst nicht mit mir mitgehen! Das Licht kommt jetzt und holt mich, aber du kannst nicht mit! Wenn du es nur sehen könntest! Es ist so wunderschön!‹
Kurz darauf ist sie gestorben.«

Natürlich war die Familie betrübt über den Verlust des Kindes, aber alle fühlten sich von der Lichtvision des kleinen Mädchens getröstet. Sie taten das Ganze nicht als Halluzination ab. Sie glaubten – wie es das Mädchen getan hatte –, daß es sein nächstes Ziel erblickt hatte und bald nicht mehr leiden würde.
Ein paar Monate später starb der Mann der Erzählerin dieser Geschichte ganz unerwartet an einem Herzanfall. Obgleich sie von Trauer erfüllt war, wurde diese Trauer gemildert durch die Erinnerung an das, was ihre Nichte

gesehen hatte: dieses wunderschöne Licht nämlich, das Gutes verhieß. Eine Witwe, die den Tod ihres Mannes akzeptieren kann, befindet sich wohl eher in der Lage, ihre Trauer positiv zu verarbeiten. Sie wird auch kaum vom sogenannten Witwensyndrom betroffen sein: Einige Frauen sterben kurz nach dem Tod ihres Mannes. Manche Forscher vertreten die These, daß ein solcher Tod aufgrund des durch die Trauer geschwächten Immunsystems eintreten kann.

An den beiden oben vorgestellten Frauen wird deutlich, von welchem Wert NTEs auch für Menschen, die sie nicht selbst erlebt haben, sein können. Beide hat die Erfahrung eines anderen Menschen verwandelt. Allein schon von einem Sterbenden zu hören, daß er fest davon überzeugt sei, er gehe nicht der Auslöschung entgegen, wird für die Angehörigen zur tröstlichen Mitteilung.
Ein Assistenzarzt am Kinderkrankenhaus in Seattle sagte mir, wie wichtig eine solche Mitteilung sein kann, um Angehörige in ihrer Angst oder Trauer zu trösten. Wie er mir erzählte, spricht er oft mit den Familienangehörigen akut lebensgefährlich erkrankter Personen, die er auf der Intensivstation betreut, über meine Forschung. Er teilt ihnen mit, er werde alles in seinen Kräften Stehende tun, und zwar so schnell und so effektiv wie möglich. Er erklärt ihnen, meine Forschung habe erwiesen, daß Patienten das Sterben oft bei Bewußtsein miterleben und es in der Hand zu haben meinen. Und er sagt ihnen auch, daß Menschen, bei denen die Wiederbelebungsmaßnahmen erfolgreich waren, berichten, sie hätten sie

nicht als quälend oder schmerzhaft empfunden. Oft sei es schwerer, die Wiederbelebung eines geliebten Menschen mit anschauen zu müssen, als es dies für den Betroffenen selbst ist. Dann erzählt er den Familienangehörigen noch davon, daß es viele Menschen als mystische Erfahrung erleben, dem Tod unmittelbar nahe zu sein, daß manche ein helles Licht sähen, das für sie Gott sei, daß sie unter Umständen längst verstorbenen Verwandten wiederbegegneten und daß ihnen die Möglichkeit gegeben werde, zu bleiben, wo sie sind, oder zur Erde zurückzukehren.

»Und wenn sie sterben, ist es wahrscheinlich keine angstvolle Erfahrung für sie«, sagt er ihnen schließlich. »Doch eines steht fest: Wenn sie weiterleben, werden sie das Leben mit neuem Schwung und einer Begeisterung angehen, die man an ihnen bisher nicht gekannt hat.«

Die Bedeutung für uns alle

Menschen mit einer Nah-Todeserfahrung haben das Licht gesehen. Und ungeachtet dessen, wer sie sind oder was sie tun, können sie, wie unsere Forschung zeigt, gar nicht anders, als sich durch ihre Erfahrung zu wandeln. Ich hatte Gelegenheit, dies mit eigenen Augen zu erleben, als ich mit mehreren meiner halbwüchsigen Patienten zu einer Show nach New York fuhr. Sie stürzten sich wie Geschwister aufeinander und waren ganz aufgeregt, so vielen anderen zu begegnen, die auch dieses Lichterlebnis gehabt hatten.

Diese Jugendlichen erkannten einander sofort, obwohl sie auf den ersten Blick wenig gemeinsam hatten. Katie ist eine fromme Mormonin und in ihrer High-School in Idaho Cheerleader. Mark leitet einen Fitneßclub in Los Angeles und ist körperlich in Topform. Violet ist eine New-Age-Punkrockerin, deren wilde Haare und schwarze Kleidung die Produzenten der Show zusammenzucken ließ. Hinter Skips erzkonservativem Äußeren steckt ein kleines Genie, das schon mit sechzehn auf dem College war.

Ihr äußeres Erscheinungsbild war vollkommen unterschiedlich. Doch inwendig glichen sie einander sehr. Man hatte sie immer wieder als verrückt bezeichnet und ihnen gesagt, ihr Erlebnis sei ein Produkt ihrer Phantasie gewesen. Manche waren sogar als Lügner hingestellt worden. Und doch wußten sie, daß sie eine ganz reale Erfahrung gemacht hatten, weil doch dadurch ihr Leben anders geworden war. Und dafür kann ich mich verbürgen, da sie alle an der Transformationsstudie teilnahmen und sehr hohe Werte auf dem Index für Lebensfreude erzielt hatten. Jetzt also waren sie alle beieinander und mußten sich einmal nicht rechtfertigen. Wie einer der Jugendlichen zu mir sagte: »Wir sind alle im selben Club.«

Die Frage, was das nun für diejenigen von uns heißt, die keine NTEs erlebt haben, möchte ich mit einer wahren Geschichte aus einer Fallstudie beantworten, die sich wie ein Gleichnis liest. Es handelt sich um das Erlebnis eines Mannes, der eine tiefe Nah-Todeserfahrung gemacht hat:

»Ich befand mich in einem Garten. Alle Farben dort waren sehr intensiv. Das Gras war von einem tiefen, leuchtenden Grün, die Blumen von strahlenden Rot-, Gelb- und Blautönen, und die schönsten Vögel schwirrten zwischen den Sträuchern. Alles erstrahlte in schattenlosem Glanz, der überallhin durchdrang.

Daß dieses Licht keinen Schatten warf, merkte ich, als ich die hohlen Hände eng aneinanderlegte und meine Handflächen genauso hell waren wie die Handrücken. Es gab kein Motorengeräusch, keinen Mißklang, keinen Tumult. Der einzige Laut waren die Lieder der Vögel und die Töne (ja doch, die ›Töne‹) blühender Blumen.

Hinter mir, jenseits einer gläsernen Wand, gingen Scharen von Menschen ihren täglichen Geschäften nach, inmitten von Trubel, Lärm und Geschrei, von Schmutz und Dreck – Menschen mit Problemen, Menschen, wie wir sie jeden Tag sehen.

Im Raum über dem Garten vernahm ich Stimmen – ein Singen –, doch im Garten war nur eine einzige Person zu sehen.

Zu ihr ging ich hin, um zu schauen, was sie da machte. Wie sie mir sagte, versuchte sie den Leuten, die ich durch die Glaswand sehen konnte, einen großen Stoß Botschaften zukommen zu lassen.

›Sie haben Probleme‹, sagte sie. ›Und ich habe Botschaften, die ich ihnen gerne mitgeben würde und die ihnen eine Hilfe wären. Aber sie sind dauernd mit ihren Problemen beschäftigt und halten einfach nie lange genug inne, um einmal hierherzuschauen und meine Botschaft zu sich durchdringen zu lassen.‹«

Nah-Todeserfahrungen und unsere Reaktionen darauf können uns weit mehr über das Verhältnis unserer Kultur zum Tod als über die Existenz eines Lebens nach dem Tode sagen. Wir verschließen die Augen vor dem Tod und verstecken ihn hinter Krankenhausmaucrn, wo Patienten inmitten von kalten medizinischen Geräten sterben. Die Angst vor dem Tod dringt immer mehr in unser Leben ein und untergräbt unser Glück. Daß Nah-Todeserfahrungen etwas so Attraktives haben, kommt nicht zuletzt daher, daß sie uns von der Horrorvorstellung, zu der wir das Sterben gemacht haben, erlösen. Vielen geben die NTEs etwas, was früher die Religion uns gegeben hat: eine Möglichkeit, über den Tod zu sprechen, bevor er da ist, und den Tod als Durchgangs- und nicht als Endstation zu sehen. Die Nah-Todeserfahrung lehrt uns, daß wir alle eine innere Stimme haben, die, hörten wir nur auf sie, uns sagen würde, daß wir den Tod nicht fürchten müssen und daß wir das Leben bis zur Neige auskosten sollten.

4 Mit dem geistigen Auge sehen

»Die Wahrheit ist irgendwie rätselhaft
und hat manchmal nichts mit den Fakten
zu tun.«

Oliver Sacks

Über zehn Jahre untersuche ich jetzt schon Erfahrungen in Todesnähe. Und so gut wie alle Menschen – egal welchen Hintergrunds – berichten von übersinnlichen Erfahrungen, die sich nach ihren NTEs einstellten. Das heißt schlicht, daß Hausfrauen, Rechtsanwälte, Sekretärinnen, Journalisten, Musiker, Ärzte – also der gesamte Kreis derer, die auf eine Nah-Todeserfahrung zurückblicken können – von übersinnlichen Erfahrungen zu erzählen wissen, die von Präkognition bis Telepathie reichen.

Meistens sind Erfahrungen dieser Art allerdings recht schlicht und unbedeutend. Zum Beispiel ahnen viele Telefonanrufe im voraus. Sie erzählen einem Arbeitskollegen oder jemandem aus der Familie, daß eine bestimmte Person bald anrufen werde, und ein paar Minuten später erfolgt dieser Anruf tatsächlich. Gewöhnlich passiert dies bei nahestehenden Familienmitgliedern, aber oft kommen auch Anrufe von Leuten, von denen sie seit Jahren nichts gehört haben. Jedenfalls sind es verifizierbare übersinnliche Erfahrungen, da andere vor Eintreten des jeweiligen Ereignisses darüber informiert wurden.

Manche können aber auch den Tod oder eine schwere Verletzung einer bestimmten Person mit großer Präzision voraussagen. Nach wie vor hatte ich gegenüber solchen übersinnlichen Erfahrungen Vorurteile, die Vorurteile des Schulmediziners, wie ich sie nenne. Deshalb war mir nicht recht wohl dabei, als mir ein Patient nach dem anderen derartige Erfahrungen mit authentischen und nachweisbaren Details schilderte.

Zum Beispiel erzählte mir eine Frau, die eine Nah-Todeserfahrung machte, als ihr Vater während des Zweiten Weltkriegs in Europa war, von einem ungewöhnlichen Traum, der sich bewahrheitete. Sie träumte, daß ihr Vater auf einem Schiff war, und fühlte eine Gefahr auf ihn zukommen. In ihrem Traum griff sie im Geiste nach dem Schiff und bugsierte es in sicheres Gewässer. Am nächsten Tag erhielten sie die Nachricht, daß das Schiff ihres Vaters beinahe auf eine Mine gelaufen wäre. Viele Schiffe lagen in langer Reihe hintereinander an einem Kai. Als das ihres Vaters ablegte und auslaufen wollte, blieb es plötzlich stehen und bebte, als ob es auf Grund gelaufen wäre. Ein anderes Schiff nahm seinen Platz in der Reihe ein und fuhr auf eine Treibmine auf.

Nachdem ich mir so viele solcher Fälle angehört hatte, stieß ich mich nicht mehr so sehr an derlei paranormalen Erfahrungen. Eines war mir inzwischen klar: Entweder erfinden all diese Leute diese ganzen Geschichten, oder ihre NTEs verleihen ihnen tatsächlich irgendwelche übersinnlichen Kräfte.

Mir wurde auch bewußt, daß ich dieses Thema in der falschen Weise angepackt hatte. Mein Schulmediziner-

Vorurteil gegen übersinnliche Fähigkeiten ist einfach nicht wissenschaftlich begründet, sondern beruht eher auf meiner eigenen Unkenntnis der Wissenschaft, die sich der Untersuchung des Paranormalen widmet. Ich entdeckte eine Fülle an wissenschaftlicher Information über ein breites Spektrum paranormaler Begabungen, wodurch deren Existenz überzeugend untermauert wird. Ich habe es dem Mut meiner Versuchspersonen zu verdanken, daß ich meine irrationale Skepsis beiseite schieben und ihre Erfahrungen mit dem Respekt behandeln konnte, der ihnen gebührte. Ich beschloß, mich an meinen eigenen Rat zu halten und ihre Erlebnisse wenigstens einmal anzuhören.

In der Transformationsstudie machte ich mich dann daran, diese paranormalen Erfahrungen festzuhalten. Ich wollte wissen, ob Personen aus der NTE-Gruppe mehr solcher Erfahrungen machen als Leute ohne NTE-Hintergrund. Und ich wollte wissen, ob sich diese Erfahrungen belegen ließen. Wurden sie anderen erzählt, bevor die jeweiligen Ereignisse eintrafen? Ist an NTEs etwas ganz Besonderes, das verborgene Potentiale im menschlichen Gehirn erschließt? Was wir herausfanden, war, daß NTE-Menschen tatsächlich über ein Mehr an übersinnlicher Begabung verfügen als die Durchschnittsbevölkerung. Und hier handelt es sich nicht um eine geringfügig erhöhte Begabung. Personen, die eine Nah-Todeserfahrung hinter sich haben, machen mit viermal größerer Wahrscheinlichkeit eine übersinnliche Erfahrung als diejenigen ohne NTE.

Ich möchte darauf hinweisen, daß wir nur festhielten,

welche Erfahrungen die Betreffenden gemacht hatten und ob sie verifizierbar waren. Wir haben jedoch nicht versucht, die übersinnlichen Fähigkeiten von NTE-Leuten nachzuweisen, indem wir sie Gedanken lesen oder sie raten ließen, welche Karte zuoberst auf einem Stapel Spielkarten lag.
Die Parapsychologie hat sich bisher hauptsächlich darauf konzentriert, den Nachweis für paranormale *Fähigkeiten* zu erbringen, und ihre mutigen Anstrengungen blieben nicht ohne Erfolg. Es wurde nicht nur vereinzelt über hellseherische Begabungen berichtet, insbesondere über Telepathie, sondern solche Fähigkeiten wurden sogar unter Laborbedingungen unter Beweis gestellt. Zum Beispiel haben Forscher im Traum-Laboratorium im Maimonides Medical Center in New York in mehreren ihrer Telepathie-Versuchsreihen signifikante Ergebnisse erzielt. Unter diesen Experimenten sind solche, bei denen jemand in einem Zimmer eine Postkarte mit einem Gemälde betrachtet, während eine Versuchsperson in einem anderen Raum schläft. Wenn diese Person Anzeichen von REM-Schlaf (der Zeitpunkt während des Schlafes, wo Träume auftreten) zeigt, wird er von den Forschern aufgeweckt und darüber befragt, was er gerade träume. In einer prozentual hohen Zahl von Fällen hat der Proband einen Traum, der dem Gemälde, das sich zur gleichen Zeit jemand im Zimmer daneben genau anschaut, stark ähnelt.
Immer noch finden diese Ergebnisse jedoch unter Medizinern und Wissenschaftlern keine breite Akzeptanz. Vielleicht liegt das Problem darin, daß wir nicht genü-

gend über diese Erfahrungen wissen, um sie adäquat untersuchen zu können. So war es ja auch, bevor man sich einen genauen Begriff von elektromagnetischen Feldern machen konnte, gar nicht vorstellbar, daß solche Felder überall auf der Welt existieren. Das einzige, wie im Mittelalter Elektrizität in Erscheinung trat, war im Blitz und im Zauberstab, der elektrostatisch aufgeladen war und sich zum Entzücken der von Ehrfurcht ergriffenen Menge in einem sichtbaren Funken entlud.

Es gehört zur Ironie der Wissenschaft, daß ihre Methode manchmal unsere Fähigkeit, ein Phänomen zu untersuchen, zunichte macht. Wie Wissenschaftlern schon seit einiger Zeit bekannt ist, kann sich durch den einfachen Akt des Beobachtens eines Experiments sein Ergebnis ändern. Das bedeutet auch, daß es ganz etwas anderes ist, ob ich sage: »Eine bestimmte Sache existiert nicht« oder: »Daß diese Sache existiert, kann ich nicht auf reproduzierbare Weise belegen.«

Die Mini-Gellers

Ein treffendes Beispiel hierfür enthält eine Geschichte, die mir auf einer internationalen Konferenz zu Ohren gekommen ist. Sie stammt von einem Forscher, der mit mehreren »Mini-Gellers« einen Versuch durchführte, zehn- bis zwölfjährigen Jungen, die behaupteten, sie hätten genau die gleiche Fähigkeit, Löffel und Gabeln zu verbiegen, wie der berühmte, mit paranormalen Fähigkeiten begabte Uri Geller. Zwar wurden viele von Gellers

Biegekunststücken als Schwindel entlarvt, doch nicht alle. Jedenfalls hatten Gellers Vorführungen, wie dieser Forscher feststellte, in einigen der Jungen dieselbe Fähigkeit geweckt.

Mchrcrc von ihncn nahm der Forscher nun genauer in Augenschein. Er hängte ein Stück Metall in einer versiegelten Flasche auf und gab den Jungen eine Woche Zeit, es kraft ihres Geistes zu biegen. Keiner war fähig, das Metallstück in der vorgegebenen Zeit zu biegen, obwohl sie behaupteten, wenn sie nicht unter Beobachtung stünden, wie dies bei einem Versuch erforderlich ist, durchaus in der Lage zu sein, Uhren stehenbleiben und wieder anspringen zu lassen und Löffel zu biegen.

Sicher kann man diesen Versuch dazu hernehmen, derlei Behauptungen über angeblich vorhandene paranormale Kräfte zu widerlegen. Doch an dieser Geschichte ist mehr dran, als Zahlen und Statistiken zeigen. Einer der Jungen *beharrte* darauf, daß er eine Gabel biegen könne. Er zeigte dem Forscher eine Gabel, die er zu Hause gebogen hatte, und sie schien wirklich auf eine ungewöhnliche Weise gekrümmt und wies keine Kratzer oder sonstigen Spuren auf, die auf Verwendung eines Werkzeugs hingedeutet hätten.

Im Laufe der Woche wurde der Junge ganz besessen davon, das Metall in der Flasche biegen zu wollen. Den Forscher und seinen Kollegen steckte der Enthusiasmus des Jungen an, und sie vermaßen das Metallstück zweimal am Tag mit Spezialinstrumenten, die die geringste Krümmung anzeigen konnten.

Die Woche ging vorüber, ohne daß sich das Metall bog.

Sie teilten dem Jungen mit, daß das Experiment nun vorbei sei, und schickten ihn heim.

Spät am Abend wurde der Forscher von seinem Kollegen gerufen: Das Metallstück in der immer noch versiegelten Flasche war auf seltsame Art und Weise gebogen.

Hatte der Junge die spiralförmige Biegung bewirkt? Waren es die Forscher, die sie – dadurch, daß sie den Jungen ermutigten – bewirkten? Waren es alle drei im Verein? Konnte der Junge sich endlich entspannen und dadurch irgendeine mentale Kraft anzapfen? Die Forscher hatten nachgewiesen, daß menschlicher Geist Metall biegen kann. Aber sie begriffen den dahintersteckenden Mechanismus nicht gut genug, um ihn im Labor reproduzieren zu können. Und obendrein zählte das Ganze wissenschaftlich gar nicht, da es zu der Verbiegung nicht unter ordnungsgemäßen Bedingungen und auch nicht innerhalb des vorgegebenen zeitlichen Rahmens kam.

Da paranormale Erfahrungen unter Laborbedingungen so schwer zu reproduzieren sind, richteten wir unser Augenmerk lediglich darauf, die Glaubwürdigkeit der Personen zu überprüfen.

Wie schon erwähnt, war es bemerkenswert, was wir herausfanden. Personen mit Nah-Todeserfahrung machen viermal so viele nachweisbare paranormale Erfahrungen, so stellte sich heraus, wie diejenigen ohne NTEs. Viele davon bezeichneten wir etwas ironisch als paranormale Banalerfahrungen und meinten damit, daß die zukünftigen Ereignisse, die vorausgesagt wurden, nicht sonderlich aufregend waren. Eine Frau zum Beispiel schien immer vorher zu wissen, wann jemand ein Glas Wasser verschütten oder einen kleineren Unfall haben würde. Sie war frustriert und verärgert darüber, daß es ihr nicht möglich war, diese Unfälle zu verhindern, besonders da es häufig vorkam, daß sie etwas im vorhinein wußte. Manche Erfahrungen wiederum waren schon recht außergewöhnlich, wie die nachfolgenden Beispiele zeigen.

»Als mich plötzlich so ein schreckliches Gefühl überkam«

Ein Teilnehmer der Transformationsstudie war seit seiner NT-Erfahrung mit fünf Jahren mit seherischen Fähigkeiten »gesegnet«. Meistens waren es Erfahrungen der banalen Sorte. Zum Beispiel hatte er, während er zur High-School ging, den Traum, daß ein Mädchen in die Klasse gerannt kam mit der aufregenden Nachricht, daß ihr Freund vom College auf Besuch heimkäme. Zwei Tage später kam ein Mädchen in die Chemiestunde herein und verkündete lauthals die umwerfende Neuigkeit, daß ihr Freund vom College zu Besuch heimkommen werde.

Dann wieder konnte er Telefonanrufe, überraschende Besucher und andere ähnlich banale Ereignisse vorhersehen. Das Geschehen aber, das er 1980 vorausahnte, ließ ihn nun voll auf seine Vorahnungen vertrauen. Er erzählt folgende Geschichte:

»Ich wohnte damals im Norden New Jerseys, arbeitete aber 45 Minuten entfernt von zu Hause in der Nähe von New York City. Es war spät am Nachmittag, und ich saß in so einem kleinen Restaurant mit Bar gleich um die Ecke und aß eine Kleinigkeit mit ein paar Kumpels zusammen.

Wir saßen da und unterhielten uns ganz normal bei einem Sandwich und Mineralwasser, als mich plötzlich so ein schreckliches Gefühl überkam, daß einem meiner Kinder etwas passiert war. Ich weiß nicht, warum, aber es war ein ganz merkwürdiges Gefühl, so etwas hatte ich überhaupt noch nie gespürt.

Ich war in Panik. Ich sagte zu meinem Freund: ›Du, ich muß zu Hause anrufen. Ich hab' so ein seltsames Gefühl, daß da was nicht stimmt. Ich muß dort anrufen.‹

Er meinte: ›Okay, mach schon!‹ und war offensichtlich erschrocken darüber, wie ich ihn ansah.

Ich ging telefonieren, und es stellte sich heraus, daß praktisch im selben Moment, wo mich dieses Gefühl überkam, mein Sohn auf dem Fahrrad eines Nachbarn die Straße hinunterfuhr und die Bremsen versagten. So fuhr das Rad weiter über eine stark frequentierte Kreuzung auf eine Querstraße, wo zu dieser Tageszeit immer furchtbar viel Verkehr ist.

Irgendwie war er über die Kreuzung gesaust, ohne daß ihn ein Fahrzeug erfaßt hätte, und landete auf der anderen Seite in einem Straßengraben.

Meine Frau sah gerade aus dem Wohnzimmerfenster und bekam so das Ganze mit. Sie konnte gar nicht glauben, daß unser Sohn nicht unter ein Auto geraten und tot war. Sie klang sehr erschrocken am Telefon, und wie sie sagte, war alles erst wenige Minuten bevor ich anrief, passiert.«

»Mir träumte, daß mein Onkel sterben würde«

Ein weiteres Beispiel für gesteigerte hellseherische Fähigkeiten ist eine Frau, die ich Sandy nennen will. Mit zwölf wollte sie sich umbringen. Sie hatte Probleme mit ihrer Familie und wurde fast ein Jahr lang von den einen Verwandten zu den anderen weitergereicht. Schließlich entschied sie: Jetzt reicht's mir. Sie suchte alle verschreibungspflichtigen Mittel zusammen, die sie bei ihrer Tante, wo sie gerade wohnte, im Haus finden konnte, setzte sich mit einem Krug voll Wasser an den Küchentisch und fing an, die Pillen zu schlucken, so schnell es ging.

Nach zirka einer halben Stunde wurde sie ohnmächtig. Doch es wurde ihr nicht schwarz vor den Augen, sondern sie sah ein helles Licht. »Es war nicht wie natürliches Licht oder elektrisches Licht«, sagte sie. »Es war mit nichts zu vergleichen, was ich je gesehen hatte.«

Eine christusähnliche Gestalt erschien ihr und sprach, ohne die Lippen zu bewegen: »Warum tust du das? Wie konntest du das größte Geschenk, das ich dir gegeben habe, zurückweisen? Du solltest umkehren und einen Ort finden, wo du dich wohler fühlst, so daß du mehr über mich erfahren kannst.«

In der Zwischenzeit hatte ihre Tante sie entdeckt und rief die Feuerwehr. Sandy erwachte, als sie den Geschmack des Brechmittels auf der Zunge spürte, das ihr ein Feuerwehrmann einflößte.

Als Folge ihrer NT-Erfahrung hat sich für Sandy vieles geändert. Eine dieser Veränderungen bestand in ihrer Fähigkeit, in die Zukunft zu sehen.

»Regelmäßig träume ich, was am nächsten Tag passieren wird. Oft bin ich in meinen Träumen Zeuge von Unterhaltungen, die tatsächlich am Tag darauf stattfinden, oder ich träume von Ereignissen, die am nächsten Tag eintreffen. Zum Beispiel träumte ich, daß ich einen Typ auf der Straße treffen würde und wir den ganzen Tag miteinander verbringen würden. Genau am Tag darauf dann geschah das auch. So etwas habe ich bestimmt mehr als hundertmal erlebt.

Ich hab' eigentlich nicht geglaubt, daß an meinen Träumen was Reales dran ist, bis mir dann vom Tod meines Onkels träumte. Er war vollkommen gesund, aber in dieser Nacht träumte ich, daß er plötzlich sterben würde. Am nächsten Tag starb er an einem Herzanfall. Als meine Eltern es mir erzählten, sagte ich nur: ›Ich wußte schon, daß es passieren würde.‹ Seitdem glaube ich meinen Träumen immer.«

»Ich hatte den Schock meines Lebens«

Der folgende paranormale Vorfall ereignete sich während einer Erfahrung in Todesnähe, die jemand – nennen wir ihn Ted – zur Zeit des Zweiten Weltkriegs machte. Ted arbeitete damals in einem Werk in Texas, das Projektile für Kanonen der Marine herstellte. Seine Freundin war mit ihrer Familie, etwa ein halbes Jahr bevor er beinahe gestorben wäre, nach San Diego in Kalifornien umgezogen. Er selbst war dort noch nie gewesen.

Eines Tages kam er in diesem Werk beim Schmieren eines Hochkrans aus Versehen in Kontakt mit mehreren Stromkabeln. Er klebte wie festgeeist an der Stromleitung, zu keiner Bewegung fähig. Es dauerte fast eine Minute, bis dies unten jemand bemerkte und den Strom abschaltete. In dieser kurzen Zeitspanne hatte Ted ein Erlebnis, das man sicher als paranormal einstufen kann:

»Ich stand da oben unter Schock, und woran ich mich als nächstes erinnere, ist der eigenartige Ort, an dem ich mich dann befand: Ich war in der Luft und bewegte mich über ein Spielfeld hinweg. Jemand war bei mir, aber wer das war, konnte ich nicht sehen, weil ich den Kopf nicht drehen konnte. Während wir dieses Feld überquerten, war da mit einemmal meine Freundin. Sie ging mit ihren Büchern, fest gegen die Brust gepreßt, dahin und steuerte auf so ein kleines Haus in einer Neubausiedlung außerhalb von San Diego zu.

Ich hatte keine Ahnung, wo das war, aber zweierlei konnte ich sehen: ein Baseballnetz und einen Wasserturm mit einer Aufschrift.

Ich war mit ihr unterwegs. Ich konnte die Rückseite der Häuser sehen, auf die sie zuging, und ich wußte, welches das ihre war, obwohl ich doch noch nie dort gewesen war.

Ein paar Monate später gab Ted seinen Job auf und fuhr mit dem Bus zu seiner Freundin. Als sie am Rand von San Diego anlangten, hatte Ted plötzlich das Gefühl, hier müsse er aussteigen. Er bat den Fahrer anzuhalten, und irgendwo, »weiß Gott, wo«, stieg er aus:

»Das alles ist schon lange Zeit her, und damals war San Diego noch ein rechtes Kaff. Ich stieg also aus und setzte mich in Richtung Bushaltestelle in Bewegung. Wie ich hochschaute,

sah ich den Wasserturm, den ich gesehen hatte, als ich damals nicht mehr in meinem Körper war! Und wie ich mich umblickte, sah ich auch das Baseballnetz auf dem Spielfeld, das ich damals überquert hatte. Ich sah die Rückseite einer Häuserzeile und ging auf das eine Haus zu, das ich von meinem Erlebnis her kannte. Es war das richtige.«

Später stellte Ted ein paar Berechnungen an. Sein beinahe tödlicher Stromschlag hatte sich um 2.30 Uhr texanischer Zeit ereignet, was 12.30 Uhr kalifornischer Zeit entsprach. Seine Freundin ging damals zur Sommerschule und überquerte jeden Tag auf ihrem Heimweg von der Schule, die um 12.30 Uhr beendet war, jenes Spielfeld.

»Ich hatte den Schock meines Lebens«, meinte Ted zu diesem Erlebnis. »Und heute noch kriege ich eine Gänsehaut, wenn ich darüber spreche.«

**»Ich habe gesehen,
wie sie meinen Bruder umbringen wollten«**

Eines der faszinierendsten paranormalen Erlebnisse aus der Transformationsstudie ist das einer Frau, die ich Anne nennen will. Als junge Frau wäre sie beinahe infolge einer Überreaktion auf ein Arzneimittel gestorben. Sie erlitt eine Art Schock, der ihr die Luftröhre zuschnürte, so daß sie förmlich erstickte. Noch ehe man ihr helfen konnte, hatte Annes Herz aufgehört zu schlagen. Während die Ärzte nun alles taten, um die Herztätigkeit wieder in Gang zu setzen, erlebte sie eine vollausgeprägte Nah-Todeserfahrung.

Daraufhin ging Anne durch Phasen der Hellsichtigkeit, in denen sie um zukünftige Geschehnisse wußte, bevor sie eintraten. Und dergleichen widerfuhr ihr Dutzende von Malen. Als der Hund von Nachbarn überfahren wurde, wußte sie vorher, daß dies passieren würde, weil sie die Nacht zuvor davon geträumt hatte. Wenn jemand bei Tisch oder in der Küche Geschirr zerbrach, wußte sie es irgendwie vorher und wurde oft dabei ertappt, wie sie zusammenzuckte, noch ehe etwas in die Brüche ging. Einmal hatte sie das Gefühl, daß jemand am anderen Ende der Stadt bei einem Verkehrsunfall verletzt wurde. Sie erzählte davon, und später stellte sich ihre Vorahnung als wahr heraus.

Ihre Familie beunruhigten diese Erlebnisse, aber am meisten versetzte sie in Sorge, daß Anne ankündigte, jemand würde versuchen, ihren Bruder umzubringen, der am anderen Ende der Stadt wohnte. Anne sah dies in einem Traum, den sie ihrer Familie am Morgen danach beim Frühstück mitteilte: Sie sah ihren Bruder, schreiend vor Schmerz, aus dem Dunklen auf sich zukommen. Das Blut tropfte ihm von beiden Händen, und im Bauch hatte er eine offene Wunde. Und er schrie laut. Der Traum versetzte sie in helle Aufregung, weshalb sie ihn ihrer konsternierten Familie erzählte. Aufgrund der Stellen, an denen die Wunden waren, kam die Vermutung auf, sie habe vielleicht von Christus und der Kreuzigung geträumt. Doch Anne blieb dabei, daß sie von der Zukunft ihres Bruders geträumt habe.

Zwei Wochen später traf ihr Alptraum ein. Bei ihrem Bruder wurde eingebrochen, und er trat den Einbrechern mit einem Gewehr entgegen, worauf es zu einem Schußwechsel kam. Als er um eine Ecke ging, seine Waffe mit beiden Händen festhaltend, feuerte einer der Einbrecher, und der Schuß ging durch seine beiden Hände hindurch. Ein anderer Schuß traf ihn in den Unterleib. Blutend und vor Schmerzen schreiend, ließen sie ihn auf dem Wohnzimmerboden zurück.

»Ich habe gesehen, wie sie meinen Bruder umbringen wollten«, sagte Anne, der ihre paranormalen Erfahrungen zuviel wurden. Sie ging zu einem Nervenarzt, der ihr ein Medikament verschrieb, das sie tief schlafen ließ und ihre Schläfenlappenanfälle unterdrückte. Dieses Mittel nimmt sie jetzt seit fast vier Jahren, um sich mit Hilfe der Droge von ihren seherischen Fähigkeiten zu befreien. Anne meint, das Gefühl des Erschlagenseins infolge der ständigen Medikamenteneinnahme wäre ihr noch lieber als diese immer wieder erlebte Hellsichtigkeit.

Das Baby »sagte mir, daß ihm der Arm weh tat«

Die nachfolgende faszinierende Geschichte wurde meinem Mitautor von einem Emigranten aus Georgien erzählt, der hier Juri heißen soll. Obwohl er nicht an der Transformationsstudie teilnahm, finde ich es wichtig, ihm Platz einzuräumen, da sein Fall das breite Spektrum übersinnlicher Erfahrungen anschaulich macht, die nach NTEs vorkommen können.

Eines Abends wurde Juri, als er in seiner alten Heimat an einer Bushaltestelle wartete, von einem Auto angefahren, das ins Schleudern geraten war und über den Bordstein hochfuhr. Die Umstehenden dachten, er wäre gleich tot gewesen, und Juri selbst hatte das deutliche Empfinden, tot zu sein, als der Krankenwagen kam, um ihn zur Leichenhalle zu bringen.

Die Aussage »Jemand habe das Empfinden, tot zu sein« ist irgendwie ein Widerspruch in sich. Und doch ist gerade dieses Empfinden eines der Symptome einer Nah-Todeserfahrung. Ich kann mir nur vorstellen, es muß in etwa dem gleichen, wenn wir bewußt wahrnehmen, daß wir träumen, oder wenn wir die Dinge, die um uns herum vor sich gehen, bewußt wahrnehmen, während wir schlafen.

Wie dem auch sei – Juri war sich dessen bewußt, daß er tot war und ins Leichenschauhaus gebracht wurde. Er wußte, daß er dann auf einem kalten Metalltisch lag und von dem Arzt, der ihn untersuchte, für tot gehalten wurde.

Da er ein Dissident war, wurde Juri in den Kühlraum gelegt, bis ein Arzt aus Moskau eine Autopsie vornehmen konnte. Auf diese Weise wollten sich die offiziellen Stellen in Georgien anscheinend gegen den Vorwurf, er sei ermordet worden, absichern. Hier wurde Juri drei Tage lang verwahrt, bis dann der Arzt aus Moskau eintraf, nur um festzustellen, daß er gar nicht tot war.

Vieles von dem, was vor sich ging, während er in jener Kältekammer lag, war Juri bewußt. Es war ihm klar, daß er »tot« war. Und es war ihm klar, wo er sich befand –

nämlich in einer Leichenhalle in Erwartung seiner Autopsie.

Irgendwann während dieser drei Tage sah er ein »stecknadelkopfgroßes Licht«. Er begann auf dieses winzige Lichtpünktchen zuzurobben und merkte, daß es sehr weit weg war. Doch kroch er weiter, bis er bei dem Lichtpünktchen anlangte. Die Öffnung, vor der er lag, war klein, aber das Licht dahinter zog ihn mit seiner Intensität an. Er begann sich durch das winzige Loch zu zwängen, und plötzlich glitt er durch zur anderen Seite, ins Licht!

In dem Moment befand er sich inmitten eines so gleißenden Lichts, daß es »mir wie Feuer in den Augen brannte«. Er versuchte das Löchlein zu finden, durch das er wieder zurück in die Dunkelheit kriechen konnte, aber es war nicht mehr da. Allmählich gewöhnte er sich an das Licht und fand, daß es ihm gewisse Freiheiten brachte.

Zum einen konnte Juri seine Familie aufsuchen. Er sah seine trauernde Frau und ihre Söhne, die beide noch zu klein waren, um zu verstehen, daß ihr Vater ums Leben gekommen war.

Dann besuchte er auch die Nachbarn gleich nebenan. Sie hatten ein Neugeborenes, das ein paar Tage vor Juris »Tod« auf die Welt gekommen war. Juri konnte sehen, daß sie bestürzt waren über das, was ihm widerfahren war. Aber vor allen Dingen bekümmerte es sie, daß ihr Kindchen nicht aufhören wollte zu schreien.

Was sie auch unternahmen, es schrie immer weiter. Wenn es schlief, dann kurz und unruhig, und wachte es auf, weinte es gleich wieder. Sie waren schon mit ihm zurück in die Klinik gefahren, aber dort war man ratlos. Alles übliche, wie zum Beispiel eine Kolik, war auszuschließen, und sie wurden wieder nach Hause geschickt, in der Hoffnung, daß sich das Baby schließlich doch noch beruhigen würde.

Während er sich in diesem körperlosen Zustand befand, entdeckte Juri etwas:

> *»Ich konnte mit dem Baby reden. Es war erstaunlich. Mit den Eltern – meinen Freunden – konnte ich nicht sprechen, aber mit ihrem kleinen neugeborenen Jungen. Ich fragte ihn, was ihm denn fehle. Es fielen keine Worte zwischen uns, sondern ich fragte ihn vielleicht per Telepathie, was ihm fehlte. Und er sagte mir, daß ihm der Arm weh tat. Und als er mir das mitteilte, konnte ich sehen, daß der Knochen verdreht und gebrochen war.«*

Das Baby hatte eine Grünholzfraktur; wahrscheinlich wurde ihm der Arm bei der Geburt verdreht, und er war deshalb gebrochen. Jetzt wußten Juri und das Baby, was ihm fehlte, aber keiner von den beiden vermochte das Problem den Eltern mitzuteilen.

Zu guter Letzt kam der Arzt aus Moskau, um bei Juri die Autopsie durchzuführen. Als er aus der Kühlkammer in die Pathologie geschoben wurde, zuckten seine Augenlider. Der Arzt schöpfte Verdacht und untersuchte die Augen. Als sie auf Licht reagierten, wurde er sofort in den OP der Notaufnahme gefahren und gerettet.

Juri erzählte seiner Familie, wie es ihm als »Totem« ergangen war. Keiner glaubte ihm, bis er mit Details aufwarten konnte von dem, was er auf seinen außerkörperlichen Ausflügen gesehen hatte. Da nahm ihre Skepsis ab. Vollends ihre Wirkung tat dann seine Diagnose des Babys von nebenan. Er erzählte von seinem Besuch bei den Nachbarn in jener Nacht und von ihrer Besorgnis über ihr Neugeborenes. Er erzählte auch, daß er mit dem Baby gesprochen und herausgefunden habe, daß es eine Grünholzfraktur am Arm hatte. Die Eltern brachten das Kind zum Arzt, der den Arm röntgte und Juris Ferndiagnose nur voll bestätigen konnte.

In diesen Geschichten wird die breite Palette an übersinnlichen Erfahrungen deutlich, die Nah-Todeserfahrene erleben können: Gedankenübertragung, Vorahnungen, präkognitive Träume, die Befähigung, andere Menschen und Orte über eine Art Fernsicht vor Augen zu haben, Krankheiten diagnostizieren und manchmal sogar heilerisch tätig werden zu können.

Nach Sichtung der Daten, die die Transformationsstudie über paranormale Erfahrungen geliefert hatte, war ich ganz der Meinung des Psychologen William James, der aufzeigt, daß eine Theorie über die Seele oder Psyche, die veränderte Wirklichkeiten und paranormale Erfahrungen außer acht läßt, niemals vollständig sein kann.

Was hat es zu bedeuten, daß so viele Menschen nach NTEs diese paranormalen Erfahrungen machen? Es könnte heißen, daß dieses »Paranormale« eigentlich ganz normal ist. Ich denke, es heißt auch, daß die Ressourcen des menschlichen Geistes erst noch vollständig angezapft werden müssen und daß eine Nah-Todeserfah-

rung jenen Teil des Gehirns aktiviert, in dem unsere latenten übersinnlichen Fähigkeiten zu finden sind. Wenn so viele gesunde, normale Erwachsene schildern, wie sie in Träumen oder Visionen die Zukunft vorhersehen oder andere »paranormale« Vorkommnisse ähnlicher Art erleben, vielleicht sind diese dann letztlich gar nicht paranormal.
Vielleicht sind sie einfach etwas Einzigartiges.

Übersinnliches tauchte in der Transformationsstudie oft auf. Und wer es erlebte, waren nicht nur Nah-Todeserfahrene, sondern auch Menschen ihrer nächsten Umgebung. Eine Frau aus der Studie, sie hieß Katharina, erzählte mir zum Beispiel eine wundervolle Geschichte, die mich an der Natur der Dinge um uns zweifeln ließ.
Ihre Mutter lag im Sterben. Sie hatte einen Schlaganfall infolge von Komplikationen im Zusammenhang mit ihrer Zuckerkrankheit erlitten, und es ging rapide zu Ende mit ihr. Sie konnte nicht sprechen und war nicht bei Bewußtsein.
Während ihrer letzten Tage war Katharina viel bei ihrer Mutter. Deren letzte Stunden schildert sie als »sehr intensiv«, wie wenn sich jemand an den Rand einer Klippe klammert.
An jenem Abend ging Katharina nach Hause und schlief zusammen mit einer ihrer Töchter ein.
Sehr früh am Morgen weckte »etwas« sie auf. Im Zimmer hing der überwältigende Duft von Lavendel – eines der Kennzeichen des Übersinnlichen, wie in der parapsychologischen Literatur zu lesen ist. Sie blickte zum Fußende

des Betts und sah ein kleines Mädchen mit langen braunen Haaren, die mit einem Band zusammengebunden waren, und mit einer Stoffpuppe im Arm.

»Es schaute mich mit reiner Energie an«, erzählte mir Katharina. »Es schien sich auf meine Tochter zuzubewegen, das machte mir angst. ›Geh nicht zu meinem Kind!‹ dachte ich. Da verschwand das kleine Mädchen.«

Ein paar Tage nach dem Tod ihrer Mutter fand Katharina in ihrem Elternhaus unter den Habseligkeiten ihrer Mutter eine große Flasche Lavendelparfüm. Außerdem entdeckte sie in einem alten Koffer ein Bild ihrer Mutter als kleines Kind, und darauf schaute sie genauso aus wie das Mädchen, das Katharina am Bettende gesehen hatte. Sie hatte das Bild nicht gekannt, und ihre Mutter hatte auch nie Lavendelparfüm verwendet.

Katharina, eine vierzigjährige Geschäftsfrau, ist seit fünfzehn Jahren verheiratet und hat zwei Kinder. Ihr Familienleben ist intakt, ihre Arbeit macht ihr Spaß, und sie scheint in jeder Beziehung normal. Und doch läßt sich dieses Erlebnis eigentlich nur als paranormal bezeichnen. Auf irgendeine Weise hatte sie so an der Todeserfahrung ihrer Mutter teil.

Überall in der Transformationsstudie finden sich als Beispiele für übersinnliche Erfahrungen Berichte über Visionen, in denen ein Tod vorweg oder gleichzeitig mit dem Sterbenden erlebt wird. Viele Leute, die nicht an der Studie teilnahmen, jedoch ihren Aussagen nach eine vorausdeutende Todesvision erlebt haben, nahmen Kontakt zu mir auf. Manche haben mir sogar erzählt, es sei ihnen passiert, daß sie das Gefühl hatten, sie sollten sich mit jemand Bestimmtem in Verbindung setzen, und wie sich später herausstellte, machte der Betreffende genau in dem Moment eine Nah-Todeserfahrung.

Ein solches Erlebnis erzählte mir Jane, eine Frau aus San Diego. Sie wuchs im Süden auf und war eng mit einem Jungen namens Bill befreundet. Mit etwa achtzehn Jahren meldete sie sich zur Marine und zog weg. Bill heiratete, und jeder ging seiner Wege.

Jane hatte mehr als dreißig Jahre nichts von Bill gehört oder gesehen, bis sie dann eines Tages, während sie im Garten arbeitete, den unerklärlichen Drang verspürte, ihn anzurufen. Sie setzte sich mit alten Freunden in Verbindung und fand heraus, daß er immer noch in derselben Stadt lebte, in der sie beide groß geworden waren. Nach ein paar Tagen hatte sie seine Nummer und erfuhr von seiner Tochter, daß er mit einem schweren Herzanfall im Krankenhaus gelegen hatte. Etwa eine Woche später sprach sie mit ihm.

Als sie ihre Erlebnisse miteinander verglichen, stellten sie fest, daß er, genau als ihr zum ersten Mal der Gedanke kam anzurufen, in die Notaufnahmestation gebracht wurde. Er erzählte Jane, daß er gespürt hatte, wie sein Geist den Körper verließ, und daß er die mit ihm beschäftigten Ärzte sehen konnte ebenso wie seine um sein Leben bangenden Töchter im Warteraum.

Er erlebte eine Lebensrückschau und sah dabei Jane, wie sie vor dreißig Jahren war. Es sei einer der Höhepunkte der Rückschau gewesen, erzählte er ihr. Nie hatte er ein so tiefes Gefühl von Frieden, Liebe und Zufriedenheit empfunden wie während dieser Erfahrung. »Aber als ich gefragt wurde, ob ich im Licht bleiben oder zurückkehren wollte, entschied ich mich dafür, zurückzukehren und mich um mein Privatleben zu kümmern.«

Er sagte Jane, er werde »ziemlich bald sterben«. Dann dankte er ihr für den Anruf und meinte: »Ist es nicht seltsam, daß du an dem Tag, an dem mir dies alles widerfuhr, beschlossen hast, mich anzurufen? Ich habe jahrelang nicht an dich gedacht.«

Ein häufiges Phänomen, so merkwürdig dies ist ...

Die Sache ist schon merkwürdig. Aber heißt das auch, daß sie selten vorkommt? Ich denke, Erfahrungen dieser Art sind weitaus gängiger, als man meinen möchte. Nachdem ich so viele Fälle von Visionen, in denen ein Tod vorweg oder miterlebt wurde, untersucht habe, kann ich nur vermuten, daß dieselben Bedingungen, die eine Nah-Todeserfahrung auslösen, auch die Fähigkeit aktivieren, mit anderen in Verbindung zu treten. Ich weiß nicht, wie derartige Telepathie funktioniert, doch das Beweismaterial dafür ist überwältigend. Selbst Sigmund Freud stellte fest, daß Telepathie eine primitive Form der Kommunikation sei, die, seit es Sprache gibt, brachliege. Indem wir die Mechanismen, die bei einer Nah-Todeserfahrung im Gehirn ablaufen, eingehender untersuchen, können wir vielleicht herausfinden, wie sie genau funktioniert. – Sehen wir uns zunächst die folgende Geschichte an.

Edna und Tom, ein älteres Ehepaar aus Phoenix in

Arizona, erreichte die schlimme Nachricht, daß ihre Tochter Brustkrebs hatte. Die beiden flogen sofort zu ihr nach Milwaukee, um während der bevorstehenden Operation ihre Enkelkinder zu versorgen. Die Operation hatte keinen Erfolg, und der Krebs begann sich langsam, aber sicher im ganzen Körper auszubreiten.

Edna und Tom waren inzwischen nach Phoenix zurückgekehrt, standen aber ständig mit ihrer Tochter telefonisch in Verbindung. Sie hatte sehr an Gewicht verloren und war durch die Chemotherapie und den zerstörerischen Prozeß der Krankheit recht schwach geworden. Trotzdem blieb sie ausgesprochen optimistisch. Sie begab sich zu einer neuerlichen Chemotherapie ins Krankenhaus und war voller Hoffnung, daß dies eine Wende in ihrer Krankheit bringen würde.

In der Nacht nach Beginn der Chemotherapie wachte Tom auf und sah seine Tochter am Bettende stehen, in Weiß gekleidet und strahlend hell. Sie setzte sich ans Fußende des Betts und sprach mit ihrem Vater. Er konnte nichts von dem verstehen, was sie sagte, empfand aber ein tiefes Gefühl von Frieden, als er sie da so »schön angezogen« vor sich sah.

Tom weckte sogleich Edna auf. Er war hellwach und sprudelte nur so heraus, was er gerade erlebt hatte. Die Frage, ob es bloß ein Traum gewesen war, stellte sich Edna gar nicht. Beide wußten, was dies bedeutete: Ihre Tochter war gestorben.

Wenige Stunden später rief ihr verzweifelter Schwiegersohn an und teilte ihnen mit, was sie schon wußten.

Diese Erfahrung erwies sich als sehr tröstlich für die

ganze Familie. Niemand hatte erwartet, daß die Tochter so schnell und ohne Ankündigung sterben würde. Doch die Tatsache, daß sie es vermochte, ihrem Vater zum Zeitpunkt ihres Todes zu erscheinen, war ihrer Familie ein großer Trost. Sogar den Enkelkindern erzählte man, was der Großvater gesehen hatte. Statt dieses Ereignis als ungeschehen zu betrachten oder es wie etwas Schlimmes zu verheimlichen, sprachen die Großeltern offen darüber. Dies ließ die Familie enger zusammenrücken und riß sie nicht auseinander, wie dies der Tod eines geliebten Menschen oft tut.
Die Folge war, daß sie das Leben nun nicht als eine sinnlose Kette von Ereignissen sahen, sondern sich das Gefühl einstellte, der Tod ihrer Mutter sei Teil eines höheren Plans.

Immer wieder habe ich Menschen sehr positiv über Todesvisionen sprechen hören, weil sie beweisen würden, daß das Leben von Gott vorhergeplant sei. Als jemand, der an den freien Willen glaubt, habe ich Probleme mit der Auffassung, daß wir alle gemäß einem höheren Plan leben. Keinerlei Schwierigkeiten habe ich dagegen, wenn ich sehe, wie diese Erfahrungen denen, die mit dem Tod eines geliebten Menschen fertig werden müssen, die Kraft dazu und den darin liegenden Sinn vermitteln.

Den eigenen Tod prophezeit

Eine Geschichte dieser Art wurde mir von einer Frau, die ich Linda nennen möchte, berichtet. Ihr Sohn wurde auf einer Party aus Versehen von einer Kugel getroffen. Einer der Jugendlichen auf der Party entdeckte eine Pistole. Niemand wußte so recht, ob es eine echte war. Sie ging von einer Hand zur andern, bis ein Mädchen sie mit hinausnahm und einen Schuß in die Luft abfeuerte. »Ich glaube, es ist eine Schreckschußpistole«, meinte sie und gab sie mit dem Lauf voran an den Sohn von Linda weiter. In dem Moment löste sich ein Schuß, und die Kugel traf ihn in die Brust.

»Sie ist doch echt!« rief er noch, bevor er tot zusammenbrach.

Keine Frage, daß der Tod ihres Kindes für Linda niederschmetternd war. Aber die Vision, in der ihr Sohn zwei Monate zuvor seinen Tod voraussah, sowie ein weiterer Vorfall gaben Linda die Hoffnung, daß sein Tod nicht sinnlos war. »Viele haben daraus etwas übers Leben gelernt«, wie sie sagt.

Zwei Monate vor seinem Tod kam Lindas Sohn eines Tages sehr müde aussehend zum Frühstückstisch. Als sie ihn fragte, was los sei, meinte er, er habe einen sehr lebhaften Traum gehabt. Eine hochgewachsene, weißgekleidete Dame sei »strahlend wie eine Prinzessin« zu ihm gekommen und habe ihm mitgeteilt, daß seine Zeit auslaufe. In seinem Traum schlossen sich nun alle Türen um ihn herum, und der einzige Weg, der ihm noch offenstand, ging einen langen Gang hinunter.

»Das war's schon«, sagte er. »Es war unheimlich.«
Den ganzen Monat über träumte er immer wieder denselben Traum. Er zeichnete auch Bilder von Dingen, die in diesen Träumen auftauchten. Eines davon war ein hohes Monument. Was er noch zeichnete, war ein Baum, einmal mit und einmal ohne Blätter.
Er wußte nicht, was die Zeichnungen zu bedeuten hatten, aber er produzierte immer neue und fragte seine Eltern, was sie davon hielten. Linda schrieb darüber in ihr Tagebuch und hob auch einige Bilder auf.
Zwei Tage vor dem tödlichen Schuß ging der Junge mit seiner Mutter spazieren. Er nahm ihre Hand und sagte in sehr ernstem Ton zu ihr: »Wenn ich sterbe, dann weine nicht. Ich weiß, daß ich dort glücklich sein werde, weil sie's mir gezeigt haben. Es ist schön da.«
Linda war schockiert. Sie fragte ihn sehr direkt, ob er Selbstmordgedanken habe, was er abstritt. »Ich glaube einfach, daß ich nicht mehr lange hier sein werde.«
Zwei Tage später traf ihn die Kugel in die Brust.
In der Nacht, in der ihr Sohn erschossen wurde, wachte Linda mit Rückenschmerzen auf. Sie saß senkrecht im Bett und fing an zu weinen. Sie sagte, ihr oberer Rücken tue ihr so weh und sie habe Angst, daß etwas Schreckliches passiert sei. Als wenige Minuten später das Telefon läutete, stand Linda auf und schrie: »Mein Sohn ist tot!«, noch ehe ihr Mann den Telefonhörer abheben konnte und die schlimme Nachricht von der Polizei erfuhr.
Auf der dann bald stattfindenden Beerdigung ihres Jungen fiel sowohl Linda als auch ihrem Mann etwas auf, was sie von den Zeichnungen her kannten: Das hohe Monu-

ment am Nachbargrab war dasselbe wie das auf seinen Bildern. Genauso war es mit dem Baum neben dem Grab.
»Ich habe meinem Arzt erzählt, was vorgefallen ist, aber er tut es bloß ab als ein durch eine Streßsituation hervorgerufenes Erleben«, sagt sie. »Dabei habe ich doch aufgeschrieben, daß er glaubte, er würde sterben, und das zwei Monate vor seinem Tod. Und ich spürte doch die Kugel in dem Moment, als er sie auch spürte, und wußte, sie hat ihn getötet, noch bevor die Polizei anrief. Ich hab's aufgegeben, mit Ärzten darüber zu sprechen, denn sie sagen immer nur, ich stand unter Schock. Aber das ist doch kein Schock.«
Diese erstaunliche und herzzerreißende Geschichte zeigt anschaulich, wie einer Familie, die vom Verlust eines Kindes zutiefst getroffen ist, aus Präkognition Trost erwachsen kann. Die meisten Eltern wären in dieser Situation wohl in einer sehr schlechten Verfassung. Ein Unfalltod trifft Eltern in der Regel besonders schwer, wie es hier bestimmt auch der Fall war. Doch liegt in der Todesvorahnung ihres Sohnes die Verheißung, daß der Tod ihres Kindes nicht sinnlos, sondern in eine Art »Weltteppich« eingewoben ist.
Erstaunlich ist, daß ein Unfalltod sich überhaupt in Visionen ankündigen kann. Es leuchtet ein, wenn man im Fall von todkranken Krebspatienten davon ausgeht, daß es hier eine unterschwellige Intuition in bezug auf den bevorstehenden Tod gibt. Wie kann es jedoch bei einem scheinbar zufälligen Ereignis wie einem versehentlichen Schuß möglich sein, dies im voraus zu wissen, wenn es sich nicht um so etwas wie ein vorherbestimmtes Gesche-

hen handelt? Wie schon gesagt, ist das eine Vorstellung, die für mich, da ich von unserem freien Willen überzeugt bin, nur schwer faßbar ist.
Und doch kenne ich noch so viele weitere Geschichten von Todesvisionen – vorausdeutenden und miterlebten –, für die ich keine Erklärung finden kann. Dasselbe Phänomen wurde auch von anderen Forschern, wie etwa Phyllis Atwater, belegt, und für mich liegt darin eine Bestätigung für paranormale Erfahrungen, die normalen Leuten begegnen. Es kann gut sein, daß sie vom rechten Schläfenlappen, der Schaltstelle der Mystik, ausgehen, was aber nicht heißt, daß sie nicht die Wahrheit wiedergeben.

Die Sache läßt sich nicht hinwegleugnen

Manche Leute wollen aus Angst, sie könnten eintreten, solche Visionen zunächst nicht zugeben – oder auch weil »ich dachte, ich werde als New-Age-Anhängerin bezeichnet, wenn ich über die Todesvision meiner Mutter spreche«, wie eine Frau mir sagte.
Das Abstreiten solcher Erfahrungen ist ein neueres Phänomen. Unsere Vorfahren waren sich der Anzeichen des herannahenden Todes wohl bewußt, Todesvisionen nicht ausgenommen. Laut Philippe Aries, dem namhaften französischen Kunsthistoriker, wurde in alter Zeit zwischen übernatürlichen Zeichen, die auf den bevorstehenden Tod hinwiesen, und medizinischen Anzeichen kein sonderlicher Unterschied gemacht. Der Mensch des

Mittelalters rechnete damit, ein himmlisches Licht zu sehen und mit toten Verwandten zu sprechen, sobald die Lebenskräfte ihn verließen.

Wenn der Philosoph Blaise Pascal sagt: »Jeder Mensch muß alleine sterben«, so wies er damit auf die Ironie hin, daß gerade ein Sterbender von vielen Leuten umgeben war, wie dies typisch für Sterbebettszenen im 17. Jahrhundert ist. Heute haben seine Worte ihre ironische Komponente eingebüßt und wurden statt dessen zur schlichten Tatsache. Die meisten Menschen sterben alleine, unter Drogen gesetzt und ohne Kontrolle über sich. Wenn sie aber doch die übernatürlichen Seiten des Sterbens erfahren, schenken sie dem oft keine Beachtung, weil sie aus Angst nicht wahrhaben wollen, was ihre Sinne ihnen übermitteln.

Der Wert von Visionen

Zwar wurde schon erschöpfend untersucht, wie eine Erfahrung in Todesnähe beschaffen ist, doch existieren so gut wie keine Untersuchungen darüber, welchen Wert Todesvisionen und andere paranormale Vorfälle haben können. Wir wissen weder, wie häufig sie sind, noch haben wir eine Vorstellung davon, wie Familien darauf reagieren.

Nach meiner Erfahrung tragen vorausdeutende Todesvisionen beträchtlich dazu bei, daß Trauernde über ihren Schmerz hinwegkommen. Ich weiß von vielen Leuten, daß die Todesvorahnung eines geliebten Menschen ihnen über den Verlust hinweghalf. Aber widerfahren solche Visionen einer großen Zahl von Sterbenden? Und sind sie immer hilfreich für die Lebenden?

Die Antwort auf beide Fragen lautet meines Erachtens ja. Aber es gibt kaum medizinische Studien, mit denen sich mein intuitives Gefühl belegen ließe. Es gibt nur die mehreren Dutzend Geschichten, die ich von Leuten gehört habe, die mich anrufen oder mir schreiben, weil ich ein Arzt mit einem offenen Ohr dafür bin – zum Beispiel die von einer Frau aus Chicago: Als ihr Vater aus dem Koma aufwachte, berichtete er, daß er das glänzendweiße Gewand eines Lichtwesens berührt habe und daß er nun keine Angst mehr vor dem Sterben habe. »Es war aus dem Stoff der Ewigkeit«, hatte er gesagt. »Wunderschön war es.« Oder die einer anderen Frau, die mir erzählte, eine halbe Stunde nachdem ihre Tochter – im Teenageralter – gestorben sei, habe sie die Augen aufgeschlagen, ihre Mutter friedlich und intensiv angelächelt und dann die Augen für immer geschlossen.

Über diese Erlebnisfragmente gehen gehetzte Ärzte allzuleicht hinweg, wenn sie hoffnungsvollen Angehörigen sagen, dies wären nur »Halluzinationen« oder »Todesreflexe«. Dabei können sie gar nicht wissen, was es ist, denn die medizinische Wissenschaft hat Todesvisionen und den Wert paranormaler Vorfälle im allgemeinen noch sehr wenig erforscht. Vielleicht kommt dies daher, daß derartige Studien von der Ärzteschaft leider nicht gut aufgenommen, sondern eher abgetan oder abgewertet werden.

Als Ärzte und Schwestern oder als Familienangehörige

und Freunde müssen wir jedoch in der Lage sein, diese Erlebnisse anzuhören. Wenn jene schweren Stunden nahen, müssen wir Zeit für unsere Kranken haben und ihnen zuhören.

In den zahlreichen Fällen, von denen ich weiß, ist immer wieder Heilung und Trost für die Lebenden aus den Visionen und Vorahnungen der Sterbenden erwachsen. Der Schlüssel dafür ist das Zuhören. Indem wir den Sterbenden zuhören, entschlüsseln sich uns viele Rätsel des Lebens und des Todes.

Auch ich fühle mich mitunter hin und her gerissen, wie ich mit diesem Material umgehen soll. Zum Beispiel rief mich eine Frau aus Texas an und stellte mir eine sehr unangenehme Frage. Ihre Tochter hatte eine Kopfverletzung erlitten und lag im Koma. Seit dem Unfall des Kindes sah die Mutter nun immer wieder im Traum, wie die Tochter in dem Tunnel festsaß, durch den die Leute während der Todeserfahrung gingen. Ob denn so etwas passieren könne? Ob es denn möglicherweise sein könnte, daß ihre Tochter bei ihrer letzten Reise nicht weiterkam?

Ich hatte keine Antwort für diese Frau parat, aber ich sprach lange mit ihr und beschwichtigte ihre Befürchtungen. Nicht immer kommt man so ganz leicht auf Antworten, aber was ich sicher sagen kann, ist, daß zum guten Umgang eines Arztes mit Kranken, vor allem eines Arztes, der es mit Schwerkranken zu tun hat, unbedingt die Bereitschaft gehört, am Krankenbett zuzuhören und die paranormalen Erfahrungen eines Patienten zu akzeptieren.

5 Glauben, was man nicht gesehen hat

> »Patienten, die etwas zusammen fabulieren, erzählen die beste Geschichte, die sie aus den ihnen zur Verfügung stehenden Daten konstruieren können, und halten sie für wahr.«
>
> *Dr. William Calvin*

Die Geschichte, die ich gleich wiedergeben werde, scheint eine typische Nah-Todeserfahrung zu sein – bis auf das Ende, das irritiert. Mit diesem Beispiel wende ich mich an die Kritiker von Nah-Todeserfahrungen, die der Meinung sind, es handle sich um »erfundene« Geschichten. (Den vorliegenden Fall habe ich von Dr. Raymond Moody übernommen.)

Eine 45jährige Lehrerin an einer Mittelschule, mit einem bekannten Bankier aus dem Mittleren Westen verheiratet und Mutter von zwei Kindern, wußte von dem Tag, an dem sie »starb«, eine interessante Geschichte zu erzählen.

Mit heftigen Schmerzen in der Seite wurde sie schnellstens ins Krankenhaus gebracht. Einige Tests zeigten, daß der Gallengang von der Leber weg vollständig mit Gallensteinen blockiert war. Damit die Gallenblase nicht riß, mußte sofort eine Notoperation erfolgen.

Sie wurde für die Operation vorbereitet und, schon zwei Stunden nachdem sie das Krankenhaus betreten hatte, in den Operationssaal gefahren. Gegen Ende der Operation »starb« sie. Aus dem Krankenblatt geht hervor, daß ihr Herzschlag aussetzte und kein Blutdruck mehr vorhanden war. Während dieses Zeitraums kam etwas in ihr zum Leben, und sie erzählt dies so:

»Woran ich mich erinnere, ist folgendes: Plötzlich war ich wach und fühlte mich so entspannt und glücklich, daß ich dachte, die Operation wäre vorbei. Als ich um mich blickte, stellte ich fest, daß es mich über den Operationstisch hob. Im Aufsteigen bewegte ich mich direkt durchs Gesicht des Arztes hindurch, in das die Angst geschrieben war. Auf der ganzen Stirn stand ihm der Schweiß.
Ich sah, daß die Schwestern bleich waren, und ich hörte jemanden sagen, daß ich tot wäre. Dabei fühlte ich mich gut. Ich schaute hinunter und konnte meinen Körper auf dem Tisch liegen sehen, mit so einer großen, genähten Wunde in der Seite. Mein Körper kümmerte mich gar nicht. Ich fühlte mich so frei. Einen Augenblick lang machte ich mir große Sorgen um meinen Mann und die Kinder. Ich fragte mich, was sie wohl ohne mich tun würden. Aber sobald ich das dachte, hörte ich sofort auf damit, da ich ja wußte, daß der Herr für sie sorgen würde. In dem Moment sah ich Ärzte und Schwestern mit Apparaten herbeieilen. Sie brachten eine Herzschockmaschine, und ein anderer Arzt kam herein und versuchte mein Herz damit wieder in Gang zu setzen. Der Operateur hatte mich schon aufgegeben.
Jedenfalls bin ich dann in eine dunkle Röhre oder ein Loch gekommen – einen Tunnel könnte ich es auch nennen. Mit dem Kopf voran, so kam es mir vor, bewegte ich mich da durch, und plötzlich war ich an einem Ort voller Liebe und einem

wunderschönen, hellen, weißen Licht. Ein heiliger Ort war das anscheinend. Es gab Pflanzen und Blumen und viel Schönes zu sehen.

Als ich so durch eine Wiese spazierte, sah ich Leute in Grüppchen beieinanderstehen. Sie winkten mir, kamen her und redeten mit mir. Darunter war auch mein Vater, der ungefähr zwei Jahre zuvor gestorben war. Er sah strahlend aus. Er sah glücklicher aus, als ich ihn je gesehen hatte, und viel jünger. Meine zwei Großmütter und Großväter waren auch da. Alle freuten sich, mich zu sehen. Aber mein Vater sagte mir, es sei nicht Zeit für mich und ich würde zurückkehren. Ich war enttäuscht, doch auch erleichtert, daß ich zu meinem Mann und den Kindern zurückkonnte.

Gerade als ich mich umdrehte, um zu gehen, weil ich spürte, wie es mich nach hinten zog, erblickte ich Elvis. Er war dort, wo das Licht so ganz hell war. Er kam einfach herüber zu mir, nahm meine Hand und sagte: ›Hallo, Bev, erinnerst du dich an mich?‹«

Keine Märchen

Dieser Vorfall enthält viele der Kernelemente einer Nah-Todeserfahrung, aber machte ihn das Auftreten von Elvis nicht zur Erfindung oder Phantasie, die aus dem Unbewußten hochkommt? Hat diese angesehene Frau die Unwahrheit erzählt über das, was vorfiel, als sie »starb«? Hat sie sich eine Geschichte ausgedacht entsprechend dem, was ihrer Meinung nach in so einer Situation passieren müßte, nachdem sie mich in einer Fernsehshow erlebt hat? Oder hat sie eine visuelle Gedächtnislücke in ihrer Nah-Todeserfahrung durch ein Bild von Elvis aufgefüllt, dem sie einmal als Kind die Hand geschüttelt hatte?

Mit diesen und ähnlichen Fragen sind wir bei der grundlegendsten Frage innerhalb unserer Forschungsarbeit: Sind Nah-Todeserfahrungen echt? Oder sind sie ausgedacht von Patienten, die Talk-Shows im Fernsehen anschauen oder die im Supermarkt aufliegenden Sensationsblätter lesen und meinen, daß es das ist, was sie erleben sollten, wenn sie sterben? Kurzum, sind dies die Märchen von heute?

Das ist eine Kontroverse, die unter Forschern seit Jahren auf das heftigste ausgetragen wird. Sind Nah-Todeserfahrungen einfach nur Produkte unserer unterbewußten Angst vor dem Tod in Verbindung mit der Fülle an reißerischen Überschriften in den einschlägigen Blättern?

Dieses wichtige Problem der kulturellen Kontamination läßt sich nur sehr schwer objektiv analysieren. Die Tatsache, daß praktisch Menschen aller Kulturen und aller Zeiten an ein Leben nach dem Tod geglaubt haben, heißt vielleicht nur, daß der Glaube, ewig zu leben, allen Menschen einfach ein tiefes Bedürfnis ist.

Wie der Mythologe Joseph Campbell oftmals sagte, sind uns die traditionellen Mythen und Helden, die uns verbanden und uns vor dem Unbekannten Schutz boten, abhanden gekommen. Und manche Forscher sind inzwischen der Anschauung, daß Nah-Todeserfahrungen unsere neuen Kulturmythen sind, weil sie unsere Ängste vor dem Tod lindern helfen, jedoch keine echte Basis in der Realität haben.

Carol Zaleski, Theologin an der Harvard-Universität, stellt die Nah-Todeserfahrung als ein Produkt religiöser Imagination dar. Für sie handelt es sich hierbei einfach um eine andere Form von religiöser Vision, um eine Art der Erfahrung, die noch vor ein paar hundert Jahren jemanden zum Heiligen qualifiziert hätte.

Ian Stevenson, weltweit angesehenster Forscher auf dem Gebiet der Parapsychologie, vertrat in einem in der Zeitschrift *Lancet* erschienenen Artikel die Auffassung, daß man nicht unbedingt dem Tod nahe sein muß, um eine Nah-Todeserfahrung zu machen. Er schlug vor, den Begriff »near-death experience« fallenzulassen und ihn lieber durch die seiner Meinung nach passendere Bezeichnung »fear-death experience« (= Todesangsterfahrung) zu ersetzen.

Sein Standpunkt beruht auf einer Analyse der Krankengeschichte von Menschen mit Nah-Todeserfahrung. Viele von ihnen waren seinen Forschungsergebnissen zufolge dem Tod nicht wirklich nahe gewesen.

Ich stimmte mit Dr. Stevensons Befund nicht überein und brachte dies in einem in *Lancet* veröffentlichten Leserbrief auch zum Ausdruck. Stevenson hatte ein klassisches Problem von Nah-Todesstudien angesprochen, nämlich: Wie definiert man »Todesnähe«?

Wie auch Carol Zaleski herausstellt, ist der Zeitpunkt des Todes schwer zu bestimmen. Der Tod kommt oft in kleinen Raten und nicht mit einem Paukenschlag. Und heutzutage läßt sich der Zeitpunkt des Todes schon we-

gen der lebenserhaltenden Apparate, die zum Einsatz kommen, nicht mehr eindeutig feststellen.
Als Arzt weiß ich aus eigener Anschauung, wie schwer es ist, den Augenblick festzulegen, in dem der Tod eintritt. Aber ich sehe die Sache anders als Carol Zaleski und auch anders als Ian Stevenson. Wenn Patienten das Gefühl haben, sie seien dem Tod nahe, und wenn sie eine Krankheit oder Verletzung haben, die es vorstellbar macht, daß sie sterben könnten, dann sollten sie auch als dem Tod nahe betrachtet werden. Ein Patient weiß vielleicht oftmals besser, wie nah er dem Tod tatsächlich ist, als die Theologen und Psychiater, die in seine Krankengeschichte Einsicht nehmen.

Die Tatsache, daß NTEs bei Leuten eintreten, bei denen ein klinischer Tod nicht eindeutig nachweisbar ist, ist schon seit vielen Jahren bekannt. Eine der ältesten Sammlungen von Nah-Todeserlebnissen aus heutiger Zeit stammt aus dem *Jahrbuch des Schweizer Alpenvereins* von 1892. Mitglieder des Alpenvereins berichten hier über mehrere Dutzend Erlebnisse von Bergsteigern, die aus großer Höhe abstürzten und trotzdem überlebten. Genauso wie Leute, deren Herztätigkeit wieder in Gang gesetzt wurde, schildern sie, wie sie aus ihrem physischen Körper heraustraten, friedlich auf Wolken schwebten und ein Gefühl von Freiheit und Frieden empfanden. Und doch waren diese Kletterer in dem Moment überhaupt nicht körperlich verletzt. Ihr langer Sturz brachte sie dem Tod extrem nahe, auch ohne daß sie Verletzungen gehabt hätten.

Es gibt nur zwei mögliche Erklärungen für die Nah-Todeserfahrung:

- Sie ist Fiktion, etwas, das jemand unbewußt erfindet, nachdem er lebensgefährlich krank war. Wenn das der Fall ist, dann hat es keinen Sinn, um die Sache herumzureden, indem man darüber diskutiert, ob nun NTEs kulturspezifisch ausgeschmückt oder ein Produkt religiöser Imagination sind. Wenn sie hinterher ausgedacht sind, haben sie ihre Glaubwürdigkeit als reale Erfahrungen ohnehin verspielt. Falls dies zutrifft, dann ist es Sache der Psychologen, zu erklären, warum Menschen nach solch einer Belastung es nötig haben, eine Geschichte zu erfinden.
- Oder aber NTEs treten zu dem Zeitpunkt auf, an dem Patienten nach ihrem subjektiven Empfinden angeben, daß sie aufgetreten sind, nämlich an der Schwelle des Todes oder bei einer lebensbedrohlichen Erkrankung. Und dies ist meiner Ansicht nach der Fall. Ich habe schon zu viele Menschen aus dem Koma oder tiefer Bewußtlosigkeit erwachen sehen und dann über Tunnels und helles Licht erzählen hören. Sie hatten überhaupt nicht die Zeit, sich eine Geschichte auszudenken. Und das Koma, aus dem sie oftmals wieder zu sich kamen, ist laut Lehrbuch ein Zustand, bei dem eigentlich »das Bewußtsein leergefegt« sein sollte.

In diesen Fällen läßt die Nah-Todeserfahrung zumindest darauf schließen, daß der Mensch einige unbekannte und höchst spannende Seiten seines Geistes aktivieren kann, die die Neurologie gerade erst anfängt zu erforschen.

Nachdem ich mir Hunderte von Nah-Todeserfahrungen angehört habe, kann ich ohne Bedenken sagen, daß sie echt sind. Sie kommen bei Leuten vor, die weder im Fernsehen etwas darüber gehört noch in einer Zeitschrift davon gelesen und die auch keine Verwandten haben, die sie nach einem überstandenen Herzstillstand fragen, ob sie denn nicht Gott gesehen hätten.
Eigentlich sind NTEs erst in den letzten Jahren in den gängigen Medien in den Brennpunkt des Interesses gerückt. Wie erklären sich die Skeptiker dann die Millionen von NTEs, über die zuvor schon die verschiedensten Leute berichtet haben? Dies sind keine Geschichten aus zweiter Hand, die von den Medien weiterverbreitet wurden, sondern Berichte aus erster Hand, die von Leuten stammen, die selbst verblüfft sind darüber, was sie da erlebt haben.
Jemandem, der fast gestorben ist, zu sagen, er habe nicht in Jesu Schoß gesessen, obwohl er doch genau dies anschaulich schildert, grenzt an Fahrlässigkeit gegenüber Patienten. Aber Mediziner wollen nun einmal Dinge, für die es kaum eine oder gar keine wissenschaftliche Erklärung gibt, nicht immer wahrhaben.
Die Transformationsstudie hat gezeigt, daß diese Erfahrungen so tief gehen, daß sie tatsächliche und lebenslange Veränderungen in Menschen bewirken. Darüber hinaus hat die Transformationsstudie erwiesen, daß Nah-Todeserfahrungen selbst bei Leuten, die nicht einmal

wissen, daß sie eine solche erlebt haben, Veränderungen auslösen.

Den Nachweis hierfür lieferte unsere Studie dadurch, daß sie sich auf Menschen konzentrierte, die »kulturell unvorbelastet« waren, das heißt solche, die gar nicht wußten, daß sie eine Nah-Todeserfahrung gemacht hatten, bis ihnen *Closer to the Light* in die Hände fiel oder sie mich im Radio oder Fernsehen über Nah-Todeserfahrungen hatten sprechen hören. Sie wußten zwar, daß sie dem Tod begegnet waren und daß »etwas« geschehen war, aber sie hatten nur mit wenigen darüber gesprochen und all die Jahre über keinen Namen für ihr Erlebnis gehabt.

Es waren keine Träume und keine Lügenmärchen, die sie erzählten. Es waren weder Reaktionen auf Narkotika noch Fieberträume. Ihre Geschichten stimmten mit allen anderen Nah-Todeserfahrungen in dem überein, was wir die »Kernerfahrung« nennen. Es war ganz erstaunlich, diese Übereinstimmung im Erleben der jetzt Siebzig-, Achtzig- und gar Neunzigjährigen zu beobachten, die den Schritt wagten und bei der Transformationsstudie mitmachten. Interessant ist auch, daß diese Erwachsenen sich an ihre Todeserfahrung noch genau so erinnern, wie sie diese vor so vielen Jahren erlebt haben, und sie über die Jahre hinweg nicht weiter ausschmücken. Wenn sie ihr Erlebnis als Kind hatten, dann sprechen sie in einer sehr einfachen Sprache darüber, fast als wären sie wieder Kinder. Im Gegensatz zu gewöhnlichen Erinnerungen werden NTEs eben nicht mit der Zeit immer bunter ausgestaltet.

Alle im folgenden geschilderten Erlebnisse ereigneten sich, lange bevor es gang und gäbe wurde, sich mit Nah-Todeserfahrungen auseinanderzusetzen. Alle sind sie voller Kernerfahrungen. Und was das beste ist: Alle diese Leute wußten bis vor kurzem nicht einmal, daß es so etwas wie NTEs überhaupt gibt. Sollte man ihnen nun sagen, daß ihre Todeserfahrungen gar nicht echt sind?

»Ich bekam nach der Geburt meiner Tochter sehr starke Blutungen und war gleich von medizinischem Personal umringt, das sich um mich kümmerte. Ich hatte große Schmerzen.
Dann waren die Schmerzen plötzlich vorbei, und ich schaute auf die hinunter, die sich da an mir zu schaffen machten. Einen Arzt hörte ich sagen, er könne den Puls nicht mehr finden.
Als nächstes ging ich durch einen Tunnel hinab auf ein helles Licht zu. Aber ich kam nie ans Ende des Tunnels. Eine sanfte Stimme sagte zu mir, daß ich zurückkehren müsse. Dann traf ich einen lieben Freund, einen Nachbarn aus der Stadt, aus der wir weggezogen waren. Auch er sagte mir, ich solle umkehren.
Wie von einem elektrischen Schlag getroffen, knallte ich aufs Krankenhausbett auf, und die Schmerzen waren wieder da. Nun wurde ich schnellstens in den Operationssaal gefahren, wo man die Blutungen operativ zum Stillstand bringen wollte.
Erst drei Wochen später fand mein Mann, daß es mir wieder gut genug ging, um mir's sagen zu können: Der liebe Freund

dort in der anderen Stadt war an dem Tag, als meine Tochter geboren wurde, bei einem Autounfall tödlich verunglückt.«

Eine fünfzigjährige Frau

»Meiner Frau und mir war gesagt worden, daß sie keine Kinder mehr bekommen konnte. Aber dann, im Juni 1959, geriet ich in einer Kohlenzeche in ein schweres Grubenunglück hinein. Ich wurde ins Krankenhaus gebracht und war laut Befund tot, als ich dort ankam. Aber irgendwie haben sie mich wiederbelebt, und ich lag eine Woche lang im Koma.

Während ich bewußtlos war, hatte ich eine Vision. Ich spazierte an den Sonnenstrahlen entlang hoch und sah eine Hand in einem langen weißen Ärmel zu mir herunterlangen. Fast berührte ich die Hand, als ich plötzlich spürte, wie es mich nach hinten zog, und ich hörte eine Stimme sagen: ›Hab keine Angst. Dir wird's wieder gutgehen, und mit deinem Sohn wird auch alles in Ordnung sein.‹

Ein paar Monate später erfuhren wir, daß meine Frau schwanger war, und unser Sohn kam beinahe auf den Tag genau ein Jahr nach meinem Unfall auf die Welt.«

Ein sechsundsechzigjähriger Mann

»Als Kind wurde ich nach einem schlimmen Sturz beim Spielen in einem baufälligen Gebäude auf schnellstem Wege ins Krankenhaus gefahren. Ich war bewußtlos gewesen, und in der Nacht dann spürte ich, wie ich aus meinem Körper herausschwebte, und als ich so auf mich selber hinuntersah, war ich überzeugt, ich wäre tot.

Jemand kam auf mich zu, und eine Stimme sagte mir, daß es mein Vater war, der vor meiner Geburt gestorben war. Er

streckte seine Arme aus, aber vor ihm war eine Grenzlinie. Ich schluchzte, und mir war klar: Wenn ich diese Grenze überschritt, gab es kein Zurück mehr. Ich hatte die Wahl, und ich wußte, ich hatte nichts zu fürchten, aber bei dem Gedanken an meine Mutter und meinen Bruder machte ich kehrt.
Ich rief nach einer Krankenschwester und erzählte ihr davon, aber sie dachte anscheinend, es hätte etwas mit den Medikamenten zu tun, die ich bekam.«

Ein sechsundfünfzigjähriger Mann

»Mit zehn Jahren fiel ich vom Pferd und war mehrere Stunden bewußtlos. Der Arzt meinte, ich würde vielleicht nicht durchkommen, und ich sah ihn dabei, wie er es sagte! Es war schon höchst sonderbar. Ich schien einfach aus meinem Körper rauszuschlüpfen! Ach, einfach wunderbar war das! Es machte mir den größten Spaß, so umherzuschweben und mir alle – und auch mich selbst – anzuschauen! Dann kam eine Dame, von der ein ganz weißes Leuchten ausging. Sie sagte zu mir, daß ich wieder heimgehen müßte, aber eines Tages zurückkommen würde.«

Ein neunzigjähriger Mann

»Ich wußte eigentlich gar nicht, daß das, was ich einmal als Kind erlebt hatte, eine Nah-Todeserfahrung war, bis ich Dr. Morse bei einer Konferenz sprechen hörte. Und als er darauf einging, daß NTEs bei Kindern sehr schlicht waren, dachte ich mir, daß mein Erlebnis da wohl auch darunterfiel.
Ich war so etwa acht Jahre alt. Mir sollten ein paar Zähne unter Narkose gezogen werden, und nachdem sie mich in Schlaf versetzt hatten, schien ich plötzlich aus zwei Personen

zu bestehen. Die eine lag auf dem Operationstisch, und die andere hatte sich zu einem Ball zusammengerollt, der sehr schnell durch einen langen, dunklen Tunnel geschleudert wurde. Der Arzt sagte später, daß er mir zuviel Äther gegeben hatte und daß mein Herz aufgehört hatte zu schlagen. Das war wohl, als ich mich zweiteilte. Es schien alles ganz einfach.«

Eine sechsundfünfzigjährige Frau

»Meine Nah-Todeserfahrung passierte 1960. Ich hatte gerade ein Baby bekommen, und mir war schlecht. Der Arzt meinte, das wäre bloß eine Wochenbettdepression, aber ich nahm ihm das nicht ab. Ich sagte denen im Krankenhaus, daß ich mich komisch fühlte und noch ein paar Tage länger im Krankenhaus bleiben wollte, und sie waren einverstanden. Ihrer Meinung nach war überhaupt nichts mit mir, aber ich wußte, es würde etwas passieren.

Und tatsächlich passierte es dann eines Morgens so um fünf Uhr. Ich hatte ein Blutgerinnsel in den Beinen, das in die eine Lunge wanderte und einen Herzstillstand auslöste. Das passierte gerade, als eine Schwester mit meinem Baby hereinkam. Ich setzte mich im Bett auf und schwang die Beine heraus, und da kippte ich einfach um. Ich glitt zu Boden, und absolute Schwärze war um mich herum.

Ich sah mich selbst auf dem Boden neben dem Bett liegen. Und ich konnte eine Menge Einzelheiten beobachten. Zum Beispiel war mir das Nachthemd bis zur Taille hochgerutscht, und eine der Schwestern versuchte es mir herunterzuziehen, damit ich wieder was anhatte. Im Zimmer war kein Sauerstoffanschluß, und ich sah, wie ein Krankenpfleger eine Flasche mit dem

Zeug hereinschleppte. Ich hörte die Schwester schreien: ›Ruft doch den Arzt! Holt ihren Mann her! Ruft einen Priester!‹ und so Sachen. Und dann sah ich, wie jemand meinen Körper hochhob und aufs Bett legte. Da merkte ich endlich, daß ich mich außerhalb meines Körpers befand.

Ich schwebte näher hin und schaute hinunter. Ich wußte, daß ich nicht auf diesem Kissen lag. Da war zwar ein Körper mit auf dem Kissen verteilten nassen Haaren, mit geschlossenen Augen und blauen Lippen, das konnte ich schon sehen. Aber ich war das nicht. Ich schwebte ja oben an der Decke.

Ich konnte jetzt alles unheimlich genau hören. Ich hörte und sah andere Patientinnen auf dem Stockwerk. Eine war auf der anderen Seite des Gangs. Sie redete mit einer Schwester und beklagte sich über den Lärm, der aus meinem Zimmer kam. Einen Arzt, den ich schon von klein auf kannte, sah ich zur Anmeldung kommen, die weit hinten auf dem Gang war. Die Schwester dort teilte ihm mit, was vor sich ging, und er meinte: ›Da ruf' ich mal lieber ihre Mutter an!‹, was er auch tat, wie ich später herausfand.

Unterdessen fühlte ich mich einfach prächtig. Ich spürte keine Schmerzen. Ich kam mir vor wie ein Zuschauer und schwebte zwischen zwei Welten, einer, die ich gut kannte, und einer, von der ich nicht gewußt hatte, daß sie existierte.

Die Decke wirkte mit der Zeit so, als wäre sie mit lauter blauweißen Wolken gepflastert, und die Luft schien mit Goldstaub gesprenkelt.

Es wurde sehr hell, und ich stand auf einmal am Eingang – nein, nicht zu einem Tunnel, sondern zu einer Art Baldachin, der ganz lang hinunterging, so wie man ihn eventuell vor einem Nachtclub finden könnte. Es war, als wäre er aus blauen und silbernen Strahlen gemacht, und der Baldachin war gewölbt und reichte auf beiden Seiten bis zu dem Wolkenpfad hinunter. Am anderen Ende des Baldachins war das starke Licht.

Jetzt sah ich aber dort niemanden und sprach auch mit niemandem, doch ich spürte, daß noch andere menschliche Wesen da waren. Und ich fühlte, daß sie richtig glücklich waren und sich schon freuten auf mein Kommen.

Ich aber schaute wieder ins Zimmer hinunter und sah die Ärzte und Schwestern mit der Patientin beschäftigt, die ich war. Diese Patientin, sah ich, rang nicht um Luft und schien sich eigentlich überhaupt nicht zu rühren.

Ein Priester kam herein und sagte: ›Ich will für ihre Seele beten.‹ An meinem Bettende stand eine Schwester aus einem anderen Stockwerk und sagte: ›Ich glaube nicht, daß sie durchkommt. Ein Jammer! Sie ist erst fünfundzwanzig.‹

Vom Gang her konnte ich jetzt ein leises Weinen wahrnehmen. Ich erkannte meinen Mann, der mit seiner Tante redete und zu ihr sagte: ›Was sag' ich bloß den Kindern?‹ Seine Tante, eine Krankenschwester, saß mit dem Rücken an die Wand gelehnt vornübergebeugt da und meinte: ›Dabei war sie so eine gute kleine Mutter.‹

Daß ich das alles sehen konnte, beweist, daß ich außerhalb meines Körpers war. Diese Leute befanden sich alle außerhalb des Zimmers und weiter hinten im Gang, waren für mich vom Bett aus also nicht zu sehen.

Ich wußte, daß dieser Körper der meine war, aber alles, was ich für ihn fühlte, war Mitleid. Ich versuchte den Leuten im Zimmer mitzuteilen, daß ich keine Schmerzen hatte und mir wünschen würde, sie könnten da oben bei mir sein. Dann tat ich einfach so was wie mich entspannen. Ich fühlte mich privilegiert, daß ich etwas sah, was sie weder verstehen noch sehen konnten.

Da fing auf einmal jemand an, mir mit ganzer Kraft auf den Brustkorb zu schlagen, und ich öffnete die Augen.

Mehrere Tage lang starrte ich daraufhin nur an die Decke. Ungefähr drei Tage ging das so, wie man mir später gesagt hat. Ich glaube, ich wartete darauf, wieder diese Sterne zu sehen, und darauf, daß sich diese andere Welt wieder auftat. Ich habe lange über das Erlebnis nachgedacht, aber ich wußte nicht, daß so was auch anderen passiert ist, bis ich dann am Radio davon erfahren habe. Es hat mich gefreut, daß es noch mehr so Leute gibt wie mich.«

Eine siebenundfünfzigjährige Frau

Die Kernerfahrung

Aber wir sollten doch die Frau, die Elvis im Licht gesehen hat, nicht ganz aus den Augen verlieren. Wie so ein Skeptiker meinte: »Wenn diese Erfahrungen echt sind und nicht bloß Träume, wie erklärt sich dann so etwas wie Elvis?« Oder Buddha? Wie läßt sich das Auftauchen von Schoßhündchen oder Grundschullehrern, die noch ganz lebendig sind, in NTEs von Kindern erklären? Auch so etwas kommt manchmal vor. Welche Erklärung kann man dafür finden?

Die Antwort auf dieses Rätsel fand ich bei genauem Hinsehen auf die Erlebnisse von Kindern. Einfach ausgedrückt lautet sie folgendermaßen: Die Nah-Todeserfahrung besteht aus einer Kernerfahrung (das Gefühl, den Körper zu verlassen, einen Tunnel hochzusteigen, Lichtgestalten zu sehen), die bei allen Altersstufen und Kulturen die gleiche ist. Zu dieser Kernerfahrung hinzu kommen dann sekundäre Ausschmückungen, Schilderungen diverser Details und Gestalten, die aus dem persönlichen und kulturellen Hintergrund des Betreffenden stammen. Hierbei handelt es sich um emotionale Archetypen, die vom Betrachter in das Erlebnis integriert wurden, damit es für ihn einen Sinn ergibt.

Wenn also die Frau aus dem Mittleren Westen Elvis sah, projizierte sie ihn wahrscheinlich in das helle Licht hinein, so wie andere es als Gott oder Buddha schildern oder aber es überhaupt nicht zu beschreiben vermögen. Die Kindheitsbegegnung mit Elvis hat ihr wohl dieselbe Ehrfurcht und Achtung eingeflößt, die sie empfand, als sie dann als Erwachsene dem Licht begegnete. Doch beweist die durchgängige Kernerfahrung, daß nicht das Erlebnis als Ganzes ausgeschmückt ist.

Nun möchte ich noch ein paar weitere Beispiele für kulturbedingte Ausschmückung anführen, zunächst solche aus anderen Kulturen, dann solche, die in meiner eigenen Studie zu finden sind.

Aus dem tiefsten Afrika

Dr. Nsama Mumbwe von der Universität von Sambia in Afrika ließen, nachdem sie *Zum Licht* gelesen hatte, diese Nah-Todeserfahrungen nicht mehr los. Sie fragte sich, ob NTEs lediglich ein amerikanisches Phänomen waren, das aufgrund der Verbreitung durch die Medien erst zu einem solchen wurde, und sie beschloß, sich innerhalb ihres eigenen Kulturraums auf die Suche nach Leuten zu machen, die so etwas selbst erfahren hatten. Sie fand anhand von Krankenakten und über Hinweise von Ärzten fünfzehn Personen, die eine Erfahrung in Todesnähe hinter sich hatten, darunter einen Zahnarzt, einen Lastwagenfahrer, einen Köhler, mehrere Hausfrauen, eine Großmutter und einen Bergarbeiter, also einen recht guten Querschnitt durch die Gesellschaft.

Alle Betroffenen hatten beinahe tödliche Krankheiten oder Unfälle hinter sich. Allen wurden Standardfragen zur Person gestellt, bevor sie dann ihr eigentliches Erlebnis schildern sollten. Anschließend hatten sie Fragen über ihre Vorstellungswelt zu beantworten und darüber Auskunft zu geben, was dieses Erlebnis demnach für sie bedeutete.

Die meisten dieser Leute hatten weder Fernseher noch Radio oder Zeitung. Es handelte sich um einfache Menschen, die noch nie etwas von einer Nah-Todeserfahrung gehört hatten und sich daher auch sicherlich keine ausdenken konnten. Und doch hatte jede der fünfzehn Versuchspersonen, die Dr. Mumbwe in Lusaka in Sambia ausfindig gemacht hatte, dasselbe Kernerlebnis wie Menschen mit einer Nah-Todeserfahrung aus anderen Teilen der Welt. Die Nah-Todeserfahrungen der Leute aus diesem fernen Dritte-Welt-Land waren die gleichen wie die der Teilnehmer an meiner Studie. Mir sind diese Fallstudien wiederum überzeugender Beweis dafür, daß es sich bei NTEs um tatsächliche Erfahrungen handelt, die so geschildert werden, wie sie wirklich abgelaufen sind, und keineswegs erfunden sind. Das heißt nicht, daß es nicht kulturbedingte Unterschiede gäbe. An den Fallstudien, die Sie gleich lesen werden, wird Ihnen auffallen, daß bei einigen davon die Betreffenden denken, jemand wollte ihnen bei ihrem Erlebnis einen bösen Zauber anhängen. Auch wenn die Erfahrung ganz denen glich, die wir in den Vereinigten Staaten aufzeichneten, haben doch viele dieser Afrikaner den Vorfall als etwas irgendwie Böses gedeutet. Für die Hälfte derer, die sich an dieser einfachen Studie beteiligten, bedeutete ihre Todeserfahrung, daß sie »verhext« worden waren oder es werden sollten. Eine weitere Person bezeichnete sie als »schlechtes Omen«. – Hier sind einige von Dr. Mumbwes hochinteressanten Fallstudien:

»Nach einem Unfall hatte ich einen gebrochenen Oberschenkel und eine Kopfverletzung und war einen Tag lang bewußtlos. Da dachte ich, ich wäre gestorben. Ich kam wohin, wo ich auf viele Leute in weißen Kleidern stieß – Kinder und Erwachsene. Von welcher Rasse die waren, konnte ich nicht rausfinden. Anscheinend waren sie sehr glücklich. Aber als ich da auftauchte, hörten sie auf mit dem Singen, und jemand sagte: ›Wir haben dich nicht erwartet hier. Tut uns leid!‹

Schnellstens machte ich kehrt und ging weg. Ich konnte hören, daß sie wieder mit dem Singen anfingen, nachdem ich ein gutes Stück weit weg war.
Ich glaube, daß jemand versucht haben muß, mich zu verhexen, mich aber für unschuldig befand.«

Ein fünfunddreißigjähriger Angestellter

»Ich wurde im Busch von einer Löwin angefallen. Hinter einem Strauch hatte ich ihre herrlichen Jungen entdeckt, und ohne mir viel zu denken, versuchte ich eins davon zu fangen. Plötzlich sprang mich die Löwin mit einem großen Satz von hinten an. Ehe ich wußte, was überhaupt geschah, hatte sie mir ihre Klauen in die rechte Brustseite geschlagen und fing an, mich zu zerreißen.
Zum Glück warf mein älterer Bruder, der dabei war, einen vergifteten Speer auf die Löwin. Er traf sie direkt in die Kehle. Sie sackte auf einmal zusammen und lag auf der Erde.
Mein Bruder kam zu mir her und verband die Wunde mit seinem Hemd, um die Blutung zum Stehen zu bringen. Er fragte mich, ob ich soweit okay war. Als ich gerade ja sagen wollte, merkte ich, wie ich in eine Art Trance fiel. Vor mir tat sich plötzlich eine Straße auf, und die schien endlos in den Himmel hineinzuführen. Und diese Straße war gesäumt von unzähligen Sternen, auch bis in den Himmel hoch.
Immer wenn ich versuchte, auf diese Straße zu kommen, dann versperrten mir diese Sterne den Weg. Ich stand da und wußte nicht, was ich machen sollte. Nach einer Weile verschwanden die Straße und die Sterne. Ich wachte auf und fand mich in einem Krankenhausbett wieder.
Ich glaube, es war ein schlechtes Omen, denn als mein Bruder

heimkam, traf er meine Mutter dort sehr krank an, und sie starb dann am nächsten Tag.«

Ein sechzigjähriger Lastwagenfahrer

»Ich habe einen Schlaganfall gehabt. Dabei hatte ich das Gefühl, ich werde in eine große Kalebasse [aus einem ausgehöhlten Flaschenkürbis hergestelltes Gefäß] mit einer großen Öffnung gesteckt. Aber irgendwie kam ich da nicht mehr raus. Dann sagte eine Stimme von irgendwoher zu mir: ›Sei tapfer. Nimm meine Hand und komm raus. Noch ist es nicht deine Zeit, zu gehen.‹
Nachdem ich noch eine Zeitlang dringesteckt war, schaffte ich es, selber rauszukommen.
Ich glaube, es hat mich jemand verzaubern wollen, stellte dann aber fest, daß ich eine unschuldige Seele war.«

Eine fünfundachtzigjährige Großmutter mit sechs Kindern

»Ich war drei Tage bewußtlos, als ich wegen Malaria behandelt wurde. Während dieser Zeit hatte ich ein Erlebnis: Ich sah zwei Leute, einen Mann und eine Frau. Sie sagten zu mir, daß es für mich noch nicht Zeit war, zu sterben, und daß ich wieder heim zu meinen Leuten gehen sollte und daß sie wiederkommen würden, um mich zu holen.
*Ich glaube, daß meine Zeit, zu sterben, noch nicht da war und daß jemand mich durch Zauberei töten wollte, aber diese zwei Leute haben es verhindert.«**

Eine fünfzigjährige Witwe mit drei Kindern

* Die Patientin starb Anfang Januar 1990. Wie die Schwester, die dabei war, berichtet, sprach sie bei ihrem Tod von zwei Leuten, die gekommen waren, um sie mitzunehmen.

»Ich war in meinem Haus im Dorf ohnmächtig geworden und wurde drei Tage lang für tot gehalten. Ich hatte Glück, daß man mich nicht beerdigt hat, aber man wollte warten, bis mein Sohn eingetroffen war.
Während dieser Zeit der Ohnmacht bin ich auf eine lange Reise gegangen. Ich hörte Leute in verschiedenen Sprachen reden. Aber ich habe nicht verstehen können, was sie gesagt haben.
Dann hat jemand in meiner eigenen Sprache – Bemba – mit mir geredet. Er hat gesagt: ›Du bist einen Tag früher gekommen, als wir dich erwartet haben. Geh doch bitte wieder zurück.‹ Später kam ich aus der Ohnmacht wieder zu mir.
Ich denke, meine Zeit, zu sterben, war noch nicht da.«

Ein sechzigjähriger Köhler

Diese Fälle von Dr. Mumbwe enthalten bestimmte kulturspezifische Überzeugungen. Einige der Betroffenen sprechen davon, daß sie zu einem Medizinmann gehen wollen, um so von dem Zauberbann befreit zu werden. Bei anderen wiederum ist es so, daß nicht sie der Überzeugung sind, daß Zauberkraft am Werk war, sondern ihre Familien. Wieder andere legen dem Vorgefallenen nichts Spirituelles bei, sondern sie sehen ihre Erfahrung so, als wären sie ins falsche Haus marschiert und man hätte sie gebeten, es wieder zu verlassen.
Und doch sind ihre NTEs, obwohl sie in einer ganz anderen Ecke der Welt leben, im wesentlichen die gleichen und weisen dieselben Kernelemente auf – wie die Reise durch den Tunnel, das Auftauchen weißgekleide-

ter Menschen usw. Wegen ihres anderen Kulturhintergrunds interpretieren sie diese allerdings anders.

Verhext und verstört

Auch hier bei uns kommt es vor, daß jemand auf solch ein Erlebnis hin wie verhext scheint oder, vielleicht besser gesagt, verstört wirkt. Dies trifft besonders dann zu, wenn eine Erfahrung in Todesnähe dem Glaubenssystem des Betreffenden zuwiderläuft.

Nehmen wir zum Beispiel Jamie. Sie war durch ihr Erlebnis sehr durcheinandergebracht. Ein Augenblick der Todesnähe stellte sich bei ihr infolge einer infektiösen Hirnhautentzündung ein. Das Fieber schnellte hoch, bis sie schließlich kein Lebenszeichen mehr von sich gab. Irgendwann wurde sie von einem Arzt wiederbelebt, der ihr nur noch eine Überlebenschance von 10 Prozent gab.

Während der Wiederbelebungsmaßnahmen trat sie aus ihrem Körper heraus und beobachtete die Ärzte und Schwestern, »wie sie alles mögliche mit mir anstellten«, womit sie wohl die lebensrettenden Prozeduren meinte.

Was dann geschah, schildert Jamie so: »Plötzlich wurde alles dunkel, und mir war angst. Ich schwebte hoch und war im Himmel. Dort war ein riesiger Regenbogen, und es waren auch Tote da. Wissen Sie, solche Leute, die darauf warten, geboren zu werden. Und ich habe mit Jesus gesprochen.«

Ich war neugierig. »Wie war denn Jesus?« fragte ich.

»Och, nett war der«, meinte sie. Dann sagte sie keinen Ton mehr. Ich sah ihr an, daß sie verstört war.
»Kannst du Jesus nicht etwas näher beschreiben?« fragte ich sie.
Dieser Bitte nachzukommen war ihr sichtlich unangenehm. Jesus, erzählte sie, war in einem sehr hellen Licht, das sie nur so beschreiben konnte, daß sie sich darin wohl fühlte. Er saß da, berichtete sie, mit rundem Bauch und rotem Hut und sah aus wie der Weihnachtsmann. Sie sah ihn und redete mit ihm genauso, wie sie jetzt mit mir redete, meinte sie. Er sagte zu ihr, daß alles wieder in Ordnung kommen würde und daß sie in ihren Körper zurückkehren und groß werden müsse. Nachdem er das gesagt hatte, fand sie sich im Krankenhaus wieder.
Ihr Erlebnis kam mir eigentlich recht positiv vor. Normalerweise sind Kinder, wenn sie eine solche Geschichte erzählt haben, ganz locker, aber Jamie hatte das Erlebnis offenbar erschreckt. Ihre Mutter war ja mit ihr zu mir gekommen, weil Jamie seit ihrer Nah-Todeserfahrung launisch und verschlossen war. Und jetzt in diesem Augenblick schien sie geradezu verschreckt.
Ich hakte nach. »Warum ist dir so angst?« fragte ich.
»Weil ich im Himmel war und Jesus gesehen habe«, platzte sie heraus. »Ich habe gedacht, daß man eigentlich mit Jesus nicht sprechen kann. Und wenn ich wirklich im Himmel war, warum bin ich dann zurückgekommen? Daß man den Himmel sieht und immer noch lebt, das, habe ich gedacht, kann eigentlich nicht sein.«
Sie saß ein paar Sekunden einfach so da und stieß dann direkt zu der allerwichtigsten Frage vor. »War das echt?«

wollte sie wissen. »Ist mir das wirklich passiert? Es kam mir gar nicht wie ein Traum vor. Mir kam das so wirklich vor wie nur was. Ich bin doch ganz wirklich im Himmel gewesen und habe mit Jesus geredet – oder nicht?«

Ich versicherte ihr, daß es kein Traum war und daß sie ganz normal war. Sie würde sich nur klar entscheiden müssen, was für sie dieses Erlebnis bedeutete.

Sie entspannte sich zusehends. Ihr war sehr bewußt, daß viele Elemente ihrer Todeserfahrung nicht mit dem übereinstimmten, was sie im Kindergottesdienst gehört hatte. Zum einen zeigten die Bilder von Jesus, die sie in der Kirche hängen sah, ihn nicht mit einem roten Hut und einem runden Bauch wie den Weihnachtsmann. Zum anderen hatte sie dort gelernt, daß man in den Himmel kommt, wenn man stirbt. Warum also hatte sie dort Leute gesehen, die demnächst geboren werden. Obwohl sie erst sieben war, hatte sie durchaus kapiert, daß Menschen, die mit Gott reden, in unserer Gesellschaft für verrückt gehalten werden. Daß ihr Todeserlebnis ihren religiösen und kulturellen Vorstellungen nicht entsprach, genau das war es nämlich, was es so beunruhigend machte!

Jamies Erlebnis war mit bestimmten kulturbedingten Ausschmückungen versehen. Vielleicht empfand sie angesichts des Lichts dieselbe Aufgeregtheit und zugleich denselben Trost wie dann, wenn sie in Büchern Bilder von Jesus ansah oder wenn sie in einem Kaufhaus beim Weihnachtsmann auf dem Schoß saß. Vielleicht wurde der Trost, den sie spürte, irgendwie bildhaft auf das mystische Licht projiziert, das sie so ganz umfangen hielt.

Vielleicht war auch das, was sie sah, ein Teil einer Lebensrückschau, in der Schnipsel aus ihrem Leben auftauchten, die sie nicht richtig erkannte. Vielleicht hat sie eine Lebensrückblende erlebt und konnte sie nur nicht als solche identifizieren, weil sie sich mit Nah-Todeserfahrungen nicht auskannte.

Ein unverwechselbarer Fingerabdruck

Von manchen Leuten werden immer und ewig Zweifel, Fragen, Einwände kommen. Ich aber bin überzeugt davon, daß NTEs echt sind. Zudem läßt sich sagen, daß die Nah-Todeserfahrung bei einem Menschen einen unverwechselbaren Fingerabdruck hinterläßt, wie ihn keine andere Erfahrung – vor allem nicht Träume und Halluzinationen – in derselben Weise bewirken kann. Eine Nah-Todeserfahrung, insbesondere das Erlebnis, das mystische Licht zu sehen, verändert das Leben für immer. Solche Veränderungen kann man nicht erfinden.

Doch gibt es bei NTEs über die Kernerfahrung hinaus einige kulturelle Varianten. Besonders in den gängigen Elementen wie beim Verlassen des Körpers, beim Anblick engelgleicher Wesen oder toter Verwandter, beim Lebensrückblick und dem Erleben des warmen und liebenden Lichts scheint oft ein Element aus dem jeweiligen Kulturkreis des Betreffenden auf.
In Japan hat die Untersuchung von 400 Nah-Todeserfahrungen ergeben, daß viele dort lange, dunkle Flüsse und

wunderschöne Blumen sehen. Indern erscheint der Himmel oft als eine ins Riesenhafte gewachsene Bürokratie, und häufig werden sie mit der Begründung zurückgeschickt, es sei ein Schreibfehler unterlaufen. Amerikaner und Engländer werden gewöhnlich aus Liebe heimgeschickt oder weil sie noch etwas erledigen müssen, während die Eingeborenen Mikronesiens berichten, daß der Himmel, den sie sehen, einer großen, hell erleuchteten amerikanischen Stadt mit laut lärmenden Autos und hohen Gebäuden gleiche.

Handelt es sich hierbei nun um jeweils andere Erfahrungen? Im ganzen gesehen, nein. Der Grund für die variierende Deutung liegt darin, daß es sich bei Nah-Todeserfahrungen letztlich um mystische Erfahrungen handelt, die sich nicht wiedergeben lassen. Dieses helle Licht, das im Augenblick des Todes auf uns zukommt, und die Ereignisse, die dazu hinführen, unterscheiden sich von allen unseren bisherigen Erfahrungen. Was Menschen bei NTEs sehen, sind keine abstrakten Bilder. Es sind klar und eindeutig Tunnels und Lichtwesen. Aber es handelt sich eben auch um eine andere Realität. Und aus diesem Grund fällt es uns Menschen schwer, zu erklären, was uns widerfahren ist, und wir müssen dabei auf das einzige Hilfsmittel, das wir haben, zurückgreifen: Worte und die Welt, so wie wir sie kennen. Und manchmal können wir nicht einmal das.

Dies läßt sich besonders gut im Fall eines sechsjährigen Mädchens zeigen, das nicht sprechen konnte, aber trotzdem sein Nah-Todeserlebnis den Eltern erzählte.

Die Sechsjährige hatte einen Autounfall, wobei sie sich

schwere Kopfverletzungen zuzog. Durch die Hirnverletzung war ihr die Kontrolle über die Zunge nicht mehr möglich, und ihre Schluckfähigkeit war beeinträchtigt. Zu diesen Schwierigkeiten kam noch ein Luftröhrenschnitt hinzu, der ihr das Atmen erleichtern sollte, was zusammen dazu führte, daß sie nicht mehr sprechen konnte. Sie verstand jedoch alles, was man zu ihr sagte.
Bald nach dem Unfall wollte sie unbedingt, daß ihre Eltern mit ihr in die Krankenhauskapelle gingen. Dort zeigte sie auf ein Bild von Jesus, das gerahmt an der Wand hing. Dann wies sie auf einen Lichtstrahl, der durch ein halboffenes Fenster hereinkam. Sie klatschte und lächelte und zeigte auf den Lichtstrahl und auf Jesus. Sie spielte ihren Eltern in einer Pantomime vor, wie sie einen langen Tunnel hinuntersauste.
Dieses Kind hatte eindeutig eine Nah-Todeserfahrung erlebt und zeigte dies seinen Eltern auf lebendige und unmißverständliche Weise. Obwohl manche in seiner Darstellung vielleicht nur eine Fülle von sekundären Ausschmückungen sehen werden, vermochte es das kleine Mädchen sehr wohl, das auszudrücken, was es mitteilen wollte.

6 Die Schaltstellen der Mystik

> »Mystisches Bewußtsein ist ein Zustand der Einsicht in die tiefste Wahrheit, die der diskursive Intellekt nicht auszuloten vermag.«
>
> *William James*

Einmal begegnete ich einem Mann, der durch ein Erlebnis als Soldat im Vietnamkrieg tief verunsichert war. Ich konnte ihn einfach beruhigen, indem ich feststellte, daß er keine Armbanduhr trug. Hier zunächst sein Erlebnis:

»Ich wurde durch ein Schrapnell verwundet und fiel bewußtlos in den Schlamm. Ich lag mit dem Gesicht flach auf der Erde und kriegte kaum noch Luft. Aber was vor sich ging, wußte ich schon. Ich blutete und war benommen (wahrscheinlich stand ich unter Schock), aber statt daß das Ganze quälend war, empfand ich es als sehr friedlich. Ich spürte eine große Ruhe – eigentlich sehr verwunderlich, wo doch gerade zuvor der Kampf noch im Gange gewesen war.

Da, mitten im Dreck, war in mir ein Gefühl von ungeheurem Frieden. Dann plötzlich glitt ich aus meinem Körper heraus und schaute mich von außen an. Ich sah meine Wunden in der Magengegend, das Blut, meine verdreckten Haare, doch um mich selber machte ich mir keine Gedanken, dafür aber um meine Familie. Ich wollte nicht, daß sie mich so liegen sahen, ganz blutverschmiert und ganz dreckig. Mir war traurig zumute, wenn ich daran dachte, daß meine Mutter mich so sehen könnte, aber ansonsten war ich nicht übermäßig besorgt, wenn man denkt, in welcher Situation ich mich da befand.

Aus dem Augenwinkel heraus sah ich zwei Gestalten. Es waren zwei, die ich kannte. Sie waren auch gefallen, aber sie waren genau wie ich nicht in ihrem Körper. Sie gingen davon. Sie bedeuteten mir, ich solle doch mitkommen, aber mir tat es leid um meine Mutter, und ich hatte das Gefühl, ich konnte meinen Körper nicht zurücklassen. Sie nickten mir zu. Sie schienen zu wissen, was in mir vorging, und winkten mir zum Abschied herüber. Dann sah ich einen Doktor meinen Kopf herumdrehen, so daß mein Gesicht nun nach oben schaute. Mit einemmal war ich in meinem Körper und atmete wieder.«

Obwohl diese Erfahrung all die Jahre hindurch nachhaltige Auswirkungen auf ihn gehabt hatte, versuchten ihm viele einzureden, daß sie nichts Reales war. Sein Bruder meinte, es sei ein böser Traum gewesen, auch wenn er sein Erlebnis nie negativ geschildert hatte. Einige Freunde verhielten sich so, als hätte er das alles erfunden. Seine Frau drohte ihm sogar einmal damit, ihn zu verlassen, wenn er nicht aufhörte, über das Geschehene zu reden. Sie behauptete, er sei wie verwandelt, er komme ihr vor wie jemand, der sich auf die geistige Suche begeben habe, um seine Erfahrung zu verstehen.

Er ging zu einem Arzt, der ihn untersuchte und der sich darauf versteifte, daß seine Verwundung nicht gravierend genug gewesen sei, um ihn in Todesnähe zu bringen. In meinen Augen ist diese Art zu argumentieren unsinnig. Alle Ärzte, die in der Notfallmedizin im Einsatz sind, werden einem sagen, daß es sich extrem schwer vorhersagen läßt, wer auf die klinische Behandlung hin überlebt und wer nicht. Bei manchen Patienten scheint es sicher, daß sie sterben, und statt dessen werden sie gegen alle Erwartung wieder völlig gesund. Anderen indes scheint es besserzugehen, doch plötzlich wendet sich ihr Befinden zum Schlechteren, und sie sterben doch. Eine der sonderbaren Gegebenheiten der Intensivstation ist es, daß bei dem Patienten, der während der Morgenvisite am wenigsten Anlaß zur Sorge gab, die Wahrscheinlichkeit am größten ist, daß er abends »zusammenklappt«. Schon wenn wir Ärzte danebenstehen, fällt es schwer abzuschätzen, wer nun stirbt und wer nicht. Mit um so größerer Bestimmtheit läßt sich behaupten, daß niemand, der nachträglich Krankenakten sichtet, eine Aussage darüber treffen kann, wer nun dem Tode nahe war und wer nicht. Dieser Mann war verwundet, ihm war schwindlig, und er war dabei, im Schlamm zu versinken, ein Zusammentreffen von Faktoren, die mir einen Beinahe-Tod nahezulegen schcinen. Jetzt war sein Leben durcheinandergeraten. Es plagten ihn ohnehin schon Schuldgefühle, daß er noch lebte, während seine Kameraden um ihn herum gefallen waren. Und er fragte sich ohnedies, wie so viele Leute in seiner Situation, ob sein Erlebnis echt war. Mußte man ihn da noch zusätzlich damit quälen, daß man sich seine Verwundungen ansah und erklärte, er sei dem Tod überhaupt nicht unmittelbar nahe gewesen? Was ihm widerfahren war, stand so sehr im Gegensatz zu den Überzeugungen seiner Umwelt, daß er ständig gezwungen war, seine lebendige und reale Erfahrung selbst abzuwerten, diese Erfahrung, die sich aus einer Mischung aus Entsetzen, Trauer, Schuld und wundersamer Spiritualität zusammensetzte. Kurz gesagt, er befand sich in einer seelischen Notlage.

Der Mann war in Bedrängnis, und das hatte ihn zu mir gebracht. Mein Rat war ganz einfach: Werten Sie Ihre Erfahrung nicht ab, und lassen Sie sie nicht von jemand anderem miesmachen. Ich erzählte ihm von Eltern, bei denen, nachdem sie sich die Todeserfahrung ihres Kindes angehört hatten, der eine Elternteil darauf zum anderen sagte: »Vergiß es! Er hat ja schon immer viel Phantasie gehabt.«

Eine derartige Reaktion ist erniedrigend und grausam. Alle mystischen Erfahrungen stehen im Gegensatz zur »realen Welt«. Das liegt in ihrer Natur. Sie abzuwerten ist zynisch, ja zeugt von Ignoranz.

»Sie sind mit Sicherheit nicht verrückt, und das Erlebnis ist mit Sicherheit passiert«, sagte ich zu ihm. »Schauen Sie sich diese Erfahrung an, sie hat Ihnen was zu sagen, schauen Sie nicht weg!«

Ich war mitten in meiner besten Rhetorik, als mir etwas auffiel: Dieser Mann trug keine Uhr! Sofort gingen meine Gedanken in eine andere Richtung: »Warum tragen Sie keine Uhr?« fragte ich ihn.

»Ich weiß nicht«, entgegnete er. »Um die Wahrheit zu sagen, sie funktionieren bei mir nie. Sie bleiben einfach immer stehen.«

Mehr brauchte ich gar nicht zu wissen, um ihm versichern zu können, daß sein Erlebnis eindeutig etwas ganz Reales war. Ich weiß zwar nicht, ob es ein Leben nach dem Tode gibt, und ich weiß auch nicht, wo die Kameraden des Vietnamkämpfers hingegangen sind, nachdem sie zum Abschied gewinkt haben. Doch was ich weiß, ist, daß ein Viertel aller Erwachsenen, die als Kinder eine Todeserfahrung überlebt haben, sagen, daß sie keine Uhren tragen können. Der Grund dafür? Sie bleiben einfach immer stehen.

Wenn einem Viertel eines an einer Studie beteiligten Personenkreises auf rätselhafte Weise die Uhren stehenbleiben, dann ist das erstaunlich, besonders bei einem Vergleich mit den anderen untersuchten Gruppen. Nur 4 Prozent der Durchschnittserwachsenen – die, die nie eine Nah-Todes- oder eine paranormale Erfahrung gemacht haben – stellen fest, daß sie keine Uhren tragen können, ohne daß sie stehenbleiben. 4 Prozent von denen, die in der Kindheit schwere Krankheiten durchgemacht haben, können keine Uhren tragen, ohne daß sie ihnen kaputtgehen, während es von denen, die spontane außerkörperliche Erfahrungen hinter sich haben, 2 Prozent sind, die erkennen, daß sie keine Uhren tragen können.

Diesen auffälligen direkten Zusammenhang entdeckten wir über eine einfache Frage, die wir im Rahmen der Studie stellten: »Haben Sie Probleme mit dem Tragen von Uhren oder Probleme mit Lampen und elektrischen

Geräten?« Diejenigen, die mit Ja geantwortet haben, wurden darüber befragt, welcher Art ihre Probleme damit waren. Ein Mann hatte sich innerhalb der letzten fünf Jahre drei Uhren gekauft, mit dem Erfolg, daß eine nach der anderen ihren Geist aufgab. Das Bemerkenswerte daran war, daß sie ohne Reparatur wieder gingen, sobald er sie einem seiner Söhne gab. Ein anderer Mann hat seine 200-Dollar-Uhr immer irgendwo in der Schublade seiner Frisierkommode liegen. Er findet es sonderbar, daß die Uhr stehenbleibt, wenn er sie anzieht, aber wunderbar geht, wenn sie in der Schublade liegt. »Da muß irgend etwas mit den Batterien nicht stimmen«, meinte er.

Ich glaube ja nicht, daß es an den Batterien liegt, mit denen etwas nicht stimmt. Nach wissenschaftlicher Untersuchung von Hunderten dieser Erfahrungen bin ich davon überzeugt, daß es die NTEs sind, die die elektromagnetischen Kräfte, die unseren Körper umgeben und in jeder einzelnen Zelle wirksam sind, auf subtile Weise verändern. Diese Veränderung reicht so tief, daß sie Einfluß hat auf so etwas wie die Persönlichkeit, auf Angstreaktionen, die Fähigkeit zu übersinnlichen Erfahrungen und eben auch auf die Fähigkeit, eine Uhr zu tragen.

Eine gewaltige innere Kraft

Dieses elektromagnetische Kraftfeld gehört nicht in den Bereich der Science-fiction. Es wurde schon dazu eingesetzt, gebrochene Knochen zu heilen und sogar – bei bestimmten Tieren – Gliedmaßen nachwachsen zu lassen. Man hat auch Zusammenhänge gesehen zwischen Veränderungen innerhalb solcher elektromagnetischer Felder und dem Wuchern von Tumoren sowie ihrer Rückbildung. Diese Kraft wird von vielen Fachleuten als vielversprechender neuer Weg in der Behandlung von Krebs gesehen. Die medizinische Wissenschaft hat sie mit Hilfe empfindlicher Geräte sichtbar gemacht. Überdies bedient man sich dieser Kraft auch bei einer ganz neuen Generation von Geräten, die Bilder liefern und mit deren Hilfe wir uns das Herz und andere Organe anschauen können, ohne Röntgenstrahlen einzusetzen oder jemanden aufzuschneiden. Die Funktionsweise solcher Geräte beruht auf dem Aufspüren geringfügigster Veränderungen innerhalb dieses Kraftfeldes, die dann in Bilder mit der Schärfe von Fotos umgesetzt werden.

Dieses subtile Kraftfeld vermögen manche sogar wahrzunehmen, wenn sie über die Aura – die Strahlung, die Menschen umgibt – berichten. Mit Sicherheit kann es mit Röntgengeräten sichtbar gemacht werden, und es wurde auch schon von einer Reihe von Radiologen fotografisch festgehalten. Einige Forscher experimentieren nun mit der Wirkung dieses Kraftfeldes auf die Persönlichkeit, das Denken und die Emotionen. Manche Wissenschaftler behaupten sogar, daß sich durch Veränderung des Kraftfeldes Süchte und Phobien heilen lassen. Genau damit arbeiten einige Psychologen mit Erfolg in ihrer Praxis. Meine Überzeugung ist, daß dieses ebenso subtile wie starke elektromagnetische Feld sich durch eine Nah-Todeserfahrung dauerhaft verändert. Das Feld steht in Wechselwirkung mit dem Körper und fungiert als zweites Nervensystem. Nach nicht unbeträchtlicher Forschungsarbeit, deren Ergebnisse ich Ihnen nicht vorenthalten möchte, kann ich mit Bestimmtheit sagen, daß elektromagnetische Veränderungen für die bei den Nah-Todeserfahrenen beobachteten Transformationen verantwortlich sind. Menschen mit einer NTE sind mit einem Wort »neu vernetzt«.

NTEs verändern unser Ich-Gefühl, das innere Bewußtsein, jene Seite in uns, die wir als einmalig ansehen. Das zeigt sich auf vielerlei Weise: verminderte Angst vor dem Tod, geringeres Verlangen nach materiellen Gütern, ausgeprägtere Geistigkeit, gelegentlich vorkommende heilerische Fähigkeiten sowie diverse weitere paranormale Erfahrungen. Bei einer großen Zahl von Leuten geht die Veränderung so tief, daß ihre neue elektromagnetische Signatur Uhren glatt stehenbleiben läßt.

Wie läßt es sich erklären, daß ein Lichterlebnis angesichts des Todes etwas so Absonderliches zur Folge haben kann wie die Unfähigkeit, eine Uhr zu tragen? Und warum widerfährt dies nur denen, die beinahe gestorben wären? Um dies zu verstehen, müssen wir uns zunächst die innerhalb der Physik wie auch der Medizin erzielten erstaunlichen Forschungsergebnisse in bezug auf die Rolle des Elektromagnetismus in unserem Leben näher ansehen.

Die in diese Richtung gehende Forschung wurde größtenteils in den letzten zwanzig Jahren geleistet, und sie trägt dazu bei, viele der Geheimnisse unserer Welt zu erklären.

Zweihundert Jahre lang hingen wir der Vorstellung an, das Universum gehorche den Gesetzen der Mechanik. Für Isaac Newton glichen die Planeten Billardkugeln, die präzise und vorhersagbar umeinander kreisten.
In gleicher Weise beruhte die moderne Medizin auf dem Verständnis chemischer und molekularer Vorgänge, die sich in unserem Körper abspielen. Wie beim Universum werden Atome und Moleküle auch im wesentlichen als Billardkugeln gesehen, deren Interaktionen die biologischen Abläufe im Leben bestimmen.
Diese wunderbare Sicht hat es uns ermöglicht, die Funktionsweise des menschlichen Körpers zu verstehen. Arzneien sind aus Molekülen zusammengesetzt, die auf vorhersehbare Weise zusammenwirken und Keime und Viren abtöten. Inzwischen können wir sogar Gene verändern, um angeborene Defekte auszumerzen, die Teil unserer genetischen Ausstattung sind.
Moleküle, die unseren Körper ebenso wie das Newtonsche Universum ausmachen, setzen sich aus Atomen zusammen, die auf eine bestimmte voraussagbare Weise einander umkreisen. Jedes Molekül ist ein Universum in sich. Diese Moleküle stehen in Verbindung miteinander und wachsen zu größeren Einheiten mit spezieller Funktion zusammen, um so die Menschen und alles, was uns umgibt, zu bilden. Zum Beispiel ist das Papier, auf das

diese Seite gedruckt ist, zwar so fest, wie es ausschaut, setzt sich aber aus Milliarden winzig kleiner Moleküle zusammen, die ihrerseits aus unzähligen Atomen bestehen. Und diese wiederum bestehen aus Elektronen, Neutronen und Protonen.

Dies war die allgemein akzeptierte Sicht der Dinge – bis vor etwa fünfzig Jahren. Dann entdeckte die Wissenschaft eine noch kleinere Welt als die der Elektronen. Für diese kleinste Welt prägte sie den Begriff Welle-Teilchen-Dualismus. Laut dem Astrophysiker Stephen Hawking funktioniert diese Mikrowelt so: Als die Physiker das Atom in immer noch kleinere Teilchen spalteten, entdeckten sie zu ihrer Überraschung, daß in der Natur kein letztes »winziges Teilchen« existiert. Vielmehr sind Kräfte wirksam, die sich am ehesten als elektromagnetische Wellen oder als Licht bezeichnen lassen. Diese Lichtquanten fungieren als Grundbausteine für alles. Was sich dieser Theorie entnehmen läßt, ist, daß alles, was wir als real ansehen, in Wirklichkeit in »simples« Licht zerfällt, in allen seinen unterschiedlichen Wellenlängen. Dieselbe Botschaft kam von vielen Nah-Todeserfahrenen der Studie. Ein Patient zum Beispiel sagte: »Ich konnte das Licht in allen meinen Zellen und im Universum sehen. Ich sah, daß jenes Licht Gott war.«

Obwohl diese Theorie wie reines Wissenschafts-Chinesisch klingt, insbesondere für jeden, der sich schon einmal die Zehen an einem festen Gegenstand angehauen hat, führte sie zu vielen der wissenschaftlichen Fortschritte des Computerzeitalters.

Zum Beispiel liefern die obenerwähnten »Bildgeräte«

Bilder von Körperteilen, indem sie ihre unverwechselbare elektromagnetische Signatur sichtbar machen. Diese Instrumente benötigten einst Radioaktivität, damit sie in uns hineinschauen konnten. Jetzt sind viele davon so empfindlich, daß sie sich einfach des natürlich vorkommenden Elektromagnetismus bedienen können.

Wenn jemand vor zwanzig Jahren vorhergesagt hätte, daß Röntgenstrahlen einmal durch Instrumente ersetzt werden würden, die die natürliche magnetische Resonanz lebender Zellen ermitteln, wäre er ausgelacht worden. Doch jetzt zuckt niemand mehr mit der Wimper, wenn von so etwas die Rede ist. Es ist, wie Stephen Hawking sagt: »Wir sind zu der Erkenntnis gelangt, daß sich Ereignisse nicht mit vollkommener Genauigkeit voraussagen lassen, sondern daß es immer einen gewissen Unsicherheitsfaktor gibt. Wenn man will, kann man diese Unsicherheit dem Eingreifen Gottes zuschreiben.«

Unser duales Nervensystem

Wir Menschen haben ein duales Nervensystem: eines, das die Nervenimpulse ausmachen, und eines, das elektrische Ströme bilden. Die Art und Weise, wie diese elektromagnetischen Kräfte in Wechselwirkung zur Welt stehen, ist hinreichend dokumentiert. Vögel zum Beispiel haben im Gehirn empfindliche Magneten, mit denen sie die elektromagnetischen Felder der Erde wahrnehmen, und diese Informationen verwenden sie wie einen Kompaß, der ihnen die Richtung angibt. Fische verfügen über elektromagnetische Sensoren, mit deren Hilfe sie sich am Meeresgrund orientieren und die ihnen sagen, wo oben und unten ist. Viele Fische haben elektromagnetische Sensoren, um damit andere Fische zu orten. Zitteraale können nicht nur die elektromagnetischen Felder anderer Fische wahrnehmen, sie können sich sogar ihre eigene elektromagnetische Energie nutzbar machen, um anderen Fischen einen elektrischen Schlag zu versetzen und sie zu betäuben. Die meisten Tiere haben im Gehirn einen Bereich, der elektromagnetische Kräfte orten kann. Der Salamander hat zwei solcher Organe, die er zur Navigation einsetzt. Und auch die Menschen haben eines: einen Bereich hinter den Siebbeinhöhlen, der von Dr. Robin Baker von der University of Manchester in England entdeckt wurde.

Die Fähigkeit, elektromagnetische Felder wahrzunehmen, hat wichtige klinische Auswirkungen. Sonnenstürme, bei denen es zu explosionsartigem Freiwerden von elektromagnetischer Strahlung kommt, haben nachweislich derartigen Einfluß auf menschliches Verhalten, daß daraufhin mehr Menschen als sonst in psychiatrische Krankenhäuser eingeliefert werden. Wie der Forscher Frank Brown vom meeresbiologischen Forschungsinstitut Woods Hole aufgezeigt hat, sind natürliche Biorhythmen, Schlafzyklen und Verhaltensmuster sämtlich von den Magnetfeldern der Erde beeinflußt.

Sogar bei Krebs ließ sich nachweisen, daß er manchmal durch nicht körpereigenen Elektromagnetismus verursacht – und geheilt – werden kann. In einer ernüchternden Studie führte Dr. Nancy Westheimer von der University of Colorado den Nachweis, daß 20 Prozent der Krebsfälle bei Kindern durch Kraftfelder ausgelöst wurden, die von Hochspannungsleitungen herrührten. Das Gesundheitsministerium des Staates New York hat eine eigene Studie über Stromleitungen durchgeführt und ist zu denselben Schlußfolgerungen gekommen. Dr. Wendell Winters von der University of Texas hat aufgezeigt, daß der von Stromleitungen ausgehende Elektromagnetismus das menschliche Immunsystem beeinträchtigt und das Wachstum mancher Krebsarten anregt. Und Dr. Marjorie Speers von derselben Universität dokumentierte, daß bei Arbeitern, die Wartungsarbeiten an Stromleitungen durchführen und dabei deren magnetischen Feldern ausgesetzt sind, ein um das Dreizehnfache vermehrtes Auftreten von Gehirntumoren zu beobachten ist.

Der von Stromleitungen herrührende Elektromagnetismus wurde auch in Zusammenhang gebracht mit einem Anwachsen der Selbstmordrate und einer Abnahme der Ausschüttung der Neurotransmitter Serotonin und Dopamin, die unter anderem für die Steuerung von Schlaf und Stimmung zuständig sind. Dr. José Delgado hat die Rolle, die der Elektromagnetismus bei der Beeinflussung der Stimmung spielen kann, auf dramatische Weise demonstriert, als er einem Stier eine Elektrode ins Gehirn implantierte. In einer landesweit ausgestrahlten Fernsehsendung brachte er den Stier mitten im vollen Lauf zum Stehen, indem er mit einem Handsender Signale an die Elektrode sandte. Die dadurch in der chemischen Zusammensetzung des Gehirns bewirkte Veränderung verwandelte den rasenden Bullen in ein sanftes Kätzchen.

Durch einen ähnlichen elektromagnetischen Reiz vermochte er auch Affen in Wut oder in Schlaf zu versetzen.

Heilung durch das Licht

Einen Fall, der das Heilpotential des Lichts anschaulich macht, liefert uns die neununddreißigjährige – von mir so genannte – Janet aus unserer Studie. Sie gehörte nicht zu der Untersuchungsgruppe, die eine Nah-Todeserfahrung aufzuweisen hatte, sondern zu denen, die unter starker Streßeinwirkung ein mystisches Lichterlebnis gehabt hatten. Die Diagnose hatte bei ihr gelautet: Basalzellkarzinom, eine Form von Hautkrebs. Sie hatte krankhafte Gewebeveränderungen auf der Nase, und die Ärzte bestanden darauf, diese sofort zu entfernen. Hier ihr Erlebnisbericht:

> *»Ich war in einem nie zuvor erlebten Zustand tiefster Depression und Verzweiflung.*
> *Zwei Nächte vor der Operation wurde ich durch ein helles Licht, das mir in die Augen schien, aus dem Schlaf gerissen. Ich machte die Augen auf und sah eine große Lichtkugel etwa anderthalb Meter vor mir schweben. Das Licht in ihr rotierte langsam von links nach rechts. Diese Kugel sprach mich an: ›Du hast doch nicht etwa Angst?‹*
> *Der Anblick dieses Lichts machte mich furchtlos, ja in mir war ein ganz unglaublicher Friede, wie ich ihn noch nie gekannt hatte. Wer auch immer da mit mir sprach, wußte um all meine Probleme und Ängste. Aller seelische Druck fiel von mir ab.*

Plötzlich ging das Licht durch mich hindurch. Es prallte nicht an mir ab und wurde zurückgeworfen oder so was. Es ging direkt durch mich hindurch. Und dabei erfüllte es mich mit einer bedingungslosen Liebe, die so vollkommen und stark war, daß ich eigentlich neue Worte erfinden müßte, um sie zu beschreiben.
Ich bat darum, von meinem Krebs befreit zu werden. Ich betete tatsächlich. Und das Licht sagte zu mir, daß das, was wir für ein Gebet halten, eher ein Sichbeklagen ist und daß wir häufig für etwas bestraft werden wollen, was wir in Zukunft gleich wieder tun werden.
Es forderte mich auf, an meinen schlimmsten Feind zu denken, und das machte ich. Dann sagte es, ich sollte meinem schlimmsten Feind alles Licht in mir schicken. Das tat ich, und da schoß plötzlich Licht aus mir hervor und kam wieder zurück, als wäre es von einem Spiegel reflektiert worden. Ich wurde mir jeder Zelle meines Körpers bewußt. Ich konnte jede Körperzelle sehen. Es war der Klang und der Anblick des Lichts, das aus meinem Sein strömte. Ich weinte und lachte und zitterte, versuchte ruhig zu werden und tief Luft zu holen. Als ich mich schließlich wieder gefangen hatte, meinte das Licht: ›Jetzt hast du das erste Mal in deinem Leben gebetet.‹«

Dieses Lichterlebnis fasziniert mich aus mehreren Gründen. Zuallererst deshalb, weil Janets Krebs verschwand. Und es ist außergewöhnlich selten, daß ein Basalzellkarzinom einfach verschwindet.
Obwohl noch niemand nachgewiesen hat, daß der Einsatz von Magnetfeldern zur Heilung von Krebs führen kann, ist die Feststellung, daß ein Zusammenhang zwi-

schen Veränderungen im elektromagnetischen Feld eines Körpers und dem Wachstum und der Rückbildung von Krebs besteht, sicherlich wissenschaftlich korrekt.
Auf eine Weise genauso wichtig scheint mir, daß diese Erfahrung die Realität mystischen Erlebens bezeugt. Durch den Streß und die Angst vor ihrer lebensbedrohlichen Situation stellte Janet direkten Kontakt her zu den im rechten Schläfenlappen gelegenen Schaltstellen der Mystik. Das ist der Bereich, der durch eine Nah-Todeserfahrung ebenso wie durch andere mystische Erfahrungen, wie Janet eine hatte, aktiviert wird.
Ich bin fest davon überzeugt, daß sich durch die Angst und den Streß, die dem gleichen, was Menschen am Rande des Todes erleben, die elektromagnetischen Kräfte dieser Frau veränderten und sich damit auch das Krebsgewebe spontan zurückbildete.
Elektromagnetismus, der nicht aus unserem eigenen Körper kommt, läßt sich einsetzen, um Knochenbrüche zu heilen. Dr. Robert Becker, ein orthopädischer Chirurg und Professor für Medizin an der Syracuse University in New York, hat Pionierarbeit geleistet beim Einsatz von elektromagnetischen Kräften, um damit die Heilung von Brüchen, die anders nicht heilen wollen, zu unterstützen. Er konnte so Brüche bei Tausenden von Patienten heilen, die sonst auf Dauer behindert geblieben wären. Interessanterweise wurde Elektrizität zum ersten Mal im frühen 19. Jahrhundert eingesetzt, um Knochenbrüche zu heilen. Da dies aber der traditionellen Auffassung von Medizin widersprach, bediente sich niemand mehr wirklich der heilenden Eigenschaften der Elektrizität, bis

dann Becker das Interesse daran in den letzten zwei Jahrzehnten wieder neu belebte.
Becker und anderen gelang es außerdem, elektrische Ströme dazu einzusetzen, um unter Laborbedingungen mit Hilfe sorgfältig überwachter Strommengen ganze Gliedmaßen bei Mäusen und Salamandern wieder nachwachsen zu lassen. Es gibt in der medizinischen Literatur auch einige Fälle von spontaner Regeneration von Körperteilen, die ohne äußeren Reiz von selbst wieder nachwachsen.
Ein Beispiel dafür sind die Berichte des »Fliegenden Ärztedienstes« in Australien, laut denen Ärzte beobachtet haben, daß bei Kindern Finger wieder nachgewachsen sind, die bei einem Unfall abgetrennt wurden. Sie stellten fest, daß ein Finger, wenn sie den Stumpf des abgetrennten Fingers säuberten und offenließen, manchmal innerhalb von Wochen wieder nachgewachsen war, und zwar mit einem neuen Knochen und einem Fingernagel. Wenn sie die Wunde jedoch zunähten, dann bildete sich das Glied nicht wieder neu.
Becker und auch andere schreiben diese Regeneration den körpereigenen elektromagnetischen Kräften zu, die sie als eine Art Steuerzentrale ansehen.

Dr. Becker hat in seiner Arbeit über Salamander brillant nachgewiesen, daß Regeneration von elektromagnetischen Kräften gesteuert wird. Wie schon erwähnt, ist es ihm gelungen, mit Hilfe elektrischer Ströme bei Salamandern das Nachwachsen ganzer Gliedmaßen zu bewirken. Um seine Theorie von der Steuerzentrale zu überprüfen, verpflanzte er ein paar dieser neugebildeten Glieder bei Salamandern von vorne nach hinten. Wenn die Regeneration ein bloß mechanischer Vorgang wäre, überlegte er, dann müßte das verpflanzte Vorderbein weiterhin wie ein Vorderbein aussehen. Das wäre dann ähnlich, wie wenn man bei einem Menschen einen Arm gegen ein Bein auswechselt.
Was dann geschah, war höchst interessant. Das transplantierte Vorderbein bildete sich zu einem Hinterbein um. Wären allein die Gene für das Nachwachsen verantwortlich, so hätte das verpflanzte Glied weiter wie eine Hand aussehen müssen. Dies war also offensichtlich kein rein mechanischer Vorgang. Ein neues Hinterbein wurde gebraucht, und so formte es sich um. War die steuernde Kraft dahinter nun eine elektromagnetische?
Um dies herauszufinden, ging Becker noch einen Schritt weiter. Er veränderte das elektromagnetische Kraftfeld im Gehirn der Salamander, und nicht eine Form von Regeneration fand mehr statt.

Ich erwähne diese Studien, um zu zeigen, daß diese »unsichtbare Kraft« tatsächlich recht gut erforscht ist.

Infolge der Transformationsstudie sehe auch ich diese elektromagnetischen Kräfte als eine Art Steuerzentrale an, die auf so etwas wie Stimmung, Einstellung, Angst und selbst auf Übersinnliches wie Heilungen, Telepathie, Präkognition und Geistererscheinungen Einfluß nimmt. Es kann gut sein, daß das Paranormale als ganz normal angesehen wird, wenn zukünftige Studien weitere Erkenntnisse über dieses unglaubliche unsichtbare Nervensystem erbringen.
Ich möchte nun noch ein Beispiel für eine Spontanheilung von Krebs anführen, die vielleicht durch eine Nah-Todeserfahrung ausgelöst wurde.

Vom Krebs geheilt

Kathy – so soll die Hauptperson der folgenden Geschichte heißen – ist sich dessen ganz sicher. Sie ist 45, Mutter von drei Kindern, leitet ein eigenes Geschäft und ist eine zurückhaltende Frau. Vor mehr als zehn Jahren stellten die Ärzte bei ihr die Diagnose Schilddrüsenkrebs. Nach Bestrahlung und Chemotherapie teilte ihr der Arzt mit, daß sich der Krebs weiter im Körper ausgebreitet hatte und ihr wahrscheinlich nur noch sechs Monate zu leben blieben.
Sie gab die Leitung ihres Geschäfts ab und blieb zu Hause bei ihrer Familie, schrieb ein Testament, ordnete ihre Angelegenheiten und wartete auf den Tod.
Ihr geschwächtes Immunsystem machte sie anfällig für Infektionen. Innerhalb weniger Wochen kam es zu einer

viralen Lungenentzündung, und sie wurde wieder ins Krankenhaus eingeliefert. Trotz aller Bemühungen der Ärzte wurde es mit Kathys Krankheit immer schlimmer. Eines Nachts setzten Atmung und Herzschlag aus. Die Ärzte kamen ins Zimmer gestürzt, um lebensrettende Maßnahmen einzuleiten. – Hier ist Kathys Geschichte, wie sie selbst sie erzählt:

»Alles wurde ein paar Sekunden lang sehr dunkel. Dann war ich plötzlich ganz oben auf einem Höhenrücken, von dem aus man auf ein wunderschönes Tal hinuntersehen konnte. Die Farben waren außergewöhnlich lebhaft, viel intensiver, als ich je welche erlebt hatte. Es war wunderbar, und in mir war ein überwältigendes Gefühl von Freude.
Ein Wesen war neben mir, ein Lichtwesen. Aber es war kein Licht, wie man es sonst so sieht, sondern eines, das man spürt und versteht. Es berührte mich, und da war mein ganzer Körper voller Licht. Es kam richtig aus mir herausgeschossen. Ich nahm eine Stimme wahr, die mir sagte, daß ich dieses wunderbare Tal nicht betreten könnte, daß meine Kinder mich noch bräuchten.«

Fast wie durch ein Wunder erholte sich Kathy von ihrer Lungenentzündung und ihrem Herzstillstand, um dann ein paar Wochen später ein weiteres Wunder zu erleben: Ihr Krebs verschwand.
Für sie stand gleich fest, daß die Heilung durch das starke Lichterlebnis während ihrer Nah-Todeserfahrung herbeigeführt worden war. Ihr Arzt bezweifelte diesen Zusammenhang. Er meinte, wahrscheinlich habe die

Schwere ihrer Krankheit ihr Immunsystem mit einem Schlag mobilisiert, was dann die Heilung in Gang gesetzt habe.

Als Kathy später an der Studie teilnahm, erzählte sie mir ihre Geschichte und fragte mich anschließend, was ich davon hielte: »Hat denn nun die Nah-Todeserfahrung meinen Krebs geheilt, oder war es das Immunsystem?«

Wenn man all die gesammelten einschlägigen Daten berücksichtigt und auch den kurzen zeitlichen Abstand zwischen Nah-Todeserfahrung und Heilung, so fällt es mir schwer zu glauben, erstere habe nicht direkt auf den Krebs eingewirkt.

Zahlreiche wissenschaftliche Studien haben erwiesen, daß Wachstum wie auch Rückbildung von Krebszellen durch elektromagnetische Kraftfelder unterschiedlicher Stärke erreicht werden können. Außerdem wirken diese Kraftfelder nachweislich auf die Tätigkeit der Zirbeldrüse ein, einem winzigen Knötchen mitten im Gehirn, das Hormone ausschüttet, die wiederum das Funktionieren des Immunsystems beeinflussen. Bei vielen primitiven Tieren ist diese winzige Drüse das übriggebliebene dritte Auge. Es funktioniert bei den Aalen und Fischen, die es besitzen, nicht wie ein sehendes Auge, sondern es registriert die Farbe der Umgebung, so daß das jeweilige Tier seine Schutzfärbung dementsprechend verändern kann.

Beim Menschen zeichnet die Zirbeldrüse für andere Schutzfunktionen verantwortlich, wie sich gezeigt hat. Obwohl sie sich von außen mitten ins Gehirn verlagert hat, sind manche Krebsforscher der Ansicht, sie reagiere

auf elektromagnetische Reize, um das Immunsystem anzukurbeln.
Meiner Ansicht nach hat das helle Licht, das, wie Kathy sagt, gleichsam aus ihr »herausgeschossen kam«, auf den Elektromagnetismus in ihrem Körper eingewirkt, was dann wiederum ihr Immunsystem auf Trab gebracht hat. Also war meine Antwort auf ihre Frage ein doppeltes Ja: Die Nah-Todeserfahrung mobilisierte ihr Immunsystem, das seinerseits den Krebs geheilt hat.

Der »Lichtschrei« der Veränderung

Ist es nun so, daß meine Sehweise lediglich auf den Ergebnissen der Transformationsstudie beruht? Nein, keineswegs. Obwohl dies eine schlüssige Studie, die vieles zum Gegenstand hat, ist, sollte eine Theorie wie diese sich nicht allein auf eine einzige Studie stützen. Hat also noch irgend jemand den Beweis geführt, daß sich eine Nah-Todeserfahrung auf den elektromagnetischen Fingerabdruck eines Menschen auswirkt? Hat noch jemand nachgewiesen, daß diese Lichterlebnisse mehr sind als nur optische Halluzinationen? Und gibt es noch mehr Forschungsarbeiten, die die positiven Auswirkungen von Veränderungen in diesem feinen Kräftefeld aufzeigen? Die Antwort lautet in allen Fällen ja.
Als erstes möchte ich die Veränderung in der elektromagnetischen Signatur genauer betrachten. Wir wissen, daß sterbende Organismen große Mengen elektromagnetischer Energie oder Licht ausstrahlen. Ich war ganz er-

staunt, als ich feststellte, *wieviel* Licht dabei freigesetzt wird. Der Physiker Janusz Slawinki schreibt in einem Artikel im *Journal of Near-Death Studies*, daß sterbende Organismen einen »Lichtschrei« ausstoßen, der tausendmal »lauter« ist als der während des normalen Ruhezustandes. Wenn Zellen absterben und das genetische Material auseinanderzufallen beginnt, wie dies beim Tod geschieht, kommt es zu einer gewaltigen Entladung von elektromagnetischer Energie. Dieses Licht ist das, was diejenigen, die durch eine Nah-Todeserfahrung hindurchgehen, tatsächlich sehen, es ist keine Halluzination. In seltenen Fällen sollen auch *Außenstehende* gesehen haben, wie dieses Licht von einem Sterbenden ausgeht. Dieses Phänomen nähmen laut solchen Berichten Leute wahr, die mit dem Sterbenden nicht gefühlsmäßig verbunden sind oder gar nicht wußten, daß er im Sterben lag.

Eine derartige Entladung würde sich stark auf den ganzen Körper auswirken, unter anderem auch auf den rechten Schläfenlappen des Gehirns, den Bereich direkt über dem rechten Ohr. Dies ist der Bereich, den ich als »Sitz der Seele« bezeichne. In vorangegangenen wissenschaftlichen Untersuchungen haben wir festgestellt, daß dieser Teil des Gehirns genetisch für die Nah-Todeserfahrung kodiert ist. Andere Forscher haben herausgefunden, daß dies der Bereich ist, wo sich mystische Erfahrungen abspielen. Dies mag die Erklärung dafür sein, daß dieser Bereich, während das übrige Gehirn abstirbt, die Energie besitzt, intensiver als je zuvor zu arbeiten.

Der rechte Schläfenlappen ist die Schaltstelle der Mystik.

Dieser Bereich zeichnet uns zusammen mit dem Ammonshorn, einem komplexen Organ des Großhirns, vor allen früheren Spezies der Menschheit aus. Es ist nämlich, wie der Nobelpreisträger Sir John Eccles meint, nicht die *Größe* unseres Gehirns, das unsere Einmaligkeit als Menschen ausmacht, sondern das Vorhandensein der Schläfenlappen. Ist es doch dieser Bereich, der für komplexe Sprache, Bewußtsein unserer selbst, Langzeitplanung, Tagträume und seelenvolles Denken verantwortlich ist. Er schafft auch unsere Verbindung zum Bewußtsein, unsere Verbindung zum Göttlichen. Als »den Menschen im Menschen« bezeichnet ihn der renommierte Neurochirurg Wilder Penfield, dem es in manchen seiner Schriften sehr darum zu tun ist, den Begriff »Seele« zu umgehen. Eines steht jedenfalls fest: Menschen, bei denen dieser Bereich des Gehirns operativ entfernt wird oder geschädigt ist, werden zu seelenlosen Automaten, die wie Zombies agieren.

Und dieser Teil des Gehirns nun ist von einem Nah-Todeserlebnis betroffen, wie ich aufgrund der großen Anzahl nachprüfbarer Veränderungen bei Menschen mit einer NTE wohl mit Sicherheit sagen kann. Sie brauchen sich bloß zu erinnern an die bei den Probanden der Transformationsstudie zu beobachtenden Veränderungen im Grad der Angst, dem Gesundheitszustand, der Einstellung und in der Anzahl auftretender paranormaler Erfahrungen. Viele Leute berichteten, sensibler geworden zu sein oder weniger Angst vor dem Tod zu empfinden. Viele hatten auch das Gefühl, sie würden jetzt weniger nervös reagieren als ihre Mitmenschen.

An Beweismaterial für die geistigen Veränderungen bei Menschen mit Nah-Todeserfahrung mangelt es mir nicht. Schließlich muß jeder Persönlichkeitswandel biochemische Veränderungen im Gehirn mit sich bringen. Aber statt mich nur auf meine eigene Studie und meine Erfahrung zu verlassen, um diesen Wandel anschaulich zu machen, will ich lieber zeigen, wie andere Forscher diesen Bereich des Gehirns »neu vernetzt« und welche Ergebnisse sie zu verzeichnen haben.

Veränderung der Hirnströme

Ein solcher Elektroingenieur des Gehirns ist Dr. Margaret Patterson, eine englische Chirurgin, die Alkohol- und Drogenmißbrauch behandelt, indem sie elektrische Reize in das Gehirn von Suchtkranken schickt. Fünfzehn Jahre schon arbeitet sie mit schwachen Stromstößen, mit denen sie den an die Schläfenlappen angrenzenden Bereich stimuliert.
Die Heilungsquote, die Dr. Patterson erreicht, ist extrem hoch. Der Grund für die Heilung liegt nach ihrer Aussage darin, daß diese Technik die Hirnströme verändert. Es handelt sich um dieselbe Gehirnregion, in der sich auch Nah-Todeserfahrungen abspielen, und die Ergebnisse sind ebenfalls weitgehend dieselben: Der Betroffene ist verändert. Einer der Gründe nämlich, weshalb sie eine so populäre Ärztin ist, liegt darin, daß die Behandlung aus ihren Patienten »Nichtsüchtige« macht; das

heißt, es wird nicht lediglich eine Sucht durch eine andere ersetzt.

Andere Forscher, die die Schläfenlappen mit elektrischem Strom stimuliert haben, um Verhaltensänderungen zu bewirken, hatten ähnliche Erfolgsquoten. Viele Psychotiker zum Beispiel sind laut Berichten positiv verändert, wenn man elektrischen Strom durch die Schläfenlappen schickt. Dies ist jedoch nicht mit einer Elektroschocktherapie zu verwechseln, bei der dem Stirnlappen ein kräftiger Stromstoß versetzt wird. Bei der Stimulation des Schläfenlappens wird eine viel niedrigere Stromdosis eingesetzt, während der Patient bei Bewußtsein ist.

Die vielleicht interessanteste Theorie über eine solche Wandlung stammt von Dr. James Kubie, der *neurotisches* Verhalten mit anormalen elektrischen Strömen in den Schläfenlappen in Zusammenhang bringt. Er meint, daß ein derartiges Verhalten durch verdrängte Erinnerung verursacht wird, woraus sich geschlossene Neuronenstromkreise gebildet haben. Diese geschlossenen Stromkreise lassen nervöse Energie entstehen, die dann zur Neurose führt. Ich vermute, daß die elektromagnetische Energie von Nah-Todeserfahrungen diese geschlossenen Stromkreise beseitigt. Geht man von den Tests der Transformationsstudie aus, so ist offensichtlich, daß keine neurotischen Anteile mehr vorhanden sind.

Manche Psychologen haben Berichten zufolge Süchte und Phobien geheilt, indem sie einfach das körpereigene magnetische Kraftfeld »neu ausrichteten«. Der angesehenste dieser innovativen Psychologen ist Dr. Roger Callahan aus Palm Springs in Kalifornien. Callahan ist der Meinung, daß alle Süchte und Phobien durch falsche Ausrichtung des körpereigenen Stromsystems verursacht sind. Diese Fehlausrichtung hat ein Ansteigen von Angst zur Folge, die die Betreffenden dann durch übermäßiges Essen, Trinken oder Drogenkonsum zu unterdrücken suchen, mit dem Ergebnis, daß sie schließlich süchtig werden.

Unter Einsatz einer Reihe von Techniken, die der Akupressur ähneln, konnte Callahan mehr als 90 Prozent der von ihm behandelten Phobien und über 80 Prozent der Patienten mit Freßsucht heilen. Seine revolutionäre Arbeit wird in mehreren Universitätskliniken wissenschaftlich untersucht und wird als wesentlicher Beitrag zur Suchtforschung begrüßt. All diese innovativen und sinnvollen Behandlungsmethoden machen sich die körpereigenen elektromagnetischen Kräfte zunutze, um einschneidende Verhaltensänderungen herbeizuführen. In sehr ähnlicher Weise »funktioniert« die Nah-Todeserfahrung.

Während einer Nah-Todeserfahrung wird eine gewaltige Energiemenge freigesetzt. Diese Energie wird innerlich erzeugt und erreicht ihren Höhepunkt, wenn der Betreffende ins Licht eintaucht. Die meisten sind nicht imstande, dieses Licht zu beschreiben, aber was sie sehen, ist sicher eine Energieexplosion, die ihrem Leben Antrieb gibt. Wie ein Kind mir erzählte: »Ich weiß schon, daß andere Leute Gott gesehen haben. Aber ich habe nur ein Licht gesehen, ein Licht, in dem alles drin ist.«

Diese Energie wird durch den rechten Schläfenlappen

geschleust, der sich durch die Erfahrung verändert. Der Schläfenlappen wiederum hat tiefgreifende Auswirkungen auf die verschiedenen Hirnstrukturen und auf das elektromagnetische Feld, das den Körper umgibt.
Diejenigen, die eine Nah-Todeserfahrung hinter sich haben, mögen zwar noch genauso aussehen wie zuvor, doch ihre elektrochemische Struktur ist eine ganz andere geworden.

Immer noch ein Rätsel

Oberflächlich betrachtet, scheinen diese Theorien die mystischen Aspekte der Nah-Todeserfahrung abzuwerten, doch wir sollten da tiefer nachdenken. Versetzen Sie sich doch einmal in diese Patienten hinein und stellen sich dann die Frage: Ist diese Erfahrung nun weniger mysteriös, oder wird sie jetzt erst recht zum Rätsel? Ist es nicht an der Zeit, daß Philosophen und Religionswissenschaftler neue Philosophien entwickeln, mit deren Hilfe sich diese neuen wissenschaftlichen Erkenntnisse begreifen lassen?
Nehmen wir zum Beispiel das Erlebnis Lorettas. Vor mehr als dreißig Jahren bekam sie ein grauenhaftes rheumatisches Fieber, eine Art Streptokokkeninfektion, die damals viel lebensgefährlicher war als heutzutage. Der Arzt verschrieb Loretta Penicillin. Doch auch nach mindestens zwei Wochen mit hohem Fieber trat keine Besserung ein.
Obwohl sie keinen Herzstillstand hatte und nicht ins

Krankenhaus gebracht wurde, hatte sie nach zwei Wochen schwerer Krankheit ein Erlebnis, das sich nur als NTE bezeichnen läßt.
Zwar wissen wir nicht, ob sie klinisch tot war, doch geht aus ihrer Krankengeschichte hervor, daß sie lebensgefährlich krank war und unter extremem Streß stand. Was wir zudem wissen, ist, daß sie zu dieser Zeit, wie sie berichtet, ein »seltsames Erlebnis« hatte. Und sie sagt, es sei ihr Erlebnis mit dem Licht gewesen, das zu ihrer schnellen Genesung direkt nach dieser Nah-Todeserfahrung geführt hat.
Im folgenden nun Lorettas Erfahrung ihrer Heilung in ihren eigenen Worten:

»Ich hatte Scharlach und war zu Hause. Mein Kinderarzt wollte, daß ich im Wohnzimmer auf dem Sofa lag, wo jeder ständig vorbeimußte und mich im Auge hatte.
Ich war sehr krank, und dies schon eine ganze Zeit lang. Es wurde so schlimm mit mir, daß mich immer jemand von der Familie hochheben und tragen mußte. Ich hatte gar keine Energie, und mir war, wie wenn mich meine physische Kraft immer mehr verließe. Ich weiß noch, daß ich dachte, ich würde jetzt sterben, weil meine Energie einfach irgendwie aus dem Körper abgezogen wurde.
Eines Tages dann, das weiß ich noch, versuchte ich mich an meine Kraft zu klammern und spürte doch, wie sie mir entglitt, als ob ich von einer Klippe herabfallen würde. Ich hatte das deutliche Gefühl, daß ich dabei war, zu sterben.
Das nächste, was ich weiß, war, daß ich in einem Tunnel war, und es war völlig dunkel. Damals war es für mich natürlich

einfach ein schwarzes Nichts, und mir war nicht bewußt, daß ich mich in einem Tunnel befand. Dann habe ich mich offenbar umgesehen und dieses Licht erblickt. Ich empfand keinerlei Angst oder Schrecken. Was ich dagegen empfand, war, daß ich zu dem Licht hinfloß. Außerdem hatte ich das Gefühl, keinen Körper zu haben, aber doch ein vollständiges Wesen zu sein.

Das war dann die Zeit, in der ich das Gefühl hatte, oben an der Decke zu sein, über den Fenstern nach vorne raus und dem Bücherregal. Ich konnte hinunterschauen und meine Mutter im Eßzimmer sehen und meine Schwester, die bei ihr stand. Ich konnte sie direkt durch die Wand durch sehen. Ich sah auch meinen Körper da auf dem Sofa. Ich hatte keine Angst, aber ich weiß noch, daß ich dachte: ›Oje, jetzt bin ich tot!‹

Obwohl ich zu alldem da drunten hinunterschaute, nahm ich nach und nach auch das Licht wahr. Ich sah zwar Gott nicht, aber ich spürte ihn. Stimmen hörte ich keine. Ich sah auch niemanden, den ich von früher kannte. Auch keine Blumen oder so was – eben nur das Licht. Ich kam mir vor wie eine Geistergestalt. Ich fühlte mich von Gott auf eine Weise umgeben und umarmt, daß die Außen- und die Innenseite meiner Haut nichts voneinander Getrenntes waren. Ich empfand es so, als ob das Licht und die Liebe mich durchdringen würden, ganz und gar, durch und durch. Ich empfand unendliche Zufriedenheit und Liebe, unendlichen Frieden. Dieses Gefühl habe ich nie vergessen. Von dem Moment an hatte ich überhaupt keine Angst mehr vor dem Tod.

Nun beobachtete ich meine Schwester. Sie kam ins Wohnzimmer und stand da und schaute zu mir her. Sie ging am

Kaffeetisch vorbei zum Sofa und schaute mich ganz von der Nähe an.
Ich sah zu mir hinunter und stellte fest, daß meine Hand die Farbe von Elfenbein hatte, so daß sie ganz durchscheinend war. Sie war nicht weiß und auch nicht grau, sie war elfenbeinfarben, mit einem Hauch von Grün darunter.
Meine Schwester schaute mich einen Augenblick lang an und ging dann ins Eßzimmer. Sie ging zur Anrichte hinüber und nahm den Fotoapparat heraus. In dem Moment blickte meine Mutter von ihrer Arbeit hoch und schaute meiner Schwester zu. Zwischen ihnen und meinem Körper war eine Wand, doch ich konnte sehen, was da alles vor sich ging, weil ich ja nicht in meinem Körper drin war.
Ich beobachtete, wie meine Schwester die Kamera vors Gesicht hielt und ein Foto machte. In dem Moment schoß mir ein Gedanke durch den Kopf. ›Du mußt in deinen Körper zurückkehren und dein Leben fertigleben.‹«

Innerhalb der nächsten zwei Tage war Lorettas Fieber verschwunden. Der Arzt war erstaunt über die rasche Genesung. Desgleichen Lorettas Mutter, die meinte, daß sie dem Tod sehr nahe gewesen war. »Wir alle, auch der Arzt, dachten, es könnte gut sein, daß du nicht durchkommst«, sagte sie zu Loretta. Etwa eine Woche darauf erzählte Loretta ihrer Mutter von dem Erlebnis. Sie hatte ganz stark das Gefühl, daß es zu der schnellen Heilung geführt hatte.

War es denn so? Ich denke, es löste eine elektromagnetische Ladung aus, die das Immunsystem des Körpers stimulierte. Dr. Robert Becker, Forscher auf bioelektrischem Gebiet, nennt diese Art der Heilung eine Heilung per »Minimalenergie«, weil sie auf der Energie beruht, die vom Körper selbst ohne Energiezufuhr von außen erzeugt wird. Leute, die sich ganz darauf konzentrieren, ihre Herzfrequenz oder den Blutdruck zu senken, können dies in der Regel. Diese Methode nennt man »Biofeedback«, und sie ist ein Beispiel dafür, wie mentale Vorgänge auf den physischen Körper einwirken. Ich möchte sogar so weit gehen zu behaupten, daß Heilungen, die durch NTEs geschehen, in vielerlei Hinsicht in genau dieser Weise bewirkt werden.
Halten wir uns eines vor Augen: Der menschliche Körper ist eine mit Energie betriebene Maschine. Verändert sich diese Energie, so verändert sich auch die Maschine.

Damit ist nun dargelegt, wie elektrische Ladungen am rechten Schläfenlappen positive Persönlichkeitsveränderungen bewirken können. Ein Beispiel möchte ich nun noch anführen von jemandem, der sich durch seine Nah-Todeserfahrung ganz plötzlich geändert hat, woraus sich ersehen läßt, wie schnell solch ein Wandel sich vollziehen kann. Und so sehe ich NTEs allmählich immer mehr als elektrische Ladung ähnlich einem sanften Elektroschock.

Annies Wandlung

Annie war ein todunglücklicher Teenager. Mit sechzehn hatte sie schon verschiedentlich mit Drogen, Alkohol und Jungens herumexperimentiert. Als ihr Freund ihr auf einer Party eröffnete, daß er nun mit einem anderen Mädchen gehe, beschloß Annie, sich umzubringen. Ihre Mutter hatte ein paar Jahre zuvor Selbstmord begangen, und wie Annie es ausdrückte: »Ich beschloß einfach, es meiner Mutter nachzutun.« Den Rest der Geschichte erzählt sie selbst:

»Ich beschloß, mich auf dieselbe Weise umzubringen wie meine Mutter. Ich nahm also eine Handvoll Schlaftabletten und schluckte sie mit Wodka hinunter, mit ganz schön viel Wodka, so viel, wie ich nur hinunterbrachte. Dann ging ich zurück ins Wohnzimmer, wo die Party noch im Gange war.

Ich setzte mich auf die Couch und sagte gar nichts. Ich spürte, wie die Mixtur in mir wirkte und ich so langsam wegdämmerte. Das Komische war, daß niemand was merkte, da die meisten meiner Freunde selber ein bißchen high waren.

Wenn ich mich zurückgelehnt hätte, wäre ich eingeschlafen und tot gewesen, und niemand hätte etwas gemerkt. So aber saß ich nach vorn gelehnt, und als ich umkippte, fiel ich mit dem Gesicht nach unten auf den Boden.

Etliche Leute gerieten in Panik. Ein paar von den Jungs trugen mich ins Bad, und eine von meinen Freundinnen steckte mir den Finger in den Hals, so daß ich in die Badewanne spuckte. Niemand wollte gern die Polizei rufen, und so beschlossen sie, mich wachzuhalten, und stellten mich unter

die Dusche. Sie drehten sie auf und redeten dauernd auf mich ein.
Ich brauchte eine Weile, bis ich merkte, daß ich nicht mehr in meinem Körper war und oben an der Decke schwebte. Ich war nicht allein. Da war noch jemand da, ein Schutzengel oder so was. Wir waren beide aus Licht. Ich fühlte mich dreidimensional und schien aus irgendwas nicht Festem zu bestehen, aus Gelatine vielleicht.
Ich erinnere mich, daß ich Liebe und Frieden in mir spürte und mich dabei so fühlte, als wär' ich all der Anspannung und dem Frust in meinem Leben entkommen. Ich fühlte mich irgendwie von Licht eingehüllt. Und es war ein wunderbares Gefühl.
In dem Moment war ich sehr nah bei meinem Schutzengel. Meinen Körper oder sonst was Irdisches konnte ich da nicht mehr sehen. Da waren nur ich und der Engel. Der redete nichts, aber trotzdem teilte er mir was mit. Ich bekam gezeigt, wie schön mein Körper war, und überhaupt jeder Körper. Ich bekam gesagt, daß mein Körper ein Geschenk war und daß ich darauf aufpassen und ihn nicht umbringen sollte. Als ich das hörte, schämte ich mich sehr für das, was ich getan hatte, und hoffte, daß ich weiterleben würde. Und ich bat nun das Licht, mir das Leben zu schenken. Das Gefühl, das da zurückkam, war das stärkste Gefühl von Liebe, das ich je erlebt habe, stärker noch als die Liebe, die ich zu meinen Kindern habe.
Meine Freunde hatten mich ins Krankenhaus gebracht, denn das nächste, woran ich mich erinnere, ist, daß ich in der Notaufnahme aufwachte.

Wie Annie sagt, hat sich durch diese Erfahrung ihre Einstellung sofort geändert, wie dies bei den meisten anderen mit einer Nah-Todeserfahrung ja auch der Fall ist. Sie machte Schluß mit ihrem Freund, hörte auf zu trinken und Drogen zu nehmen und fand folglich auch einen neuen Kreis von Freunden.

Nun soll aber nicht der Eindruck entstehen, ihr Erlebnis habe aus ihr einen Ausbund an Tugend gemacht, sicher jedoch hat es ihre Einstellung zum Leben positiv verändert. Sie befaßte sich nicht mehr ständig in Gedanken mit dem Selbstmord ihrer Mutter, und statt das Leben als eine einzige Strapaze zu sehen, fand sie nun Freude daran.

Die Wandlung war für Annie eine dauerhafte. Ihre Nah-Todeserfahrung ereignete sich vor mehr als zwanzig Jahren. Jetzt ist sie glücklich verheiratet und hat vier Söhne. »Gleich nach dem Erlebnis war mir, als ob mir ein Auftrag für mein Leben gegeben worden wäre, als ob ich dazu auf der Welt wäre, etwas zu schaffen«, sagte Annie. »Diese Erfahrung hat mir eine innere Energie gegeben, die mich seither nie verlassen hat.«

Annies Fall ist – wie so viele andere ähnliche – ein deutliches Zeichen dafür, daß diese Form von »Elektroschocktherapie« vorkommt. Die Langzeitwirkungen von NTEs geben Zeugnis davon, daß in ihnen die Kraft steckt, signifikante Persönlichkeitsveränderungen zu bewirken. Solche Persönlichkeitsveränderungen können, darauf möchte ich hinweisen, nicht eintreten, ohne daß auch signifikante Veränderungen in der Physiologie des Gehirns stattfinden. Wie bereits viele Wissenschaftler aufgezeigt haben, sind insbesondere Langzeitveränderungen dieser Art fast immer von Veränderungen in der konkreten Gehirnstruktur begleitet.

Erklärung für das Paranormale

Diese auf dem elektromagnetischen Feld beruhende Theorie liefert eine solide Erklärung für telepathische Kommunikation und das Sehen von Erscheinungen zum Zeitpunkt des Todes. Man hat nämlich bereits die Hypothese aufgestellt, daß diese beiden Erlebnisformen nichts weiter darstellen als die Fähigkeit einer Person, das elektrische Feld einer anderen Person wahrzunehmen. Dies erklärt, warum man es bei Telepathie in der Regel mit vagen Wahrnehmungen von Empfindungen und Emotionen oder mit undeutlichen Bildern zu tun hat im Gegensatz zum direkten Gedankenlesen im eigentlichen Sinn. Da der rechte Schläfenlappen der nonverbale Teil des Gehirns ist, werden diese Wahrnehmungen auch nonverbal interpretiert.

Ausgehend von unseren Forschungen und Beobachtungen, bin ich der Auffassung, daß einmal erlebte NTEs die Betreffenden für die Welt um sie herum auf eine Weise sensibilisieren, die völlig einmalig ist.

Lassen Sie mich ein Beispiel dafür geben: Allison, wie ich diese Frau nennen möchte, hatte vor mehr als zehn Jahren eine Nah-Todeserfahrung, die zu einer weitreichenden Veränderung in ihrer Persönlichkeit führte. Ein paarmal konnte sie in der Folge vorhersehen, was

bestimmte Leute sagen würden, bevor sie es dann wirklich taten, doch ansonsten traten bei ihr keine auffallenden übersinnlichen Kräfte zutage.
Etwa zehn Jahre später aber konnte sie sehen, wie ihr Sohn zum Zeitpunkt seines Todes seinen Körper verließ. Ob ein Zusammenhang besteht zwischen ihrer eigenen NTE und ihrer Fähigkeit wahrzunehmen, wie das eigentliche Wesen ihres Sohnes dessen Körper verließ, weiß ich nicht.
Theoretisch nehme ich an, daß sie durch ihre Nah-Todeserfahrung sensibilisiert wurde und so tatsächlich den Lichtschrei ihres Sohnes zu »sehen« vermochte. – Im folgenden zunächst Allisons NTE:

»1980 wurde ich an Krebs operiert und hatte offensichtlich das Narkosemittel nicht vertragen. Während ich im Wachraum war, ›hob‹ ich ›ab‹ und schoß auf ein helles, nicht zu beschreibendes Licht zu. Ein Mann war bei mir, der sehr sanft war. Er nahm mich mit hinein in das Licht, wo ich eine Liebe erfuhr von einer Art, wie ich es gar nicht erklären kann.
Es war eine wunderbare Erfahrung, aber plötzlich kam mir, daß ich dabei war, diese Welt zu verlassen, daß ich am Sterben war. Doch das wollte ich nicht! Ich hatte ja zwei Kinder und wußte nicht, was mit ihnen werden würde, wenn ich nicht mehr bei ihnen war.
Als ob er meine Gedanken lesen könnte, lachte der Mann neben mir und sagte: ›Du stirbst schon nicht. Du hast noch nicht erledigt, was es für dich zu erledigen gibt.‹
Etwas zog mich den Weg zurück, den wir gekommen waren. Dann war ich wieder bei Bewußtsein. Die Schwester telefonierte

gerade, als ich die Augen öffnete, und sie schaute sehr erleichtert aus. ›Ich dachte schon, ich hätte sie verloren‹, sagte sie.«

Über zehn Jahre später befand sie sich wieder im selben Krankenhaus und wachte am Bett ihres Sohnes, der als Folge seiner Zuckerkrankheit eine Blutvergiftung hatte und auf der Intensivstation lag. Dort erlitt er einen Herzstillstand, der sich als tödlich erweisen sollte. – Wiederum erzählt nun sie selbst:

»Ich war ganz hysterisch. Ärzte kamen ins Zimmer hereingerannt, und ich wurde hinausgebeten, während sie sich an ihm zu schaffen machten. Ich konnte sie durch die Glasfenster im Gang bei der Arbeit beobachten. Ich weinte, weil ich das Schlimmste befürchtete.

Plötzlich sah ich ihn geradewegs aus seinem Körper herausgeflogen kommen! Ich konnte nämlich so ein zartes verschwommenes Etwas aufsteigen sehen. Ein paar Sekunden lang bewegte er sich an der Decke umher, und dann verschwand er einfach!

Einer der Ärzte kam heraus und sagte mir, daß sie ihn zurückgeholt hatten, aber ich wußte, das stimmte nicht. Ich erzählte ihm, daß ich gerade gesehen hatte, wie mein Junge seinen Körper verlassen hatte, und der Arzt fragte, ob ich mich nicht lieber hinsetzen wollte. Ein paar Augenblicke später kam ein anderer Arzt heraus und teilte mir mit, daß er gestorben war.«

Es gibt viele Fälle, wo Leute wahrnehmen, wie die Seele dem Körper entweicht. Und ich denke, eine der möglichen Veränderungen bei Menschen mit einer Nah-Todeserfahrung besteht darin, daß sie fähig werden, die elektromagnetischen Kräfte von anderen Personen oder auch von Dingen zu sehen oder sonst irgendwie wahrzunehmen.

Obwohl sie diesen Elektromagnetismus nicht durchgängig spüren können, meine ich doch, sie können ihn viel häufiger erleben als Personen ohne NTE. Dr. Andrew Deak sieht dies folgendermaßen: »Unser Gehirn gleicht einem Getriebe mit 500 Gängen, aber wir kennen nur vier davon. Vielleicht lernen wir durch eine Nah-Todeserfahrung ein paar weitere kennen.«

Eine Theorie, die Diverses auf einen Nenner bringt

Mit der Vorstellung, daß die Nah-Todeserfahrung das elektromagnetische Kraftfeld verändert, klären sich eine Reihe von Veränderungen, die sich nach NTEs einstellen, weitestgehend auf. Bei Spontanheilungen, Persönlichkeitswandel, Telepathie und außerkörperlichen Erfahrungen handelt es sich durchwegs um paranormale Erfahrungen, die zu etwas Normalem werden, wenn man sie in diesem Kontext sieht. Alle diese Vorkommnisse hängen – nach meiner bisherigen Forschung und der vieler anderer medizinischer Wissenschaftler – mit dem rechten Schläfenlappen zusammen.

Dr. Wilder Penfield, der Vater der modernen Neurologie, fand heraus, daß durch Stimulation des Schläfenlappens während einer Gehirnoperation bei einigen seiner Patienten das deutliche Empfinden ausgelöst wurde, aus dem Körper herauszutreten. Andere, wie zum Beispiel Dr. Vernon Neppe, ein angesehener Experte für Déjà-vu-Erlebnisse, stellten fest, daß das Abrufen von vergangenen Ereignissen mit dem Schläfenlappen zusammenhängt.

Ich bin mir darüber im klaren, daß dieses Konzept – zumindest auf den ersten Blick – das Religiöse oder Mystische an der Nah-Todeserfahrung zu reduzieren scheint. Die meisten sind ganz zufrieden, wenn es weiterhin dabei bleibt, daß mystische Erfahrungen zugleich auch mysteriöse Erfahrungen sind. Und doch bin ich nicht der Meinung, daß durch die Erklärung und die Lokalisierung eines so wunderbaren Vorgangs wie der Nah-Todeserfahrung innerhalb des Gehirns die Erfahrung zunichte gemacht wird. Schließlich sind wir Menschen, und alle menschlichen Erfahrungen müssen irgendwo im menschlichen Körper verarbeitet und gedeutet werden.

In einem Bibelvers sind meine Ansichten über dieses Thema sehr schön zusammengefaßt und interessanterweise auch die Gedanken von Wissenschaftlern wie Stephen Hawking:

»… Alles ist durch das göttliche Wort entstanden. Nichts von dem, was existiert, ist ohne es geworden. In ihm war der Ursprung des Lebens. Und das Leben war das Licht der Menschen. Nun scheint das Licht im Dunkel der Welt, die Nacht hat es nicht ausgelöscht. […] Das wahre Licht, das jeden Menschen erleuchtet, kam in die Welt. Es war in der Welt, und die Welt ist durch es geworden, doch die Welt erkannte es nicht.«

7 Die Transformationsartefakte

»Die Wissenschaft ruht auf einem Dreifuß, dessen Beine Hypothese, Beobachtung und Glaube sind.«

Timothy Ferris

Bei allen guten wissenschaftlichen Studien bleiben am Ende mehr Fragen als Antworten. Auch die Transformationsstudie machte da keine Ausnahme. Obwohl wir stolz darauf waren, bei unserer Untersuchung von Nah-Todeserfahrungen Terrain zu betreten, das bis jetzt noch kein Forscher betreten hatte, stießen wir auch die Tür auf zu vielen weiteren Bereichen, die in Zukunft noch untersucht werden müssen.

Diese Bereiche nennt man Artefakte, weil sie unerwartet auftauchen und im Rahmen der Studie nicht untersucht werden.

Ich erwähne sie in meinen wissenschaftlichen Aufsätzen, damit andere Forscher sie in zukünftigen Projekten weiterverfolgen können. Diese Artefakte oder unerwarteten Ergebnisse können oft zu äußerst wichtigen Einsichten und einem neuen Verständnis der Dinge führen.

Zum Beispiel stellte ein Pathologe aus Boston in den zwanziger Jahren Nachforschungen über die Langzeitwirkung von Alkohol auf die Herzmuskelfasern an. Als er die Herzen von verstorbenen Alkoholikern untersuchte, fiel ihm etwas Seltsames auf: Während die Alkoholiker sich durch das Trinken so langsam zugrunde richten,

verschwindet manchmal das Fett und Cholesterin, das in den Arterien Engpässe schafft, und hinterläßt vernarbtes Gewebe zum Zeichen, daß es einmal da war. Ironischerweise bauen sich, während die Alkoholiker zunehmend kränker werden, Verengungen in den Arterien ab.
Dieses Artefakt veranlaßte einige Forscher, derartige Rückbildungen im Rahmen einer Studie weiterzuverfolgen oder dem nachzugehen, wie Herzerkrankungen rückgängig gemacht werden können.
Auch in der Transformationsstudie gibt es einige solcher verwirrenden Artefakte. Es sind angenehme Überraschungen, die eine statistisch signifikante Quote erreichen.

Das Licht, das Wandlung bringt

Die Transformationsstudie belegt die Tatsache, daß Menschen, die einmal eine Nah-Todeserfahrung gemacht haben, eine das ganze Leben andauernde Veränderung erfahren. Am tiefgreifendsten sind diese Veränderungen bei denen, die ein Lichterlebnis hatten, und zwar unabhängig davon, ob sie einen zur Gänze lichtüberfluteten Himmel voller Blumen in starker und lebhafter Erinnerung haben oder ob die Lichtvision nur kurz und flüchtig war.
Wir stellten außerdem fest, daß diejenigen, die ein mystisches Lichterlebnis hatten – sei es in einem klaren Traum oder einfach beim Hinübergleiten in einen veränderten Bewußtseinszustand –, ohne dabei dem Tod nahe zu sein,

genauso verwandelt sind wie diejenigen, die eine Erfahrung in Todesnähe gemacht haben.
Die meisten dieser Menschen erleben das mystische Licht infolge einer lebensbedrohlichen Situation, aber manche »sehen das Licht« auch am Steuer ihres Autos, beim Joggen, beim Fernsehen oder bei einem Waldspaziergang. Hierbei handelt es sich um ganz gewöhnliche Leute. Und doch haben sie dasselbe erfahren wie große Mystiker und religiöse Führer.
Ich möchte Ihnen ein Beispiel für eine derartige Erfahrung geben. Jane, wie ich sie nennen werde, versuchte eines Abends nach einem besonders anstrengenden Tag einzuschlafen. Ihr Mann schlief schon neben ihr. Sie lag ganz in ihren Gedanken da, als sie plötzlich ein schreckliches Gesicht vor sich sah, »wie ein E. T. in böse«, von dem »ein bräunlichgrüner Schein ausging«.

»Ich versuchte meinem Mann mitzuteilen, was ich da sah, aber er hörte mich nicht. Plötzlich verblaßte das Gesicht, und ein wunderbares Licht erfüllte den Raum. Ein Wesen erschien, von dem ein wunderschöner weißer Glanz ausging. Ich bekam anscheinend plötzlich eine historische Rückblende geboten: Städte und Menschen und Gebäude tauchten vor mir auf. Ich sah Leute aus alten Zeiten in langen Gewändern und Sandalen. Es war ein Krieg im Gange zwischen Gut und Böse. Von Zeit zu Zeit war das böse Gesicht zu sehen, doch das Lichtwesen war stärker.
Zuletzt sah ich Jesus, der mir zuwinkte, während aus seinem Körper Licht ausströmte. Ich hatte das Gefühl, er hieß mich willkommen. Ich wollte aufstehen und versuchte es, sah dann

aber, wie meine Füße sich in den Körper zurückzogen. Nun glitt alles den Gang hinunter und verschwand.«

Dieses Erlebnis enthält einige Elemente einer Nah-Todeserfahrung, wie zum Beispiel die Vision eines leuchtenden Wesens und eines wunderbaren Lichts. Und doch war diese Frau in keiner Weise dem Tod nahe. Infolge ihrer Erfahrung beschreibt sie nun das Leben nach dem Tode als »absolute Freiheit und innere Ruhe«. Ihr dient diese Erfahrung als Beweis für ein Leben nach dem Tod, und obwohl man sie nicht als fromm bezeichnen kann, ist sie sehr spirituell und hat verschiedene Religionen genauer erkundet.
Auf der Todesfurchtskala lagen ihre Testergebnisse wie bei allen in dieser Gruppe, die bei uns unter dem Namen »Lichterlebnis – keine Todesnähe« geführt wurde, ausgesprochen niedrig. Auf der Validitätsskala für NTEs von Greyson lag sie mit ihrem Testergebnis ganz oben. Alle in dieser Gruppe erzielten in bezug auf die Validität ihrer Erfahrung genauso hohe Werte wie diejenigen mit einer Nah-Todeserfahrung.

»Als ob ich zweierlei Augenpaare gehabt hätte«

Hier ist noch ein anderes Beispiel von jemandem, der zu dieser Gruppe gehört. Nennen wir den Mann Jim. Er hatte das hinter sich, was manche Forscher als »Fear Death Experience« (»Todesangsterfahrung«) bezeichnen, da seine Todeserfahrung sich abspielte, während er

sich in einer für ihn beängstigenden Situation, aber genaugenommen nicht in Todesnähe befand.
Dieses Lichterlebnis widerfuhr Jim, als er Schüler an einer High-School in Kalifornien war. An einem Sommertag, den er am Strandhaus seiner Eltern verbrachte, beschloß er, im offenen Meer tauchen zu gehen. Er und ein Freund zogen sich die Taucherausrüstung an und schwammen ins Meer hinaus, bis sie ungefähr dreihundert Meter vor der Küste waren. Sie tauchten ins dunkle Wasser hinunter, bis ihre Flaschen leer waren, und begannen dann die lange Strecke zum Ufer zurückzuschwimmen.
Sie waren Anfänger im Tauchen und hatten versäumt, auf die Gezeitentafel zu schauen. Bald merkten sie, daß die Ebbe kam und sie langsam in Richtung Meer hinaustrieb. Im Nu hatten sie einander verloren und mußten sich uferwärts kämpfen. Da geschah es, daß Jim seinen Körper verließ und das Licht sah:

»Ich fühlte mich schlapp und hatte Angst, als ich mich in Richtung Küste vorwärts kämpfte. Ich benützte meinen Schnorchel und schwamm mit dem Gesicht unter Wasser. Als ich hochschaute, um zu sehen, wo ich war, und merkte, daß ich noch weiter von der Küste entfernt war, bekam ich einen richtigen Schreck und fing an, immer kraftvollere Schwimmbewegungen mit den Beinen zu machen.
Mit einemmal war ich oben in der Luft und sah auf mich selber hinunter, wie ich da so schwamm. Es war buchstäblich, als ob ich zweierlei Augenpaare gehabt hätte, die an dasselbe Gehirn angeschlossen waren.

Meine erste Reaktion war: Wie kann das geschehen? Ich war etwa einen Meter oberhalb von mir und ein wenig dahinter. Ich konnte die Küstenlinie sehen und die Stelle, auf die ich zuschwamm. Ich konnte aber auch ins Wasser hinunterschauen und sehen, was da unten vor sich ging. Nichts war verzerrt, mein Blick reichte rundum, ungefähr in einem Winkel von 270 Grad.
Dann wurde ich von einem flaumweichen hellen Licht verschluckt. Es hatte die Konsistenz einer Wolke und war rund um mich herum. Ich fühlte mich wohl darin und sogar ein bißchen neu belebt.
Zack! – Da war ich wieder in meinem Körper. Ich glaube, das Ganze dauerte nur ungefähr eine Minute.«

Jim war nicht in Todesnähe, er war in »Todesangst«, das heißt, er befand sich in einer lebensbedrohlichen Situation. Doch obwohl er genaugenommen dem Tod gar nicht nahe war, hat er dasselbe psychologische Profil wie diejenigen aus der Gruppe mit Nah-Todeserlebnissen. Seine Angst vor dem Tod ist extrem gering, und seine Werte beim Lebensfreude-Index stellten ihn durchaus in eine Reihe mit den NTE-Leuten. Seine Testwerte auf der NTE-Validitätsskala liegen ebenfalls sehr hoch.

Die Schaltstelle tritt in Aktion

Was hat es zu bedeuten, daß manche diese Lichterlebnisse haben, ohne dem Tod nahe zu sein? Macht dies ihre Erfahrung weniger real? Macht es sie zu einem reinen

Phantasieprodukt? Wird dadurch die Überzeugung, daß solche Erlebnisse uns spirituelle Reiche erschließen, die uns normalerweise nicht offenstehen, beeinträchtigt? Kurzum, wird so aus dem Lichterlebnis ein bloß psychischer Vorgang?

Dies kann ich nur mit allem Nachdruck verneinen. Bei meiner Forschung habe ich wie gesagt eine Stelle im Gehirn nachgewiesen, die als Schaltstelle der Mystik fungiert: Sie liegt oberhalb des rechten Ohrs im Bereich des Schläfenlappens. NTEs werden in aller Regel durch den Tod oder durch Todesnähe ausgelöst. Ich bin jedoch zu der Überzeugung gelangt, daß auch andere Ereignisse diese Schaltstelle in Aktion treten lassen können, Angst zum Beispiel, starker Streß und auch ein Zustand, wie er sich bei Schläfrigkeit und im Halbschlaf einstellt.

Den transformierenden Teil der Erfahrung macht das Sehen des Lichts aus. Wenn jemand eine paranormale Erfahrung wie etwa ein Heraustreten aus dem Körper erlebt, dies aber *nicht* mit einem Lichterlebnis einhergeht, dann ist die Erfahrung gewöhnlich auch nicht transformierend. Wenn dagegen das Licht erlebt wird, dann findet auch eine Transformation statt. Die transformierenden Kräfte liegen also im Licht. Das ist es, was unsere Studie ergab.

Ich meine, daß es dieser Erfahrung Gewicht gibt, wenn sie sich in einer Stelle im Gehirn lokalisieren läßt. Denjenigen, die dieses Licht erleben, ist es eine Beruhigung zu wissen, daß es im Gehirn einen speziellen Bereich gibt, der für solche Erfahrungen kodiert ist. Ebenso wächst bei Wissenschaftlern das Interesse an einer genaueren Untersuchung von NTEs und anderen paranormalen Vorkommnissen, wenn sie wissen, daß es eine Stelle im Gehirn gibt, wo diese stattfinden sollen. Das Wissen um die Schaltstellen der Mystik gibt den Forschern etwas Konkretes an die Hand, womit sie arbeiten können.

Von Schutzgeistern und anderen Geistwesen

Einem großen Prozentsatz der NTE-Leute in meiner Studie begegneten bei ihrer Nah-Todeserfahrung ein oder mehrere Verstorbene: Sie sahen einen bereits verstorbenen Verwandten, von dem sie wußten, daß er tot war. Viele trafen auch auf einen Schutzengel, der während der Reise durch den Tunnel hin zum Licht als Führer oder Begleiter des Betreffenden fungierte.

Die Schutzengel werden gewöhnlich nur während der Todeserfahrung erlebt. Für einen großen Teil der an der Transformationsstudie Beteiligten bleibt der Kontakt mit dem Schutzengel jedoch auch in der Zeit danach noch bestehen. Viele können in ihrem Alltag mit diesem Schutzengel in Verbindung treten, und ihnen wird Trost und Rat zuteil in Phasen von emotionalem oder physischem Streß.

Zu meiner Überraschung stellte sich heraus, daß circa zwölf Prozent der an der Studie Beteiligten regelmäßig Kontakt zu dem Schutzengel haben, den sie bei ihrer Todeserfahrung gesehen haben.

Ebenso sehen laut ihren Angaben zehn Prozent nach NTEs Geister oder Erscheinungen, unter anderem tote

Verwandte oder auch Menschen, denen sie nie zuvor begegnet sind.
Im folgenden möchte ich hierfür ein paar Beispiele anführen und anschließend zu diesem Phänomen Stellung nehmen.

Schutzengel

David G., der Bestsellerautor, von dem schon im ersten Kapitel die Rede war, ist eines der interessantesten Beispiele für jemanden, der eine lebenslange Beziehung zu einem sogenannten Schutzengel unterhält.
Er begegnete seinem Schutzengel zum ersten Mal als Kind während seines Ringens mit einer Hepatitis. Der Engel erschien ihm als vierte Person hinter seiner Mutter, seinem Vater und dem Arzt, die alle an seinem Bett standen. Er hatte dann eine außerkörperliche Erfahrung, während deren er kurze Zeit bei dem Engel stand, und kehrte daraufhin in seinen Körper zurück.
Seitdem ist der Schutzengel bei ihm, auch wenn er ihn nun nicht mehr sieht. Doch er spürt statt dessen seine Gegenwart, »wie wenn jemand bei mir im Zimmer stehen würde«, wie er sagt. Als er größer wurde, leistete er ihm Gesellschaft, wenn er alleine war, oder half ihm sogar bei den Hausaufgaben. Als er erwachsen war, stand er ihm beim Schreiben bei. Er weiß genau, wann sein Schutzengel das Schreiben übernimmt, weil er dann das Gefühl hat, die Sache nicht mehr in der Hand zu haben.

»Es passiert mir oft mit dem Zeug, was ich schreibe. Ich habe am Abend davor etwas geschrieben und weiß ums Verrecken nicht, wo es herkommt.
Wenn meine Frau mit dem Rotstift in der Hand das Manuskript durchliest, dann kann sie das umkringeln, was nicht danach aussieht, als wär's auf meinem Mist gewachsen. Und ich weiß auch nicht, wo es her ist. Dabei ist es die kräftigste Bildersprache der Welt.
Aber wo bin ich dann, wenn diese Sachen entstehen? Ich sitze nicht im Stuhl. Ich bin weg. Wenn ich geschafft bin, fühl' ich mich oft zum Umfallen. Dann muß ich mir eine Tasse Kaffee holen oder meine Frau dazu bringen, mir den Rücken zu massieren. Wenn ich mich wieder hinsetze und mein Zeug durchlese, dann les' ich es zum ersten Mal. Ich weiß nicht, wo's herkommt. Das passiert so häufig, daß ich mir schon wie ein Betrüger vorkomme. Ich habe nicht das Gefühl, das Geschreibe stammt von mir, und da fängt es an, gespenstisch zu werden.
Ich sehe, wie meine Finger sich bewegen, und ich sehe Worte auf dem Bildschirm auftauchen, aber es ist, als kämen sie nicht aus meinem Kopf. Und da habe ich dann ein seltsam distanziertes Gefühl. Ich stehe auf und mache eine Pause und lese dann den Text, und es ist, als ob jemand durchs Fenster gekommen wäre und die Sache in den Computer eingegeben hätte.«

Ich wünschte, ich könnte aus den Texten zitieren, von denen David hier spricht. Die Bildersprache ist dort besonders kraftvoll, der Dialog fesselnd. Er will jedoch anonym bleiben, da er davon überzeugt ist, die meisten würden es seltsam finden, wenn sie bei dem, was sie lesen, denken müßten, das habe jetzt ein Schutzengel geschrieben.

»Neben mir sah ich ein kleines Mädchen in der Luft schweben«

In optisch wahrnehmbarerer Form verkörperte sich ein Schutzengel für einen Jungen, den wir Russ nennen wollen. Er war vier Jahre alt, als er aus Versehen von einem Freund aus einem Baumhaus gestoßen wurde. Im Fallen geschah es dann, daß er dem Engel begegnete.

»Ich schaute hoch und war plötzlich im Fallen, aber es fühlte sich mehr wie ein Schweben an. Ich hörte, wie eine Stimme zu mir sagte, keine Angst zu haben, sondern mich ganz still zu halten und nach oben zu schauen und das Genick nicht zu bewegen. Sie sagte, es würde weh tun, aber es würde noch mal gutgehen.
Neben mir sah ich ein kleines Mädchen in der Luft schweben. Es leuchtete ganz hell, doch es tat mir nicht in den Augen weh, zu ihm hinzuschauen.
Ich machte, was mir gesagt worden war, und kam hart auf und brach mir das Schlüsselbein.
Als ich dann beim Arzt war, hörte ich ihn zu meiner Mutter sagen, daß ich mir das Genick gebrochen hätte, wenn ich den Kopf nach links oder rechts gedreht hätte. Ich hatte nur getan, was das kleine Mädchen gesagt hatte, und war heil davongekommen.«

Der Engel auf dem Schlachtfeld

Nun eine weitere Geschichte, um Ihnen eine Vorstellung von der Bandbreite der Schutzengelerlebnisse und den unterschiedlichen Menschen zu geben, denen sie widerfahren. Das folgende erlebte ein Geschäftsmann – Richard –, der mit siebzehn zur Marineinfanterie gegangen war, um beim Kampf in Vietnam »mitzumischen«.
Bei einem Feuergefecht wurde Richard mehrfach verwundet, während viele um ihn herum fielen. So erzählt er seine Geschichte:

> *»Ich war deprimiert und hatte arge Schmerzen. Ich schaute zum Himmel und bat Gott, mich sterben zu lassen wie meine Freunde neben mir. Mit einem Mal spürte ich überhaupt keinen Schmerz mehr. Ich war einfach über mir und sah mich mit einem gebrochenen Knöchel und am ganzen Körper blutend da unten liegen. Der Schmerz war weg.*
> *Dann kam so ein wunderschönes helles Licht, und es war rund um mich herum. Das ist alles, ein wunderschönes helles Licht und keine Schmerzen.«*

Richard hält sich selbst nicht für religiös oder spirituell eingestellt. Doch bis auf den heutigen Tag erscheint ihm, wenn er Schmerzen oder starken Streß aushalten muß, ein Schimmer des Lichts, und es kehrt eine »freudige Ruhe« in ihn ein.

Eine typische Geistererscheinung hat Janice erlebt. Sie hatte während einer Rückenoperation eine Nah-Todeserfahrung, bei der sie sich zu einem Ball zusammengerollt fühlte und durch eine Röhre auf ein helles Licht zuraste. Sie machte die Erfahrung, ins Licht einzutauchen, doch das war dann schon alles. Seither hat sie mehrere verifizierbare übersinnliche Erfahrungen und Geistererscheinungen erlebt. Hier nun zwei davon:

»Mein Vater mußte sich, als er schon sehr alt war, eine künstliche Hüfte einsetzen lassen. Es war eine schwierige Operation, und er erholte sich nicht davon. Nach ungefähr einer Woche im Krankenhaus starb er an einem Blutgerinnsel, das ins Herz geraten war.
Mehrere Wochen nach seiner Beerdigung wachte ich ganz in der Früh auf und sah meinen Vater neben dem Bett stehen. Ich stand auf und ging mit ihm ins Wohnzimmer. Er konnte gut gehen, ohne zu hinken. Er sagte lediglich, er habe Knochentuberkulose gehabt und er wolle uns das nur mitteilen.
Ich weiß nicht recht, warum es wichtig war, daß wir das wußten, aber als ich bei seinem Arzt nachfragte, bestätigte er mir, daß der Knochen tuberkulös durchsetzt war.«

Und hier die zweite Erscheinung:

»Im College fuhr einmal ein ganzer Haufen von uns Mädchen zu einem anderen College, um dort die Basketball-Teams

spielen zu sehen. Wir waren in einem alten Haus in der Nähe des Campus untergebracht.
Am Nachmittag saß ich in einem kleinen Aufenthaltsraum da und las, als ich einen Mann oben an der Treppe stehen sah. Er trug einen Zylinder und einen Frack und schaute zu mir herunter.
Es war merkwürdig, aber eigentlich nicht beängstigend. Ich saß einfach nur da und schaute hoch zu ihm, bis er verschwand.
Dann fragte ich den Hausbesitzer, wer dieser Mann war. Das einzige, worauf er kam, war, daß es der frühere Bürgermeister der Stadt gewesen sein könnte, der einmal in dem Haus gewohnt hatte.«

Ein Klopfen an der Tür

Der folgende Bericht über eine Erscheinung stammt von einer Frau namens Susan, die schon fast ein Dutzend verifizierbare übersinnliche Erfahrungen und angeblich drei Geistererscheinungen hinter sich hat:

»Meine Großmutter war schon seit mehreren Jahren tot, als das folgende passierte. Es war schon merkwürdig, aber ich kann ehrlich sagen, daß es mich nicht erschreckt hat, nur verblüfft.
Eines Nachts klopfte es an meiner Tür. Ich dachte, es wäre ein Nachbar oder so, also machte ich auf. Und da stand meine Großmutter!
Sie kam herein, spazierte einmal durchs ganze Zimmer und

ging wieder hinaus. Das war's dann schon! Bis heute verstehe ich es nicht, aber es macht mir keine Angst.«

Eine Verbindung zum Göttlichen

»Sah Großvater bei mir im Zimmer, kurz bevor er starb.« – »Ich sah meine Großmutter vorbeigehen und hörte ihre Schritte. Später stellte sich heraus, daß sie gestorben war.« – »Als mein bester Freund starb, stand er in meinem Zimmer vor mir. Ich wußte nicht, daß er gestorben war, aber mir war angst. Als er zu sprechen anfing, rannte ich aus dem Zimmer hinaus.«

Die Transformationsstudie ist voller solcher Begegnungen mit Toten. Viele dieser »Vorkommnisse« enthalten rätselhafte Elemente, wie etwa im Fall des Vaters, der zurückgekehrt ist, um mitzuteilen, daß er Knochen-Tb hatte. Diese Information schien ohne Bedeutung. Doch war es etwas, was niemand in der Familie wußte, bis der Vater seiner Tochter als Geist erschien.

Was nun aber sollen diese Erlebnisse mit Geistern und Schutzengeln bedeuten?

Ich meine, mit solchen Erlebnissen stellt sich für die Betreffenden eine Verbindung zum Spirituellen her; man könnte sie als eine Art Bindeglied zu all dem Positiven sehen, das sie in dem hellen Licht wahrnahmen. Sie mögen vielleicht auch eine Art Fortsetzung des Lichterlebnisses selbst sein.

Teilweise läuft das darauf hinaus, daß die rechte Hirnhälfte durch NTEs sensibilisiert wird. Laut den Aussagen der Hirnforschung hat ja der Schläfenlappen sein eigenes Bewußtsein und teilt sich in Bildern und in Hologrammen mit.

Dieser Bereich des Gehirns ist meiner Meinung nach auch fähig, auf elektromagnetische Energie und – wenn Sie so wollen – auf die Schwingungen anderer zu reagieren. Wie Sie vom sechsten Kapitel her wissen, könnte diese gesteigerte Sensibilität der Grund dafür sein, daß NTE-Leute weit mehr übersinnliche Erfahrungen machen als die übrige Bevölkerung. Da Geister nach manchen Theorien nichts weiter sind als die elektromagnetische Energie eines Toten, ließe sich mit dieser Theorie auch erklären, warum Nah-Todeserfahrene sie sehen können. Mit gesteigerter elektromagnetischer Sensibilität ließen sich auch Phänomene wie das Ausschlagen der Wünschelrute in der Hand des Rutengängers, das Vorsichsehen entfernt ablaufender Vorgänge, ja sogar die Akupunktur erklären.

Entmystifiziert nun aber diese Theorie die spirituellen Erfahrungen, weil sie damit im Gehirn lokalisiert werden? Ich für meinen Teil finde das nicht. Genauso wie sich die medizinische Praxis mit dem Aufkommen neuer technischer Errungenschaften verändert, müssen auch unsere spirituellen Überzeugungen im Zuge neuer wissenschaftlicher Erkenntnisse neu beurteilt werden.

Schutz- und andere Geister stehen sicher in Beziehung zu dem Licht in uns. Doch der Ursprung dieses Lichts ist nach wie vor ein Mysterium.

Kann man Nah-Todeserfahrungen von anderen gleichzeitig erleben?

Mir sind schon so viele gleichzeitig erlebte Nah-Todeserfahrungen begegnet, daß dieses Thema fast ein eigenes Kapitel verdient.

Ich definiere eine solche Nah-Todeserfahrung als eine, bei der jemand den Tod einer anderen Person erlebt. Nicht physisch, wohlgemerkt. Ich spreche von einem Erleben in Form von Hellsicht irgendeiner Art. Lassen Sie mich ein Beispiel anführen:

Mich erreichte eines Tages der Telefonanruf einer Mutter, die sehr durcheinander war und die wissen wollte, ob es möglich wäre, eine Nah-Todeserfahrung *mit*zuerleben. Ihr siebzehnjähriger Sohn Shane war vor kurzem bei einem Verkehrsunfall verunglückt. Er fuhr mit dem Fahrrad und wurde von einem Lastwagen erfaßt und durch die Luft geschleudert, wobei er schwere Kopfverletzungen erlitt.

Seine Eltern wurden ins Krankenhaus gerufen, in das man ihn gebracht hatte. Sie fanden ihren Sohn dort hirntot vor, und er war an lebenserhaltende Maschinen angeschlossen. Mehrere Stunden später starb er.

Sie fuhren heim, um die Nachricht ihrer fünfzehnjährigen tauben Tochter zu eröffnen, die noch nicht wußte, daß ihr Bruder tot war.

Als sie das Haus betraten, fanden sie sie zu ihrer Überraschung in Trance, aber bei Bewußtsein. Sie sprach mit jemandem – ihrem Bruder, wie sie sagte. Sie erzählte, daß sie sich nach der Schule hingelegt und etwas geschlafen habe, als sie plötzlich ihren Bruder sah und hörte. Sie sei wach gewesen, sagte sie, und habe im Zimmer herumschauen können, aber gleichzeitig sei sie in einer anderen Welt gewesen. In jener anderen Welt befand sie sich immer noch, als ihre verzweifelten Eltern zur Tür hereinkamen.

Sie schilderte den Unfall. Sie konnte ihren Bruder durch die Luft fliegen sehen und wußte, ohne daß man es ihr gesagt hatte, daß er wirklich auf der Stelle tot war. Ihr Bruder schien ihr etwas zuzurufen, jedoch ohne Worte dafür zu verwenden. »Ich muß dir was zeigen, was echt stark ist«, war das, was er ihr übermittelte.

Die beiden erhoben sich in die Luft, hoch über den Unfallort. Ihr Bruder war offensichtlich schon zuvor da gewesen, weil er zu ihr sagte: »Wart nur, bis du siehst, was als nächstes kommt!«

Cheryl, die taube Schwester, berichtete, daß sie dann in den Himmel kamen. Dort stießen sie auf Verwandte, die schon tot waren, aber gleichzeitig konnte sie auch ihre Mutter im Wohnzimmer stehen sehen und ebenso ihren toten Bruder. Da sie fähig war, zu sprechen, konnte ihre Familie hören, was Shane nach ihrer Meinung gerade zu ihr sagte. Dann fing er sogar damit an, seine Schwester zu ärgern, indem er immer wieder sagte: »Ich weiß etwas, was du nicht weißt!« Schließlich teilte er ihr mit, daß ihre Tante mit einem Jungen schwanger war, wovon die Familie zu der Zeit noch gar nichts wußte.

Was sich hier abgespielt hat, wurde von drei Familienmitgliedern miterlebt, alles ganz normale, gesunde Erwachsene, die keinen Grund hatten, eine solche Geschichte zu erfinden, und allen Grund, sie nicht publik werden zu lassen. Die Mutter spricht offen über diesen Vorfall und ist überzeugt, er beweise, daß ihr Sohn seinen körperlichen Tod überlebt hat. Ihr Mann, einer der Augenzeugen, weigert sich, darüber zu sprechen.

Aussagekräftiges Beweismaterial, doch kein wissenschaftlicher Beweis

Ich glaube Cheryls Geschichte, weil ich so viele ganz ähnliche gehört habe. Mehrere Geschichten wie diese – von Leuten, die ihrer Ansicht nach den Tod von jemand anderem miterlebt haben – habe ich aufgezeichnet. Für mich haben diese Erlebnisberichte eine wichtige Bedeutung. Keine *wissenschaftliche* Bedeutung.

Nein, Cheryls Geschichte ist kein wissenschaftlicher Beweis für irgend etwas. Wissenschaftlichkeit erfordert eine Hypothese, mit der sich dann experimentell abgeleitete Tatsachen erklären sowie die Resultate zukünftiger Experimente vorhersagen lassen. Wissenschaftlichkeit verlangt eine Versuchsanordnung, die sich immer wieder reproduzieren läßt, die immer und überall unter bestimmten Rahmenbedingungen so ablaufen kann. Das Experiment muß sich dann von anderen Wissenschaftlern wiederholen lassen, die dabei zu denselben Ergebnissen kommen.

Also beweisen Cheryls Geschichte und andere dieser Art wissenschaftlich gesehen gar nichts. Ich finde sie aber interessant, weil sie wie Nah-Todeserfahrungen paranormale Erfahrungen sind, die normalen Leuten widerfahren.

Ich gehe immer mit Vorsicht an solche Geschichten heran. Zum Beispiel lasse ich in der Regel alle Erlebnisberichte, die ich nicht aus unmittelbarer Quelle höre, unberücksichtigt. Wenn mir jemand sagt: »Ich habe einen Freund, der jemanden kennt, der ...«, dann weiß ich schon, es handelt sich höchstwahrscheinlich um eine Art modernes Märchen. Solche Märchen aus heutiger Zeit werden wieder und wieder erzählt, als ob sie wahr wären. Fast jeder Amerikaner kennt die gängigsten davon: die vom verschwundenen Tramper, die von der gebratenen Kentucky-Ratte und auch die von Bigfoot*. Das sind Geschichten, die weitergegeben werden, aber der Realitätsgrundlage entbehren.

Dr. Jan Brunwald ist sein Leben lang solchen Legenden nachgegangen, konnte jedoch keine objektiven Anhaltspunkte finden, daß solche und ähnliche Begebenheiten, die es zu Hunderten gibt, je stattgefunden haben. Nichts kam ihm unter, was die Leute anders als nur »vom Hörensagen« wissen.

Ich bestehe immer darauf, mit denjenigen, die etwas Bestimmtes erlebt haben, selbst zu sprechen, und dokumentiere dann diese Fälle sehr genau, oft sogar indem ich meine Interviews mit den Betreffenden auf Audio- oder Videoband aufzeichne. Dr. Ian Stevenson, ein angesehener Forscher von der University of Virginia, ist der Meinung, daß die wichtigsten neueren Forschungsergeb-

* Dem amerikanischen Yeti; A. d. Ü.

nisse auf dem Gebiet des Paranormalen in Zukunft von dokumentierten Fällen paranormaler Vorkommnisse herrühren werden. Stevenson meint, daß derlei Aussagen von ganz gewöhnlichen Leuten, die allem Anschein nach offen die Wahrheit sagen, wohl das beste direkte Beweismaterial sei, das wir in der Hand hätten.

Sorgfältige Dokumentation

Ich ließ mir bestätigen, daß Shane tatsächlich in dem betreffenden Krankenhaus Patient und bei einem Verkehrsunfall gestorben war. Ich sprach mit allen Leuten, die Cheryls Erfahrung miterlebt hatten. Nachdem ich allem nachgegangen war und es aufgezeichnet hatte, kam ich zu dem Schluß, daß dieses Mädchen wirklich die Todeserfahrung ihres Bruders miterlebt hatte.
Ich glaube auch, nachdem ich nun so viele dieser gleichzeitig erlebten Erfahrungen analysiert habe, daß sie ausgezeichnetes Beweismaterial dafür liefern, daß das Licht und vieles andere, was die Betreffenden bei Nah-Todeserfahrungen sehen, seinen Ursprung außerhalb des Körpers hat. Und auf irgendeine Weise kann eine zweite Person miterleben, was ein Sterbender erlebt.
Natürlich impliziert dies, daß die Nah-Todeserfahrung (und in manchen Fällen die Erfahrung des tatsächlichen *Sterbens*) mittels Telepathie miterlebt werden kann. Dies ist nicht so weit hergeholt, wie es scheint. Rupert Sheldrake, Biologe und Mitglied der Royal Society in England, glaubt, daß unsere Schläfenlappen als Antenne

fungieren können und so mit Energiefeldern außerhalb unseres Körpers in Beziehung treten. Dies ist *eine* mögliche Erklärung für Telepathie und natürlich auch für das simultane Erleben von NTEs und für andere paranormale Erfahrungen.

Sheldrake behauptet, daß das Kraftfeld, das alle lebenden Organismen umgibt, eine Form von Artengedächtnis sei, das außerhalb des jeweiligen Organismus und dessen Körper existiere, ihn aber seine jeweilige Gestalt annehmen lasse. Sheldrake nennt dies die »morphogenetische Resonanz«, durch die Tiere auf der Basis eines kollektiven Artengedächtnisses wachsen und voneinander lernen.

Zwar werden Erinnerungen eigentlich im menschlichen Gehirn gespeichert, doch – so glaubt Sheldrake – können sie möglicherweise auch außerhalb des Körpers in diesen »morphogenetischen Kraftfeldern« vorkommen und wie Radiowellen von den Schläfenlappen anderer empfangen werden.

Vielleicht liefert dies eine Erklärung für eine Vielzahl von paranormalen Erfahrungen wie etwa für die Telepathie, die bei langverheirateten Paaren oder bei Zwillingen zu beobachten ist. Sicher ließen sich damit simultan erlebte Erfahrungen in Todesnähe oder während des tatsächlich eintretenden Todes erklären.

Dies ist nur eine der Theorien, die in Zukunft genauer untersucht werden müßten.

Aus anderen Quellen

Von diesen gleichzeitig erlebten Erfahrungen gibt es sowohl in der populären als auch in der fachspezifischen Literatur viele Beispiele. Im folgenden finden Sie einige davon:

- United Press International verbreitete am 30. Mai 1970 folgende Nachricht: Romer Troxell fuhr von seinem Zuhause in Pennsylvania nach Portage in Indiana, wo er die unglückliche Aufgabe hatte, die sterblichen Überreste seines ermordeten Sohnes zu identifizieren. Von dem Augenblick an, als er in die Stadt kam, nahm er die Stimme seines Sohnes wahr, die zu ihm sprach. Die Stimme gab ihm Anweisungen, in welche Richtung er zu fahren hatte, und er folgte ihnen und kam so nach Gary in Indiana.
  Dort entdeckte er das Auto seines Sohnes: Jemand fuhr damit ein Seitensträßchen hinunter. Er drängte das Auto von der Fahrbahn und blieb bei dem Fahrer, während ein Verwandter, der ihn bei der Fahrt begleitet hatte, die Polizei rief.
  Der Mann in dem Auto wurde später des Mordes an Troxells Sohn überführt.
- Um die Jahrhundertwende sammelten die beiden britischen Intellektuellen F. W. H. Meyers und Edmund Gurney Hunderte von Geschichten über Paranormales, und bei vielen davon geht es um Simultanerfahrungen.
  In einem typischen Fall aus dem Jahre 1863 fuhr ein

Mr. Conley nach Dubuque in Iowa, um sich medizinisch behandeln zu lassen, und starb dort. Sein Sohn wurde per Telegraph benachrichtigt und begab sich nach Dubuque, um den Leichnam zu holen. Er kehrte mit dem toten Vater zurück, hatte aber einen Teil der Kleider des Vaters in Dubuque zurückgelassen.
Nach seiner Heimkunft behauptete die Tochter des Toten, Elizabeth Conley, sie habe eine Vision gehabt, in der ihr der Vater erschienen sei und sie aufgefordert habe, das Geld aus seinem Unterhemd an sich zu nehmen.
Der Bruder fuhr daraufhin nach Dubuque zurück und fand in das Unterhemd eingewickelt dreißig Dollar.

– In der Fernsehsendung »Unsolved Mysteries« (»Ungelöste Rätsel«) wurde die Geschichte einer jungen Atemtherapeutin aus Dallas ausgestrahlt, die ermordet in ihrer Wohnung aufgefunden worden war. Es gab weder Verdächtige noch Spuren, bis dann eine andere Atemtherapeutin am selben Krankenhaus einen Traum hatte. Darin kam die Ermordete auf sie zu und sagte: »Ich bin von Edward Copina umgebracht worden«, einem Pfleger, der am gleichen Krankenhaus arbeitete.
Sie wachte voller Angst auf und erzählte den Traum ihrem Mann, der als Arzt an besagtem Krankenhaus tätig war. Und sie taten dann das Vorkommnis als Alptraum ab.
Der Traum jedoch kam wieder. Und dann ein drittes Mal, wobei der Arzt entsetzt beobachtete, daß seine Frau wie besessen schien vom Geist der Toten. »War-

um bist du nicht zur Polizei gegangen?« fragte ihn seine nun offensichtlich besessene Frau.
»Weil wir keinen Beweis haben. Sie werden uns gar keine Beachtung schenken!«
»Der Schmuck, das ist der Beweis!« entgegnete seine Frau. »Er hat was von meinem Schmuck mitgehen lassen.«
Das Ehepaar ging zur Polizei und erzählte, was geschehen war. Statt ihre Aussage abzutun, verhörte die Polizei den Pfleger, und er gestand den Mord. Später entdeckte man, daß seine Freundin den Schmuck der Toten trug.

Manche Erfahrungen sind wenig tröstlich

Ich muß ganz offen zugeben, daß diese Geschichten fast durchwegs jeder Vernunft spotten. Manchmal tragen die geteilten Erfahrungen absolut nicht dazu bei, eine Familienkrise zu beheben, vielmehr machen sie die momentane Verwirrung höchstens noch größer. Denn nun muß die Familie nicht nur mit dem Verlust oder Beinaheverlust eines Angehörigen fertig werden, sondern auch noch eine Erklärung für eine Erfahrung zu finden suchen, die sich in ihre Sicht des Lebens so gar nicht einfügt.
Lassen Sie mich ein Beispiel anführen für eine solche Erfahrung, die für die Betroffene nichts Tröstliches hatte. Sie soll Donna heißen und befand sich mit ihrem Mann auf Hochzeitsreise in Hawaii, als ihr sehr lebhaft

träumte, daß ihr Bruder zu Hause inzwischen ums Leben gekommen war.
In diesem Traum schwebte sie über dem Krankenhausbett, in dem ihr Bruder lag. Sie versuchte mit ihm in Kommunikation zu treten, konnte aber nicht erreichen, daß er die Augen aufmachte. Nachdem sie mehrere Sekunden so über ihm geschwebt war, hörte sie ihren Bruder sagen, daß er sterben werde.
»Er schaute aus, als ob er einfach schlafen würde«, sagte sie. »Ich wußte, daß er schwere Kopfverletzungen hatte, aber er schaute nicht schlimm aus.«
Am nächsten Tag in der Früh erzählte sie ihrem Mann von dem Traum, aber er tat ihn damit ab, er sei wohl ihrem späten Abendessen zuzuschreiben. Gleich nach dem Frühstück traten sie die Heimreise an.
Am Flughafen ihrer Heimatstadt trafen sie zufällig die Schwester der Frau und erfuhren von ihr, daß ihr Bruder unter ein Auto gekommen war und nach drei Tagen auf der Intensivstation an seiner schweren Hirnverletzung gestorben war.
Ihre Erfahrung war Donna kein Trost. Zum einen mochte sie Vorahnungen irgendwelcher Art ohnehin nicht. Zum anderen löste sie bei ihr und ihrem Mann tiefe Schuldgefühle aus, wozu er folgendes meinte: »Ich treffe meine Entscheidungen gern aufgrund von Fakten. Also habe ich sie nicht zu Hause anrufen lassen. Ich habe zu ihr gesagt: ›Wenn wirklich etwas nicht in Ordnung ist, dann würden sie uns schon anrufen.‹«
Donnas Mutter machte sich ihren eigenen Reim auf das Erlebnis ihrer Tochter, und der war nicht gerade beruhi-

gend. Sie glaubte, solche Träume schicke einem der Teufel. Donna dagegen denkt da gerade umgekehrt: Sie hält sie für gottgesandt. »Ich glaube, Gott wollte, daß ich die Starke in der Familie war, deshalb informierte er mich auf ganz besondere Weise.«

Trotzdem war dies keine tröstliche Erfahrung, weder für Donna noch für die übrigen Familienmitglieder. Bis heute sorgt ihre Erfahrung für Streß in der Familie, da sie etwas zu erklären sucht, was offenbar nicht zu erklären ist.

Ein simultaner Traum

Nun noch eine weitere Geschichte, die verdeutlichen soll, in welches Dilemma die unterschiedliche Auslegung solcher simultaner Erfahrungen führen kann.

Die Geschichte dreht sich um eine Mutter mit einer an Leukämie erkrankten neunjährigen Tochter, die sich in einem kritischen Zustand befand. In der Nacht, um die es hier geht, schlief sie bei ihrer Tochter, wie sie es häufig seit deren Krankheit tat.

Als sie am nächsten Morgen aufwachte, hatte sie ihrem Mann einen unglaublichen Traum zu erzählen: Sie ging mit ihrer Tochter durch einen langen Tunnel. Am Ende des Tunnels war es wunderschön, voller Farben und voller Musik. Überall waren kleine Kinder und Babys, und eine lichte Gestalt, die sie als Christus bezeichnete, sprach sie an. Die Zeit, zu sterben, sagte er, sei für ihre Tochter noch nicht gekommen, sie würde noch eine

Weile »dort auf der Erde« warten müssen. Wenn die Zeit komme, so fügte er hinzu, werde die Mutter kurz darauf folgen, was bei Erscheinen des Buches noch nicht geschehen war.

Keine Stunde später schilderte die Tochter ihrem Vater denselben Traum. Auch sie beschrieb ihm, wie sie durch einen langen Tunnel gegangen war und dann einen Raum voller Farben und Musik sah. Und auch sie sprach mit Jesus, der dasselbe zu ihr sagte wie zu ihrer Mutter.

Diese ihnen gemeinsame Erfahrung ist nicht ohne Ironie. Während die Mutter darin großen Trost fand, war sie der Tochter alles andere als ein Trost. Sie löste Angst und Ärger in ihr aus, und so blieb es, bis sie ein paar Monate später starb.

Sie erlebte nie den Frieden und die Ruhe wie so viele vor ihrem Tod, und der Traum bewirkte auch nicht, daß sie ihre Angst vor dem Tod verlor. Auch dem Vater machte diese Erfahrung schwer zu schaffen. Eine Zeitlang dachte er, seine Frau wäre verrückt geworden. Als er merkte, wie unsinnig seine Annahme war, machte es ihn ärgerlich, daß zugelassen wurde, daß seine Tochter starb, aber er war außerdem wütend, daß er nicht dazu ausersehen war, die Erfahrung mit seiner Frau und seiner Tochter zusammen zu erleben.

Wir haben hier also eine gleichzeitige Erfahrung, die der Mutter Trost bringt, nicht aber dem kranken Kind, und die den Vater ins Abseits stellt.

Dies bringt etwas zur Sprache, was sich generell bei diesen simultanen Visionen beobachten läßt: Eine Vision, die mit dem Tod zu tun hat, ist noch kein Allheilmittel für alle mit dem Tod und dem Sterben zusammenhängenden Probleme.

Die Zeit ist reif für eine Untersuchung

Mir geht es darum, diese Simultanerfahrungen zu untersuchen. Es ist wichtig, diese Fälle, so gut wir nur können, zu dokumentieren. Der Beweis dafür, daß solche Erfahrungen tatsächlich passieren, ist eines der größten Teile in dem Puzzle, als das sich die Erforschung des Paranormalen bezeichnen läßt.

Ich bin auch der Meinung, daß uns die Beweisführung unsinnig schwierig gemacht wird. Die meisten unserer modernen medizinischen und wissenschaftlichen Fortschritte beruhen auf wissenschaftlichem Datenmaterial, das weit *weniger* gut dokumentiert ist als die durch Augenzeugen und anschließend noch einmal unabhängig davon verifizierten Geschichten, die wir bei unserer Forschung hören. Zum Beispiel beruhen die Praktiken der Babyernährung überwiegend auf statistisch fragwürdigen oder anekdotischen Studien. Die meisten sind davon überzeugt, daß es bei Babys Darmkoliken gibt, jedoch läßt sich in der medizinischen Literatur ein Konsens darüber, was dies ist und wie man so etwas behandelt, schwerlich finden. Sogar die positive Bedeutung eines niedrigen Cholesterinspiegels, etwas, das in der Öffentlichkeit absolut akzeptiert wird, ist in wissenschaftlichen Kreisen durchaus umstritten.

Trotz der Kontroversen darüber bilden sich ausgehend

von diesen allgemein akzeptierten »Tatsachen« Richtlinien aus, nach denen wir leben sollen. Warum? Einfach, weil die Prinzipien, an die wir uns halten, die meiste Zeit funktionieren und unsere Weltsicht nicht wirklich verändern. Wir geben Babys eine bestimmte Nahrung, behandeln bei ihnen etwas, was sich nur vage als Kolik definieren läßt, und schauen darauf, daß unser Cholesterinspiegel niedrig bleibt, selbst wenn sich der Grund dafür wissenschaftlich nicht eindeutig festnageln läßt. Wir tun das alles einfach deshalb, weil – offen gesagt – diese Prinzipien sich nicht sonderlich störend auswirken auf unser Leben.

Wo es nun soviel Belegmaterial gibt, mit dem sich derartige Simultanerfahrungen untermauern lassen, warum werden diese und andere spirituelle Erfahrungen dann nicht allgemein als wahr und echt anerkannt? Ich meine, die Antwort ist nicht schwer. Wenn wir daran glaubten, so würde sich damit unsere Weltsicht radikal verändern, und alles, angefangen von den Naturgesetzen bis hin zu spirituellen Überzeugungen, würde in Frage gestellt.

Man bekennt sich nicht zu dem, was man sieht

Ein prägnantes Beispiel hierfür liefert Carol Staudacher, eine Psychologin und Beraterin bei Trauerfällen aus Kalifornien, in ihrem Buch *Beyond Grief*, wo sich mehrere Beispiele für Simultanerfahrungen aus ihrer eigenen Praxis finden.

In einer dieser Geschichten erblickt eine Frau ihren

verstorbenen Mann in einer Toreinfahrt, und er hat dabei einen weißen Bademantel an. Die Schwiegermutter dieser Frau war währenddessen auch bei ihr im Zimmer. Sie sagte nichts, und nichts in ihrem Handeln deutete darauf hin, daß irgend etwas außergewöhnlich wäre. Dabei hatte die Schwiegermutter, wie die Frau später erfuhr, dieselbe Vision mit demselben Bademantel.
Das Dilemma daran ist folgendes: Die zwei Frauen haben dieselbe Vision, vermögen aber nicht miteinander darüber zu sprechen. Jede macht sie mit sich selber ab und erfährt nur durch Dritte von dem Erlebnis der anderen, bei dem es sich doch zumindest um eine auf telepathischem Wege gleichzeitig erlebte Halluzination, vielleicht auch um eine simultan sich einstellende Erinnerung handelte.
Was sie sahen, war ja keine große Sache. Das Besondere daran war, daß sie beide dasselbe zur gleichen Zeit sahen.

Sind NTEs bei Neugeborenen möglich?

Ein überraschendes Ergebnis der Transformationsstudie ist es, daß auch Babys NTEs erleben können. Ich konnte mehrere davon in der Studie dokumentieren, wobei das jüngste Baby vier Monate alt war.
Die meisten waren außerordentlich einfach und drehten sich in der Regel nur um das helle Licht oder einen Flug durch den Tunnel. Im folgenden nun ein typisches Beispiel, und zwar von einem Mann, der mit vier Monaten beinahe gestorben wäre: »Alles, woran ich mich erinnere,

ist, daß ich ein Licht gesehen habe, das mich ganz umgab, und daß ich dabei ein starkes Gefühl von Liebe empfunden habe.«

Nun noch ein *atypisches* Beispiel, diesmal von einem Teenager, Mark, der im Alter von neun Monaten fast gestorben wäre: »Ich sah Schwestern und Ärzte über mir stehen, die versuchten, mich aufzuwecken. Ich flog aus dem Raum und [kam zum Wartezimmer, wo ich] sah, wie Großpapa und Großmama weinten und einander umarmt hielten. Ich glaube, sie dachten, ich würde sterben.«

Später, so berichtete er, kroch er einen langen, dunklen Tunnel hinauf, auf ein helles Licht zu. Am Ende des Tunnels »war es hell«, und er »lief mit Gott über die Wiesen«. Gott fragte ihn, ober er »wieder heim« wolle. Mark sagte nein, wurde aber trotzdem zurückgeschickt.

Ich stieß während meiner Recherchen für *Zum Licht* auf eine dieser NTEs von Babys und erwartete eigentlich nicht, noch mehr davon zu finden. Ich entdeckte aber doch noch weitere im Laufe der Arbeit an der Transformationsstudie, darunter auch den Fall von jemandem, der behauptete, eine *pränatale* Nah-Todeserfahrung gemacht zu haben!

Ich weiß, das klingt unwahrscheinlich, und niemand könnte überraschter sein als ich. Ich habe, wie die meisten meiner Kollegen in der Pädiatrie, gelernt, daß Babys noch kein Langzeitgedächtnis haben. Immer mehr Forschungsmaterial kommt jedoch zusammen, das zeigt, daß Babys sehr wohl die Fähigkeit haben, ihre Umgebung zu erkennen und sich an Ereignisse zu erinnern.

Besseres Erinnerungsvermögen als vermutet

Der amerikanische Psychiater Nandor Fodor zum Beispiel spricht von Dutzenden Patienten um die Fünfzig, die sich an ganz spezifische traumatische Ereignisse bei ihrer Geburt erinnern. Einige davon erwähnen auch pränatale Erinnerungen wie etwa an das Geräusch von Knallfröschen oder an das Pfeifen von Zügen. Er trug sogar Fälle zusammen, die auf eine Gedankenübertragung zwischen Mutter und Kind schließen lassen. Ich selbst habe ebenfalls von solchen Fällen gehört.

David Cheek, Geburtshelfer in San Francisco, hat eine ganze Reihe von – zum Teil verblüffenden – Geschichten zusammengetragen, die Erinnerungen an die eigene Geburt belegen. In einer davon geht es um einen sich zwanghaft unter Leistungsdruck setzenden Mann in den Fünfzigern, dessen Ängste und Mangel an Selbstwertgefühl auf spektakuläre Weise behoben wurden, als er sich daran erinnerte, wie er den Geburtshelfer bei seiner Geburt zu einer Schwester sagen hörte: »An den da brauchen Sie nicht soviel Zeit zu verschwenden. Ich glaub' nicht, daß es sich rentiert, ihn durchzubringen.« Dieser Mann wurde zweieinhalb Monate zu früh geboren und wog nur knapp über drei Pfund, so daß der Arzt dachte, er würde nicht durchkommen.

David Chamberlain, ein angesehener Psychologe, hat eine interessante Vorgehensweise, um Erinnerungen an die eigene Geburt auf die Spur zu kommen. Er untersuchte zehn Mutter-Kind-Paare, wobei das Alter der Kinder zwischen neun und 23 lag. Die Kinder hatten keine bewußte Erinnerung an ihre Geburt, und die Mütter hatten mit ihnen nie über irgendwelche näheren Einzelheiten der Geburt gesprochen.

Er hypnotisierte dann die Kinder und versetzte sie bis zu ihrer Geburt zurück. Dabei hielt er fest, an welche Details der Geburt sie sich erinnerten, und zwar waren dies zum Beispiel die Tageszeit, die anwesenden Leute, die verwendeten Instrumente, die Art der Entbindung (mit dem Kopf oder den Füßen zuerst), Still- bzw. Fütterungszeiten per Flasche, Erscheinen bzw. Nichterscheinen des Vaters, Zimmerwechsel. Die erinnerten Details wurden daraufhin mit denen, die die Mütter angegeben hatten, verglichen.

Im Durchschnitt kamen die Mutter-Kind-Paare auf vierzehn Details, die genau übereinstimmten. Bei dem besten Paar waren es 24 nähere Einzelheiten, die übereinstimmten, und keinerlei Widersprüche. Im schlechtesten Fall wurden dreizehn genaue Übereinstimmungen erreicht, bei vier Fehlern. Zum Beispiel lieferten zwei Töchter ausgezeichnete Schilderungen der Frisur, die ihre Mutter an jenem Tag hatte. Viele erinnerten sich daran, wie oft man sie in die Ferse gepiekst hatte, um Blut abzunehmen. Ein Kind erinnerte sich daran, daß man ihm etwas eng um den Hals Liegendes entfernt hatte. Die Mutter erzählte ihrerseits, wie ihr Baby fast von der Nabelschnur erstickt worden wäre.

Dr. Chamberlain führt über 250 Belegstellen aus der wissenschaftlichen Literatur an, die dokumentieren, daß ungeborene und neugeborene Kinder alles mögliche – von bestimmten Geschichten, die man ihnen vorliest, wenn sie noch im Mutterleib sind, bis zu Wörtern wie »Zunder« oder »Beagle« – behalten und sich merken können. Forscher haben Babys solche Worte vorgesagt, weil jemand anderes als ein Forscher, der pränatales Erinnerungsvermögen untersucht, sie wohl nicht so ohne weiteres verwenden würde.

Lewis Lipsitt von der Brown University, ein Experte für Lernpsychologie, hat eine Studie mit Neugeborenen durchgeführt und herausgefunden, daß man es bei Babys in diesem Alter mit »einem so hoch lernfähigen Organismus« zu tun hat, »wie man ihn wohl nur irgend finden kann«.

Der Neugeborenenforscher Dr. Thomas Verny gießt hier noch Öl ins Feuer, wenn er zum Beispiel die Geschichte von Boris Brott erzählt, einem berühmten Dirigenten, der bestimmte Stücke spielen konnte, ohne sie vorher angesehen zu haben. Wenn er eine Partitur zum ersten Mal dirigierte, sprang ihm immer die Cellostimme ins Auge, manchmal so sehr, daß er schon wußte, wie es weiterging, ohne umgeblättert zu haben. Er meinte, der Grund für diese unheimliche Vorahnung war der, daß seine Mutter Berufscellistin war und viele dieser Stücke immer wieder während ihrer Schwangerschaft gespielt hatte.

Ist es denn angesichts der Menge an Forschungsmaterial zur Erhärtung der Tatsache, daß Babys über ein Erinnerungsvermögen verfügen, überhaupt noch überraschend, wenn es auch Leute gibt, die sich an vorgeburtliche Nah-Todeserfahrungen erinnern?

Im folgenden nun zwei Beispiele für pränatale NTEs, die

ich sehr schwer zu begreifen, gleichzeitig aber sehr überzeugend finde.

Ein Traum, der Realität war

Einer meiner Kollegen hatte im Sprechzimmer eine neunundzwanzigjährige Frau vor sich. Zufällig erwähnte er, daß ich ein Buch über Nah-Todeserfahrungen geschrieben hatte.

»Was ist denn das?« fragte sie.

Er beschrieb sie ihr als Erfahrungen, die Menschen beim Sterben machen und bei denen Empfindungen wie ein Aus-dem-Körper-Herausschweben und ein Eintauchen in ein helles Licht voller Liebe auftreten.

»Ach so!« meinte sie. »Die habe ich dann auch. Ich wußte nur nicht, wie man so was nennt.«

Daraufhin zog er mich hinzu. Diese Frau erzählte mir in allen Einzelheiten über einen immer wiederkehrenden Traum, bei dem sie aus ihrem Körper herausschlüpfte und in ein helles Licht eintauchte. Wie sie mir sagte, träumt sie das sehr lebhaft, und sie fühlt sich dabei ständig an Gott erinnert. Sie sprach auch darüber, daß sie während des Traums das Gefühl habe, tot zu sein, obwohl sie noch nie in ihrem Leben richtig krank gewesen sei. Bei ihrem Traum wird sie, wie sie erzählt, aus dem Körper herausgezogen und kommt durch einen langen, dunklen Tunnel an einen schönen und hell erleuchteten Ort, der ihr ein Gefühl der Geborgenheit gibt. Während sie dort ist, hat sie das Empfinden, sie könne das Leben in seiner Gesamtheit begreifen, doch wenn sie dann aufwacht, weiß sie nicht mehr, wie dieses Begreifen eigentlich genau ausgesehen hatte.

Dies alles interessierte mich sehr, noch mehr aber das, was sie mir ein paar Monate später erzählte, als sie mich erneut aufsuchte.

Die Beziehung zu ihrem Vater war nie sehr gut gewesen. Obwohl sie ihn als warm und liebevoll schilderte, war da immer etwas an ihm, was Ärger in ihr hochkommen ließ. Eines Nachts, als sie wieder ihren Traum hatte, fragte sie das Licht, warum sie mit ihrem Vater nicht so zurechtkam. Eine Stimme im Licht sprach zu ihr: »Frag deine Mutter nach dem, was bei deiner Geburt war!«

Das tat sie dann auch: Ein paar Tage später erzählte sie ihrer Mutter von dem Traum und fragte sie, was während ihrer Geburt geschehen war. Ein wahrer Schwall von Schuldgefühlen brach aus ihrer Mutter hervor:

> *»Nie hätte ich gedacht, daß dir davon was in Erinnerung bleiben könnte! Ich hab' ja so ein schlechtes Gewissen! Ich hätte dir das eher sagen sollen. Als ich schon acht Monate schwanger war mit dir, hab' ich entdeckt, daß dein Vater ein Verhältnis mit seiner Sekretärin hat. Das war für mich so traumatisch, daß die Plazenta sich ablöste und du während der Geburt beinah gestorben wärst. Die Ärzte hatten wirklich zu tun, um dich am Leben zu halten.«*

Dies wäre nichts weiter als eine phantastische Geschichte, gäbe es da nicht die genaue Schilderung einer Nah-Todeserfahrung durch eine Person, die gar nicht wußte, daß

sie dem Tod nahe gewesen war, und die keinerlei Grund hätte, von einem Aus-dem-Körper-Schlüpfen, einer Tunneldurchquerung oder dem Eintauchen in ein Licht zu träumen, da sie nicht einmal wußte, was eine Nah-Todeserfahrung war.
Sind solche Träume denn auch sonst gängig? Um eine Antwort hierauf zu erhalten, befragte ich 200 Eltern von meinen kleinen Patienten, wie sie der Reihe nach in meine Praxis kamen, und stellte ihnen ein paar simple Fragen, unter anderem die folgende: Hatten Sie je einen Traum oder eine Vision, bei dem/bei der Sie Ihren physischen Körper verlassen haben, in einen Tunnel gekommen sind und ein helles Licht gesehen haben?
Nicht einer der 200 Befragten hatte je so einen Traum. Also kann man mit Sicherheit sagen, daß solche Träume nicht gängig sind und daß der Zufall als Erklärung für die Erfahrung obiger Frau nicht taugt. Es scheint viel eher, daß ihre Erfahrung Realität war. Wenn wir das hernehmen, was wir inzwischen über NTEs und das pränatale Gedächtnis wissen, ist es wohl wahrscheinlich, daß sich ihr die Erinnerung an ihre Nah-Todeserfahrung unterbewußt eingeprägt hat. Auch daß sie erfaßte, wo der Ärger auf ihren Vater herrührte und wie ihm beizukommen war, lag im Rahmen jener Erfahrung.

Dies ist ein Bereich innerhalb der Nah-Todeserfahrungen, den näher zu erforschen ich bestrebt bin. Ich habe den Verdacht, daß Adrenalin im Spiel ist, wenn so unglaublich frühe Eindrücke im Gedächtnis gespeichert werden. Die Forschung hat erwiesen, daß sich durch eine

Adrenalinausschüttung, die bei bestimmten Arten von Nachrichten erfolgt, diese Information den Neuronen, der »grauen Substanz« des Gedächtnisses, einprägt. Dies hilft uns zu überleben, denn so bleiben uns mit starkem Streß verbundene Vorkommnisse in unserem Denken besonders gegenwärtig, und wir können schneller darauf reagieren.

Grelles Blitzlicht in finstrer Höhle

Diese Artefakte werden, so denke ich, eines Tages von Wissenschaftlern näher erforscht werden, und vielleicht werde ich auch selbst mich in kommenden Studien daran versuchen und dabei zu abschließenderen Antworten – und zu vielen weiteren Fragen – gelangen.

Doch ich bin realistisch: Ich erwarte nicht, daß Ärzte sich auf einmal für Nah-Todesstudien interessieren. Die Begeisterung, die ich spürte, als ich erst erkannte, daß sterbende Patienten lebendige und echte spirituelle Erfahrungen machen, hat bei meinen Medizinerkollegen sehr geringes Interesse ausgelöst. Die Revolution in der Behandlung Sterbender und Patienten auf der Intensivstation ist ausgeblieben. Viele Krankenhäuser sind noch immer Fabriken und die Patienten ihre »Produkte«.

Ärzte fühlen sich unwohl, wenn sie mit Problemen des Sterbens und des Todes konfrontiert werden. Vielleicht sind sie auch nur zu sehr davon in Anspruch genommen, Patienten zu empfangen und auf dem neuesten wissenschaftlichen Stand zu bleiben, um über das Wesen der menschlichen Seele nachzudenken. Doch bin ich schon der Überzeugung, daß es vielen Ärzten unangenehm ist oder sie nicht darauf vorbereitet sind, sich mit solchen Dingen auseinanderzusetzen, wenn man sie dazu auffordert.

Ich stieß auf dieses Unbehagen, als ich einmal in einem Kinderkrankenhaus an der Westküste mit Ärzten und Psychologen sprach. Ich hatte über meine Erfahrungen mit Kindern referiert, und im Anschluß daran ging eine ganze Schar von uns zur Cafeteria, um etwas zu essen. Die Psychologen unterhielten sich ungezwungen, während die Ärzte schweigend beim Essen saßen.

Ich versuchte einen Vorstoß. »Wie fanden Sie meinen Vortrag?« fragte ich.

Der Leiter der Intensivstation zuckte die Achseln. »Also das widerspricht allem, wovon ich überzeugt bin und was ich für wahr halte. Das sterbende Gehirn kann keine solchen Bilder erzeugen oder eine solche Aktivität entfalten.«

Überraschenderweise kam mir ein älterer Arzt zu Hilfe: »Schon, aber wieviel, meinen Sie denn, wissen wir von der Wahrheit? Fünf Prozent? Zehn Prozent? Die Wissenschaft ist doch nur wie ein grelles Blitzlicht in einer riesenhaften Höhle.«

Der Leiter der Intensivstation legte seine Gabel weg. Er lehnte sich vor und verriet uns ein Geheimnis: »Ich entschloß mich einmal, ein Kind an das Beatmungsgerät anzuschließen, nur aufgrund einer Vision, von der es mir erzählte. Es war ein achtjähriger Asthmatiker, den ich behandelte. Ich dachte, mit ihm wäre alles in Ordnung, und wollte ihn schon nach Hause schicken. Plötzlich drehte er sich zu mir und sagte: ›Ich glaube, ich sehe meine Großmutter. Sie kommt wegen mir, und ich geh' mit ihr weg.‹ Die Mutter des Jungen meinte, daß er da nur Unsinn rede und daß die Großmutter vor mehreren Jahren gestorben sei.«

Der Arzt jedoch war so schockiert über das, was der Junge gesagt hatte, daß er ihn im Krankenhaus behielt und mit einer sehr aggressiven Behandlung anfing. Das war sein Glück. Ein paar Stunden später wurde es plötzlich viel schlimmer mit ihm, und er wäre gestorben, hätte er sich nicht in so unmittelbarer Nähe der nötigen medizinischen Versorgung befunden.

Diese Geschichte erstaunte mich. Hatte doch der Chefarzt der Intensivstation eines größeren Krankenhauses zugegeben, daß die spirituelle Vision eines Patienten Einfluß auf seine Behandlung gehabt hatte. Er erzählte davon jedoch wie von einem Geheimnis, dessen man sich schämen mußte. Er wollte klarstellen, daß er nicht an so etwas wie Nah-Todeserfahrungen glaubte. Und doch hatte auch er ein Artefakt entdeckt.

8 Das Leuchten Gottes

»Allein dem Menschen wird der Weg von einem Licht gewiesen, das mehr ausleuchtet als nur das Fleckchen Erde, auf dem er steht.«

Die Biologen
Peter und Jean Medawar

Fassen wir noch einmal zusammen: Die Hauptfrage, auf die die Transformationsstudie Antwort geben sollte, war wie bei jedem guten Forschungsprojekt schlicht und einfach: Haben Nah-Todeserfahrungen transformierende Auswirkungen, die sich belegen lassen? Um diese Frage zu beantworten, untersuchten wir Erwachsene, die als Kind eine Nah-Todeserfahrung gemacht hatten. Auf diese Weise bekamen wir die Langzeitwirkung von NTEs in den Blick, jene grundlegenden Veränderungen in physischer und psychischer Hinsicht, die die Jahre überdauern und buchstäblich zum Wesenskern einer Person werden.

Die untersuchte Gruppe repräsentierte einen echten Querschnitt durch die amerikanische Gesellschaft. Es gab Ärzte darunter sowie Rechtsanwälte, Immobilienhändler, Arbeiter, Programmierer, Journalisten, Künstler, Hausfrauen, Schreiner – praktisch alle nur möglichen Berufe. Auch die meisten Rassen waren vertreten: Weiße, Schwarze, Indianer und Lateinamerikaner, und zwar ungefähr entsprechend ihrem Anteil an der Gesamtbevölkerung. Auch die Hauptreligionen waren vertreten. Das einzige, was die Probanden gemeinsam hatten, war jener eine Augenblick in der Kindheit, als sie beinahe gestorben wären.

Um den Nachweis zu erbringen, daß eine bedeutsame Veränderung stattgefunden hatte, verglichen wir diese Untersuchungsgruppe mit anderen Erwachsenen, die dieselben spirituellen und religiösen Werte und ähnliche physische und psychische Traumata aufwiesen. Der Hauptunterschied war, daß diese anderen Gruppen keine Nah-Todeserfahrung hinter sich hatten.

In der Studie wurden eine Reihe tiefgreifender Veränderungen deutlich, die Nah-Todeserfahrungen bewirkt hatten. Auch wenn die Betreffenden nicht wußten, daß sie anders geworden waren, hatten sie sich durch diese Erfahrung, die wohl die erstaunlichste und spirituellste war, die die meisten von ihnen je erlebt hatten, in Wirklichkeit nachhaltig gewandelt. Eine Frau aus der Untersuchungsgruppe erklärte zu dem Licht, das sie gesehen hatte: »Gott war es nicht, doch genausowenig war es *nicht* Gott.« Das Licht hat diese Leute tatsächlich verwandelt, ob sie es erkannten oder nicht. Indem wir die Art und Weise, wie sie leben, analysierten, wurden die Spuren, die die Nah-Todeserfahrung hinterlassen hatte, für uns sichtbar. Zum Beispiel tun diejenigen aus der NTE-Gruppe mehr für ihre körperliche Fitneß als der Durchschnitt, sie essen mehr frisches Obst und Gemüse, brauchen weniger Arzneimittel wie Aspirin und andere nicht rezeptpflichtige Medikamente. Sie haben auch weniger psychosomatische Beschwerden, fehlen weniger häufig bei der Arbeit

und sind weniger Jahre arbeitslos als diejenigen aus den Kontrollgruppen.
Zudem sind bei ihnen versteckte Anzeichen für Depressionen und Ängste weniger häufig als in irgendeiner der Kontrollgruppen. Sie verbringen auch mehr Zeit mit sich allein oder mit Meditation oder in stiller Versenkung. Überraschenderweise ist die Zeit, die sie still mit sich allein verbringen, länger als bei denen, die sich als Anhänger der New-Age-Bewegung bezeichnen.
Diejenigen, die in jungen Jahren mit dem Licht in Berührung gekommen sind, setzen sich mehr für die Gemeinschaft ein, indem sie ehrenamtliche Tätigkeiten ausüben. Sie spenden außerdem häufiger für wohltätige Zwecke und sind oft in Sozialberufen tätig, zum Beispiel als Krankenschwester oder in der Sonderschule. Anscheinend ist in ihrem Lichterlebnis etwas Spezifisches zu finden, das sie zu solchen Berufen tendieren läßt.

Der lachende Leichenbestatter

Eines meiner Lieblingsbeispiele für jemanden, der aufgrund einer Nah-Todeserfahrung einen sozialen Beruf ergriffen hat, ist ein Mann, der bei mir »der lachende Leichenbestatter« heißt. Als ich ihm das erste Mal begegnete, war ihm noch gar nicht bewußt, daß er eine Nah-Todeserfahrung gemacht hatte. Er dachte, ich bräuchte für meine Studie Leute, die knapp am Tod vorbeigegangen sind, und er rief mich an, um mir zu erzählen, wie er einmal fast durch einen Stromschlag ums Leben gekommen wäre. Als ich ihn fragte, ob er dabei ein helles Licht gesehen habe, verneinte er dies, ohne zu zögern. »Ich hatte einen echt spinnigen Traum, das schon, aber ein Licht hab' ich nicht erlebt.« Hier ist seine Geschichte:

»Als Kind ließ ich mal im Keller Schallplatten spielen. Dabei langte ich in den Plattenspieler hinein und kam an ein paar Drähte. Sofort war ich wie gelähmt. Ich konnte mich überhaupt nicht rühren.

Die anderen Kinder bei mir im Zimmer dachten, ich wäre ohnmächtig geworden, und gingen Wasser holen, um es mir drüberzukippen. Ich wußte, daß das wohl nicht so gut sein würde, und versuchte verzweifelt, mich zu bewegen oder zu schreien oder so was.

Ich kam mir vor wie in einer Falle. Aber gleichzeitig merkte ich, daß ich mir selbst da auf dem Boden ja zuschauen konnte und auch all das sah, was um mich herum vor sich ging. Ich schwebte außerhalb meines Körpers!

Ich fand das hochinteressant. Ich schaute zu, wie die Sanitäter kamen und mich in den Krankenwagen legten und ins Krankenhaus brachten. Manchmal war ich wie ausgeblendet, und mir wurde schwarz vor Augen. Dann wieder hörte ich alles, was vor sich ging.

Im Krankenhaus konnte ich alles beobachten, was sie mit mir anstellten. Ich sah, wie sie mir Paddel auf die Brust legten, und hörte sie sagen: ›Zurücktreten!‹, als sie mich mit den Stromstößen wieder zum Leben bringen wollten. Ich hatte anscheinend eine gespaltene Wahrnehmung, weil ich, während sich dies abspielte, gleichzeitig einen langen Tunnel hinunterging. Unterwegs traf ich Leute, die sich freuten, mich zu sehen, und mit mir sprachen. Ich kannte keinen davon. Da waren auch Unmengen von Türen. Aber ich machte keine davon auf, weil ich wußte, daß sie nicht für mich bestimmt waren. Dann kam ich ans Ende des Tunnels, wo ein milchigweißer Nebel lag, so daß ich nichts sehen konnte. Ein Licht war es aber nicht. Sondern es war wolkenartig, milchig und hell.

Gleichzeitig konnte ich mich da unten liegen sehen. Ich sah, wie die Ärzte sich an mir zu schaffen machten. Ich konnte Gesprächsfetzen hören wie ›Der stirbt uns weg‹ und ›Einen Schritt zurück!‹ und ähnliches.

Und da war noch etwas, was mich wirklich verblüffte: Bei mir im Zimmer war eine Frau. Sie war in Weiß gekleidet und schien eine Krankenschwester zu sein. Sie redete aber nicht mit den Ärzten, sondern hielt meine Hand und beruhigte mich. Ich hatte das Empfinden, alles würde gut werden. Zuerst dachte ich, es könnte meine Mutter sein, aber sie sah nicht so aus wie sie, und überhaupt hat mir meine Mutter später erzählt, daß sie auf Anweisung des Arztes hin draußen gewartet hatte.«

Das war genau die Sorte von Patient, wie ich ihn mir für meine Studie wünschte. Er stand seiner Nah-Todeserfahrung völlig naiv gegenüber und wußte nicht einmal, daß es sich bei seinem Erlebnis um eine solche handelte. Dabei wies es alle einschlägigen Merkmale auf, inklusive der Reise durch den Tunnel, der Begegnung mit anderen Menschen und des Eintauchens in ein helles Licht. Dazu kam noch der Anblick der geheimnisvollen Frau in

Weiß, die man sicher als Schutzengel oder Geistführerin sehen kann.
Er ist das beste Beispiel für die transformierende Wirkung von Nah-Todeserfahrungen. Er fühlte sich zu einem sozialen Beruf hingezogen, ohne zu wissen, weshalb. »Ich habe ihn mir eben ausgesucht. Anscheinend habe ich eine spezielle Fähigkeit, mit Familien umzugehen, in denen jemand gestorben ist. Mir macht meine Arbeit wirklich Freude, und ich merke, daß ich das gut kann.«
Tatsächlich hat mich seine sprühend lebendige Art darauf gebracht, ihm den Namen »der lachende Leichenbestatter« zu geben.
Er hat rein gar nichts von einem übersensiblen Spinner, wie so manche Zyniker Leute mit einer Nah-Todeserfahrung zu nennen pflegen. Er ist jemand, dessen tatkräftiges Engagement dem Leben gilt. Mit 41 gehört ihm ein Bestattungsunternehmen zur Hälfte, was von seinem Schwung und Ehrgeiz zeugt. Er glaubt, er habe eine besondere Berufung, sich der Familien mit einem Trauerfall anzunehmen. Seine Erfahrung hat ihm das Gefühl gegeben, daß »danach auch noch etwas kommt«, eine Überzeugung, die ihm wertvolle Hilfe ist, anderen über ihre Trauer hinwegzuhelfen. »Ich habe festgestellt, daß ich mich gerne mit Leuten befasse, die jemanden verloren haben«, sagte er. »Es scheint meine besondere Begabung zu sein. Ich hab' das schon mal durchgemacht, und es fällt mir leicht, mit denen zu sprechen, die darunter leiden, einen Angehörigen verloren zu haben.«
Auf dem Index für Lebensfreude rangiert er weit oben, auf der Skala für Angst vor dem Tod dagegen ganz weit

unten, beides Persönlichkeitsmerkmale, die meines Erachtens durch jenen »spinnigen Traum« geprägt wurden, den er als Kind hatte.

Der lachende Leichenbestatter bestätigt zudem ein weiteres Ergebnis, zu dem ich gelangt bin: NTEs verändern das elektromagnetische Feld des Körpers. Wie schon in einem der vorangegangenen Kapitel dargelegt, lassen sich bei etwa der Hälfte der Personen mit nachweislicher Nah-Todeserfahrung Anzeichen eines veränderten elektromagnetischen Nervensystems erkennen. Als ich ihn nun fragte, ob er je Probleme mit Armbanduhren hatte, zuckte er mit den Schultern und nickte dann.

»Ich kann schon eine Uhr tragen«, sagte er. »Das Problem ist, daß ich es mir nicht leisten kann, eine gute zu kaufen, oder zumindest eine, die nicht gleich kaputtgeht. Ein Freund hat mir schließlich eine teure Uhr gekauft, und selbst die geht die halbe Zeit nicht.«

Paranormalen Vorkommnissen auf den Grund gegangen

Das vielleicht Faszinierendste an den Nah-Todeserfahrungen ist die Tatsache, daß übersinnliche und präkognitive Vorfälle bei NTElern um ein Vielfaches häufiger vorkommen. Mir fällt es schwer, an diese sehr ausgeprägten übersinnlichen Fähigkeiten zu glauben. Eigentlich würde ich gar nicht daran glauben, wären sie nicht so häufig. Wenn man die Anzahl nachweisbarer übersinnlicher Erfahrungen der untersuchten Gruppe und einer

Kontrollgruppe in einer graphischen Darstellung mittels zweier Balken einander gegenüberstellte, dann würde der eine Balken den anderen so weit überragen wie ein Wolkenkratzer einen Bungalow.

Rein gefühlsmäßig und von Berufs wegen habe ich Probleme damit, das zu glauben, was ich da sehe. In meiner Ausbildung gab es nichts, was mich auf Leute vorbereitet hätte, die Gedanken lesen können oder wissen, was passieren wird, noch bevor es passiert ist. Dagegen gab es in meiner Ausbildung eine Menge, was mir nahelegt, daß so etwas unmöglich ist, und wenn auch nur aus dem Grund, daß es sich nicht in einem Labor reproduzieren läßt.

Und wenn ich mich dann irgendwie dazu durchgerungen habe, meine eigenen wissenschaftlichen Daten unbeachtet zu lassen, so läuft mir wieder einer von diesen NTElern über den Weg, der so sensitiv ist, daß er mir die privatesten Einzelheiten aus meinem Leben sagen kann, so winzige Details, daß ich sie selbst praktisch vergessen habe. Und was soll dann ein skeptischer Fragesteller wie ich davon halten, wenn er sich mit den erstaunlichsten Vorfällen konfrontiert sieht?

Ich rufe mir also wieder ins Gedächtnis, daß dies hier keine Leute sind, die es darauf anlegen, mir weiszumachen, sie seien übersinnlich begabt. Dies sind keine Leute, die sich groß in Szene setzen wollen und es auf einen Auftritt im Spätprogramm des Fernsehens abgesehen haben. Es sind vielmehr normale Leute, die plötzlich über paranormale Fähigkeiten verfügen. Mir ist wohl bewußt, daß Befähigungen wie die zur Telepathie und

Präkognition nicht schon der Beweis für die Existenz einer Seele sind. Es könnte sich hierbei auch einfach um natürliche menschliche Fähigkeiten handeln, für die uns das rechte Verständnis fehlt. Schließlich haben wir unser enormes Gehirn vor 200 000 Jahren ausgebildet, und da ihm kein Benutzerhandbuch beilag, kommen wir vielleicht immer noch auf neue Möglichkeiten, wie wir es einsetzen können.

Ein Resümee

Suche ich festzuhalten, was mir als das Wesentliche an der Transformationsstudie und der Tatsache der Nah-Todeserfahrungen erscheint, so läuft dieses Resümee auf folgende Punkte hinaus:

Diese Erfahrung gleicht keiner der medizinisch als solche definierten Halluzinationen

NTEs sind anders als jegliche Halluzinationen, die wir kennen, und genausowenig ähneln sie drogeninduzierten Halluzinationen, einer Schizophrenie, einer vorübergehenden Psychose, psychotischen Einbrüchen, narkotikabedingten Reaktionen oder Träumen.

Die Nah-Todeserfahrung ist ein logisch und geordnet ablaufendes Geschehen, in dessen Verlauf es dazu kommt, daß man aus seinem Körper herausschwebt, in Finsternis eintaucht und ein wunderbares und nicht zu beschreibendes Licht erlebt. Die Betroffenen sind sich dessen bewußt, was ihnen widerfährt. Anders als jemand,

der eine Halluzination hat oder eine Episode von Geisteskrankheit durchlebt, empfindet sich jemand während einer Nah-Todeserfahrung nicht als ausgeliefert und seinem eigenen Wesen fern.
Das Problem fängt erst dann an, wenn die Betreffenden nach einer Nah-Todeserfahrung anderen, insbesondere solchen aus der Zunft der Mediziner, von ihrer wunderbaren Reise erzählen. Dann nämlich wird ihnen weisgemacht, daß es sich bei ihrem Erlebnis um eine Halluzination, einen schlechten Traum, eine Geisteskrankheit gehandelt habe – nur nicht um eine Jenseitsreise, die es in Wirklichkeit war.
Ich meine, daß wir Ärzte diejenigen sind, die diese Erfahrung nicht begreifen können und die nicht die richtige Wahrnehmung für die Realität anderer haben. Die Ärzteschaft ist es, die in gewissem Sinne blind für diese Erfahrungen ist.

Nah-Todeserfahrungen wurden von Zeugen, deren Aussage von jedem Gericht im Lande akzeptiert würde, unabhängig voneinander verifiziert

Die eindrucksvollen Erlebnisberichte jener, die diese Erfahrungen mit den Sterbenden gleichzeitig erlebt haben, kann man nicht übergehen: den der staatlich geprüften Krankenschwester, die die Dame in Weiß am Bettende ihrer sterbenden Patientin erblickt, den der Mutter, die die Totenbettvision ihres sterbenden Kindes simultan miterlebt, den des jungen Mädchens, das den Tod seines Bruders in einer Vision sieht und seine Todeserfahrung mit ihm gleichzeitig erlebt ... Diese Menschen

hätten nichts davon, wenn sie diese Geschichten erfänden. Vielmehr setzen sie sich der Lächerlichkeit aus und einer Vielzahl von unangenehmen Anschuldigungen, indem sie mutig einen Schritt nach vorne tun und über diese Simultanerfahrungen sprechen.
Ist es da sinnvoll, wenn die Medizin den Aussagen all dieser Leute keine Beachtung schenkt? Und ist es da sinnvoll, zu leugnen, daß es sich bei NTEs um reale Erfahrungen handelt?

Der rechte Schläfenlappen ist die Stelle, wo Körper und Geist aufeinandertreffen

Die Nah-Todeserfahrung spielt sich wahrscheinlich im rechten Schläfenlappen ab, einer Stelle direkt über dem rechten Ohr mitten im Gehirn. Meine eigene Forschung und die anderer Wissenschaftler, die bis zu fünfzig Jahre zurückreicht, bestätigt, daß sich NTEs anatomisch an dieser Stelle lokalisieren lassen.
Manche sind der Meinung, die Erfahrung wird in ihrem Wert geschmälert, wenn man nachweisen kann, wo im Gehirn sie ihren Ursprung hat. Ich bin anderer Meinung. Wenn wir den rechten Schläfenlappen als die Stelle im Gehirn ausfindig machen, wo NTEs stattfinden, so sprechen wir hier von dem Punkt, wo Psyche, Körper und Geist miteinander in Wechselwirkung stehen. Wir sprechen von dem Bereich, wo der eigentliche Lebensfunke sitzt.
Manche Forscher sind der Überzeugung, daß der rechte Schläfenlappen die Hirnregion ist, die es uns erlaubt, eine andere Realität wahrzunehmen und unter Umstän-

den sogar in sie einzutreten. Dr. Michael Schröter, Philosoph und Neurologe an der Universität Heidelberg, gehört zu denen, die davon überzeugt sind, daß der rechte Schläfenlappen die Stelle im menschlichen Körper ist, wo Gehirn, Geist und Seele zusammenlaufen.
Als ich bei Vorlesungen in Deutschland Schröter begegnete, berichtete er mir von einer Patientin, die während einer Nah-Todeserfahrung außerhalb ihres Körpers schwebte. Sie sah eine Lichtkugel auf ihren Körper zukommen und hörte zu, wie sich ihr Körper und die Lichtkugel miteinander unterhielten. Zuletzt sagte die Lichtkugel: »Du wirst während der nächsten dreißig Jahre nicht mehr zu uns kommen.«
Dieser und die vielen ähnlichen Fälle brachten Schröter, mich selbst und andere zu der Überzeugung, daß der Schläfenlappen ein Empfangssystem ist, das es uns erlaubt, Stimmen, die ihren Ursprung außerhalb unseres Körpers haben, zu hören und das Licht, das zum Zeitpunkt des Todes auf uns zukommt, wahrzunehmen.

Verwandelt vom Licht

Das Erleben des Lichts hat sich für mich als das Schlüsselerlebnis innerhalb der Nah-Todeserfahrung herausgestellt, als das Element, das stets eine Wandlung herbeiführt. Und ich bin ganz der Überzeugung, daß dieses während der NTE wahrgenommene Licht aus einer Quelle außerhalb des Körpers stammt.
Warum bin ich dieser Meinung? Neurologen haben die

Existenz besagter Schaltstellen der Mystik in unserem Schläfenlappen nachgewiesen. Mittels dieses neurologischen Mechanismus vermögen wir außerkörperliche Erfahrungen zu machen, weiße Gestalten zu sehen, von denen einige toten Verwandten von uns gleichen, himmlische Musik zu hören, einen dreidimensionalen Lebensfilm anzuschauen – also alle Elemente einer Nah-Todeserfahrung zu erleben außer einem: dem transformierenden Licht.

Dieses liebende weiße Licht macht nun aber das Eigentliche der Nah-Todeserfahrung aus. Die anderen Indikatoren einer solchen Erfahrung können auch durch Kurzschließen des rechten Schläfenlappens erzeugt werden, wie dies beispielsweise Wilder Penfield getan hat. Während operativer Eingriffe im Gehirn hat er den besagten Bereich mit Stromstößen gereizt und dadurch Patienten in außerkörperliche Zustände versetzt.

Diese Schaltstellen sind auch schon bei Anwendung von Narkosemitteln wie Ketamin aktiviert worden, wobei Patienten auf dem Operationstisch ihren Körper verlassen haben, wie sie sagen. Auch LSD, Peyote und andere bewußtseinserweiternde Drogen können manche dieser Schaltungen in Gang setzen und so zu außerkörperlichen Empfindungen, Tunnelerlebnissen und ähnlichem führen. Ja, ich glaube sogar, daß in Phasen heftiger Angst die magische Kraft dieser Hirnregion zum Einsatz kommt, nämlich dann, wenn es nötig ist, daß sich jemand von dem, was gerade vor sich geht, distanziert, oder auch um die Zeit zu verlangsamen, damit sich so eventuell ein Unfall verhindern läßt.

Diese Bausteine der spirituellen Reise können auf verschiedene Art aktiviert werden, da sie ja Teil des grundlegenden Schaltplans unseres Gehirns sind.
Das Lichterlebnis dagegen kann nicht künstlich in Gang gesetzt werden. Es wird erst im Augenblick des Todes ausgelöst oder bei manchen sehr speziellen spirituellen Visionen. Diese Vision des liebenden Lichts aber hat jene Persönlichkeitsveränderung zur Folge, die wir bei der in der Studie untersuchten Gruppe festgestellt haben. Die durchschlagendste und dauerhafteste Transformation war bei denjenigen zu beobachten, die das Licht gesehen hatten.

Todesangst *und* Todesnähe

Lassen Sie mich ein Beispiel dafür anführen, wie in ein und derselben Person die Schaltstelle durch zweierlei Auslöser aktiviert wurde, einmal durch Todesangst und das andere Mal durch Todesnähe. Das nachfolgende Erlebnis eines Patienten, der beinahe den Tod gefunden hätte, als er das Heck eines Lasters rammte, wurde mir von Dr. van Lummel, einem prominenten holländischen Kardiologen, berichtet.
Während der ersten Phasen des Unfalls, als ihm klarwurde, daß ein Zusammenstoß unmittelbar bevorstand, blieb die Zeit, wie der Patient sagte, fast stehen, als er in die Bremsen trat und der Wagen ins Schleudern geriet. Dann schien es ihm, als schnelle es ihn aus seinem Körper heraus. In diesem Zustand nun lief sein Leben in knap-

pen Bildern – schlaglichtartig – vor ihm ab. Ich meine, dies war eine »Todesangst«-Erfahrung, eine Art Abspaltung als Reaktion auf eine lebensbedrohliche Situation. Was als nächstes geschah, war etwas ganz anderes. Sein Auto rammte den Laster, und der Unterbau des Lasters krachte durch die Scheibe und verursachte mehrfache Verletzungen an Kopf und Brust. Den Arztberichten war zu entnehmen, daß der Mann im Koma lag und fast tot war. Jedoch hatte er das lebhafte Gefühl, seinen physischen Körper zu verlassen und in ein Dunkel einzutreten. Er konnte die physische Welt nicht mehr so wahrnehmen wie vor dem Aufprall auf den Lastwagen. Er hatte das Empfinden, sich in einem dunklen Tunnel in Richtung auf einen Lichtfleck vorwärts zu bewegen. Plötzlich erschien ihm ein Wesen »voller Liebe und Licht«. Nun erlebte er eine *zweite* Lebensrückblende, durch die ihn jetzt aber das Lichtwesen führte. Er fühlte sich in Liebe und Mitgefühl getaucht, als er die moralischen Entscheidungen, die er während seines Lebens getroffen hatte, nochmals vor sich ablaufen sah. Er begriff plötzlich, daß er ein wichtiger Teil des Universums war und daß sein Leben einen Sinn hatte.

In diesem zweiten Erlebnis erst, das durch den Sterbeprozeß ausgelöst wurde, hatte er das Gefühl, von dem Licht, das ihn durch seine Lebensrückschau führte, verwandelt zu sein. Die erste Lebensrückblende erschien ihm nur wie eine Abfolge von Bildern. Sie ablaufen zu sehen, hatte ihm keine Einsicht gebracht.

Zweierlei Nervensysteme

Die folgende Geschichte verdeutlicht meine Überzeugung, daß wir über zwei Nervensysteme verfügen, von denen jedes von gesonderten Hirnregionen aus gesteuert wird. Wir haben das konventionelle, biochemische Nervensystem, dem die Regelung motorischer und sensorischer Fähigkeiten unterstellt ist. Es wird hauptsächlich von unserer linken Hirnhälfte aus gesteuert und steht in enger Beziehung zu unserem »inneren Erzähler«, der mit unserem linken Schläfenlappen zusammenhängt.

Das andere ist ein subtiles, elektromagnetisches Nervensystem, das verantwortlich ist für die Heilung von Knochenbrüchen, die Regeneration von Körpergewebe und die psychosomatische Verknüpfung von Gehirn und Körper.

Es zeichnet außerdem verantwortlich für unsere paranormalen Fähigkeiten, für Phänomene wie Telepathie, Präkognition und Empfindungen von Außerkörperlichkeit. Es ist der stille Jemand, das Gewissen in uns, der Teil von uns, der mit Gott in Verbindung steht.

Innerhalb dieses stillen zweiten Gehirns – den Schaltstellen der Mystik – ist es uns möglich, die Eigenart der Nah-Todeserfahrung zu begreifen. Wenn das Gehirn abstirbt und die Energiezufuhr aus dem biochemischen Nervensystem aufhört, schaltet sich der Bereich des rechten Schläfenlappens ein, in der Regel zum ersten Mal im Leben. Er läßt uns das wunderbare liebende Licht empfangen, das ein Patient »das Leuchten Gottes« nannte.

Diejenigen, die ihren Beinahe-Tod gut überstehen, werden von diesem Licht verwandelt. Sie erkennen, daß ihr Leben Sinn und Zweck hat, der gewöhnlich in der Liebe zur Familie und zur Menschheit generell liegt. Sie aktivieren brachliegende Hirnregionen und entdecken neue Fähigkeiten in sich, sowohl paranormaler als auch intuitiver Art. Sie werden zu glücklichen Menschen, die sowohl praktischen Hobbys als auch intellektuellen Freizeitbeschäftigungen nachgehen. Einen Teil ihrer Zeit verbringen sie für sich in Meditation. Mehr Zeit als der Durchschnitt der Bevölkerung aber verwenden sie auf Angelegenheiten der Gemeinschaft und soziale Tätigkeiten.

Ich bitte auch zu beachten, was die Nah-Todeserfahrung *nicht* bewirkt: Sie macht aus dem Betroffenen keinen messianischen Propheten mit einer Botschaft für die Menschheit. Nein, wir haben es mit einfachen, durchschnittlichen Menschen zu tun, die sich selbst nicht als etwas Besonderes sehen. Sie haben keine spezielle Religion oder Lebensphilosophie außer der, das Leben so intensiv wie möglich zu leben.

Oftmals verändert ihre spirituelle Transformation sie so sehr, daß sie ihrer Familie fremd werden. Gewöhnlich betrachten sie ihre Nah-Todeserfahrung als eine private Angelegenheit, als etwas, worüber sie selten mit anderen sprechen. Trotzdem vollziehen sich die Transformationen.

Die Nah-Todeserfahrung bewirkt bei den Betroffenen eine Transformation

Diese Wandlung ist wie gesagt wahrscheinlich die Folge eines lebendigen Erlebens des liebenden Lichts, das sich dem ganzen Gehirn einprägt. Die Erinnerung daran gibt dem Betroffenen das Gefühl, sein Leben habe Sinn und Zweck. Ebenso wie ein beinahe tödlicher Vorfall bei einem Überlebenden, der keine Nah-Todeserfahrung erlebt, eine negative Gedächtnisspur hinterläßt, die zu einem posttraumatischen Streßsyndrom führt, so erzeugen NTEs ein posttraumatisches *Glücks*syndrom, das eine Persönlichkeitsveränderung nach sich zieht.

Daß im Augenblick des Todes der rechte Schläfenlappen seine Aktivität entfaltet, ist manchen Neurologen ein Rätsel. Jedoch legen die bisherigen Forschungsergebnisse es nahe, daß Teile des rechten Schläfenlappens zum ersten Mal richtig zu arbeiten anfangen, sobald das Gehirn im Absterben ist. Die Tatsache, daß er dabei Erinnerungen in unser Langzeitgedächtnis einspeichert, zeigt, wie gut er funktioniert.

Nun also stellt sich die Frage: Welches ist die Energiequelle, die diesen neurologischen Schaltkreis speist? Wie der russische Neurologe Vladimir Vladostock aufzeigt, versucht das Gehirn bei einem Koma verzweifelt, mit seinem Energievorrat sparsam umzugehen, und wird von daher nichts unternehmen, um komplexe Visionen und Halluzinationen zu erzeugen. In einem in der Fachzeitschrift *Critical Care Medicine* erschienenen Artikel kommt Vladostock zu dem Schluß, NTEs könnten sterbenden Patienten schaden, da sie zu dem ohnehin schon vorhandenen Energiedefizit beitragen. Nun berichten aber Patienten in einem fort, daß sie ins Leben zurückgekehrt sind, nachdem sie dem Licht begegnet waren und ihnen gesagt worden war, sie müßten umkehren. Die Nah-Todeserfahrung hat ihnen also keine Energie entzogen, sie hat sie mit Energie erfüllt.

Wiederbelebung durch NTE

Eine Krankenschwester, die zwanzig Jahre an einem Krankenhaus im Mittleren Westen tätig war, erzählte mir eine Geschichte, die die in NTEs steckende Wiederbelebungskraft anschaulich macht.

Sie berichtete, daß einer ihrer jungen Patienten einen Herzstillstand hatte und beinahe gestorben wäre. Die Wiederbelebung gestaltete sich aufgrund technischer Probleme schwierig, da die fahrbare Wiederbelebungsapparatur streikte. Doch gerade als das im Einsatz stehende Team schon aufgeben wollte, kehrte der Patient wieder ins Leben zurück.

An jenem Abend war er dann recht ärgerlich. Er meinte, daß es ihm »im Himmel Spaß gemacht hatte« und daß er nicht hatte zurückkommen wollen. »Aber ich habe da so ein Licht gesehen, und das hat mir gesagt, ich müßte wieder ins Leben zurückkehren.«

Die Schwester dachte, er sei im Delirium. Sie versicherte ihm, daß ihn die Ärzte zurückgeholt hatten und nicht irgendein sprechendes Licht, das er in seinen Träumen gesehen hatte.

»Das stimmt nicht, was Sie sagen!« behauptete der Junge steif und fest. »Der Apparat, den sie da verwenden wollten, war gar nicht eingesteckt. Gott war es, der mich hat zurückkommen lassen.« Sie überprüfte die Kabel an der Maschine und stellte fest, daß er recht hatte. Nun glaubte sie ihm, daß er doch von selbst zurückgekehrt war.

Infolge des Lichts? Ich meine schon. Ich bin nach über einem Jahrzehnt der Analyse von NTEs zu der Überzeugung gelangt, daß dieses Licht, das uns erscheint, wenn wir im Sterben liegen, real und nicht einfach nur ein Nebenprodukt der menschlichen Hirntätigkeit ist. Vielmehr meine ich, in ihm liegt der Ursprung all dessen, was wir als allein dem Menschen eigen ansehen, nämlich seiner Seele.

Das Licht, das uns erscheint, ist nicht einfach ein reflexbedingter Spasmus des Sehnervs. Es ist nicht dasselbe wie die Sterne, die wir sehen, wenn wir mit dem Kopf gegen etwas geknallt sind. Es ist eine andere Art von Licht, eines, das alles im Universum in sich faßt. Am besten hat es eine Frau ausgedrückt, die sagte, es sei nicht wie ein Licht, das man mit den Augen wahrnehme. »Es war nicht etwas, was ich ›Gott‹ nennen würde, und doch war Gott in dem Licht. Meine Großeltern kamen aus dem Licht und redeten mit mir, und dennoch waren sie Teil des Lichts. Gott war es nicht, doch genausowenig war es *nicht* Gott.«

Das Licht, das im Augenblick des Todes erscheint, ist Realität. Den Nachweis für sein reales Vorhandensein liefern meine Studien, denn hier zeigte sich ganz deutlich, daß es verifizierbare und reproduzierbare Veränderungen bei denen nach sich zieht, die mit ihm in Berührung kommen. Und die Tatsache, daß das Licht zu einem Zeitpunkt erscheint, zu dem das Gehirn wenig eigene Energie zur Verfügung hat, deutet auf die Möglichkeit hin, daß es von einer Quelle außerhalb des Körpers herrührt, die mit dem menschlichen Bewußtsein nichts zu tun hat.

Offenkundige Tatsachen, die nicht so leicht umzusetzen sind

Und nun zum Schluß kommen wir auf die grundlegende Frage zurück: »Was sollen wir denn nun mit diesen Informationen anfangen?« fragen meine Medizinerkollegen, von denen viele geradeso zynisch sein können wie der bissigste Gastgeber einer Talk-Show im Radio.

Als praktizierender Arzt meine ich, wir müssen es den Philosophen und Wissenschaftlern überlassen herauszufinden, was es mit der Nah-Todeserfahrung in Wahrheit auf sich hat. Im nächsten Jahrzehnt wird die Bewußtseinsforschung auf Hochtouren laufen, und dabei werden die Schaltstellen der Mystik und all die anderen Schaltstellen, von denen unser Schädel voll ist, im Detail untersucht werden.

Ich glaube, als Ärzte ist es unsere Aufgabe, zu begreifen, daß dies eine reale und nicht von Drogen ausgelöste Erfahrung ist. Indem wir diese Erfahrung verstehen, können wir auch den Tod verstehen. »Der Tod lehrt uns zu leben; er setzt uns die Grenzen, innerhalb deren sich unser Leben abspielt. Der Hammer des Todes zerschlägt den Spiegel, der uns vom Licht trennt«, wie dies David Meltzer so schön ausdrückt.

Wir sind meines Erachtens herausgefordert, dieses Wissen praktisch umzusetzen, und zwar da, wo es um den Tod und das Sterben geht. Dies trifft insbesondere dann zu, wenn wir es mit unheilbar Kranken und ihrer Versorgung zu tun haben, die nach bereits ritualisierten Regeln abläuft und für die Beteiligten oft etwas Entmenschlichendes und Entwürdigendes hat. Dr. William Knaus von der George-Washington-Universität zum Beispiel beschreibt die Versorgung unheilbar Kranker folgendermaßen:

»In vielen Fällen werden als sehr unangenehm empfundene komplizierte Apparaturen eingesetzt, um die lebenswichtigen Funktionen in Gang zu halten und damit dem Patienten eine Behandlung angedeihen zu lassen, die von keinem Nutzen, aber mit enormen Kosten verbunden ist und anderen eine Behandlung vorenthält und die obendrein noch die Würde des Menschen verletzt.«

Kurz gesagt, werden die wichtigsten Entscheidungen über das Leben eines Patienten über seinen Kopf hinweg gefällt – die nämlich, ob er an lebenserhaltende Maschinen angeschlossen wird oder nicht.

Ich glaube, ein besseres Verständnis des Sterbevorgangs und die Bereitschaft, die spirituellen Visionen Sterbender anzuerkennen, würden großen Einfluß haben auf die inzwischen als »Recht auf den Tod« allgemein bekannte Problematik.

Diese Erfahrungen tragen dazu bei, unsere Angst vor dem Tod zu mindern, und damit meine ich die der Ärzte genauso wie die der sterbenden Patienten. Der Psychologe C. G. Jung hat gesagt, daß unsere Todesfurcht dazu führt, daß wir den Tod mit allen Mitteln beherrschen wollen, und dies ist genau das, worum es der Familie und den Ärzten geht, wenn sie bei einer unheilbaren Krankheit im Endstadium auf lebenserhaltende Maßnahmen bestehen.

Mißglückter Selbstmord

Mit einem besonders bewegenden Fall dieser Art sah sich die Ethik-Kommission eines Krankenhauses konfrontiert:

Der fünfundfünzigjährige Mr. Jones hatte jahrelang an einer stark bewegungseinschränkenden degenerativen Arthritis gelitten. Einst ein begeisterter Fitneßanhänger, der diverse Berge bezwungen hatte, sah er nun die Welt nur noch vom Rollstuhl aus.

Er hatte schon mehrere fehlgeschlagene Selbstmordversuche hinter sich, und der Teil der Familie, der ihm nahestand, akzeptierte seinen Wunsch zu sterben. Mehrere weiter entfernt lebende Familienmitglieder jedoch stellten sich dem vehement entgegen. Nach diesem Muster verläuft es oft. In der Regel sind diejenigen aus der Familie, die am wenigsten mit der täglichen Pflege eines sterbenden Patienten zu tun haben, am meisten darauf aus, sein Leben zu verlängern.

Mr. Jones konnte schließlich seine Frau dazu überreden, ihm Sterbehilfe zu leisten. Seine Tage gingen mit Schmerzen dahin, und seine Nächte brachte er in dem unruhigen Schlaf zu, den Narkotika und Schlafmittel bescheren. Seine Frau und er hatten zeit ihres Lebens viel miteinander unternommen, sind zum Beispiel zusammen gewandert und radgefahren. Nun mußten sie zusehen, wie ihre ganzen Ersparnisse von der medizinischen Behandlung verschlungen wurden, die sein Abgleiten in die totale Unbeweglichkeit kaum aufhalten konnte. Ihr Haus hatten sie bereits verkauft und waren in eine kleine Wohnung gezogen. Nachdem ihre finanziellen Mittel beinahe erschöpft waren, fühlte sich Mr. Jones – wie Yeats sagt – wie ein »Gefangener, der in einem sterbenden Tier in der Falle saß«. Seine Frau war mit seinem Wunsch zu sterben vollkommen einverstanden.
Die beiden gingen von Arzt zu Arzt, um sich bei jedem ein Schlafmittelrezept zu beschaffen. Sie mußten heimlich und auf sich gestellt vorgehen, ohne die Hilfe von Familie oder Freunden, von einem Geistlichen oder Arzt, da sie ja gegen bürgerliches und religiöses Gesetz verstießen. In einem Testament verfügte Mr. Jones, daß sein Leben nicht künstlich verlängert werden sollte. Dann nahm er die Tabletten.
Als er ins Koma fiel, geriet seine Frau in Panik. Sie rief den Notarzt, der Wiederbelebungsmaßnahmen ergriff, während sie dabeistand und fragte, ob diese Anstrengungen wirklich nötig seien. In diesen kritischen Augenblikken war sie hoffnungslos verängstigt und schrecklich durcheinander.

Im Krankenhaus dann wurde Mr. Jones an die lebenserhaltenden Apparate angeschlossen, und sein Fall wurde der Ethik-Kommission vorgelegt. Seine Frau wollte, daß man die Apparate abstellte und ihn sterben ließ. Zwei ihrer vier Kinder waren dagegen. Ein Sohn, der am anderen Ende des Landes wohnte, war der festen Meinung, sein Vater sei einfach depressiv, und wenn diese Depression behandelt wäre, würde er sicher wieder leben wollen.

Nach einiger Zeit wurde der Mann von den Geräten abgenommen, lebte aber trotzdem weiter, jedoch in einem vegetativen Zustand. Er erlangte nie mehr das Bewußtsein und lebt heute noch in diesem unbewußten Zustand.

Ein prominenter Anästhesist sagte später zu mir: »Er hätte besser gelebt, hätte man ihn sterben lassen.«

Die meisten dieser Tragödien könnten vermieden werden, wenn wir nur den Tod nicht so sehr fürchteten oder ihn nicht so sehr im Griff haben wollten. Die Tatsache, daß sich dieser Mann mit seiner Frau heimlich verschwören mußte und nicht auf den Beistand des Hausarztes oder eines Geistlichen rechnen konnte, ist ein Armutszeugnis für unsere Politik des Lebens um jeden Preis.

Nach Lage der Dinge aber trafen alle – Ärzte, Schwestern, Frau und Kinder – schwierige und quälende Entscheidungen, bei denen sie sich jeweils nur von ihrem eigenen Gefühl leiten lassen konnten. Eine offene Diskussion über Euthanasie, Tod, Angst vor dem Sterben und über das, was Sterbende erleben, hätte ein Klima schaffen können, in dem diese Familie vielleicht zu irgendeiner kreativen Lösung gelangt wäre, bevor dieser Mann versuchte, Selbstmord zu begehen.

Das Schicksal in die Hand genommen

Über einen ganz anders gelagerten Fall schrieb mir eine Mutter, deren siebzehnjährige Tochter an Lebernekrose starb. Sie hieß Elisabeth, und ihr Tod schien deshalb so besonders tragisch, da sie ein sehr hübsches, kluges und lebhaftes Mädchen war, das mit vierzehn die High-School abschloß.

Ein paar Monate bevor Elisabeth starb, kam es zu einem massiven Leberversagen. Zu diesem Zeitpunkt, sagte ihre Mutter, wurde es ihr zur Gewißheit, daß sie bald sterben mußte. Für die meisten Menschen wäre dies ein Grund, sich zurückzuziehen und dem Leben deprimiert gegenüberzustehen. Schließlich erscheint einem ein so früher Tod als eine der größten Ungerechtigkeiten überhaupt. Für Elisabeth dagegen war dies ein Grund, alle noch verfügbare Energie zusammenzunehmen.

Sie teilte ihren Eltern und den Ärzten mit, daß sie die Dinge bis zum Ende selbst in die Hand nehmen wollte. Sie traf so weit wie nur irgend möglich Entscheidungen über ihre Behandlung. Sie versuchte es auch mit alternativen Heilmethoden, unter anderem mit einem Geistheiler.

»Über den möglichen Tod wurde ganz offen geredet«, schrieb ihre Mutter. »Dies machte manche der Schwestern und einen der zuständigen Ärzte ganz wütend. Aber wir beschlossen, jedem der anstehenden Schritte direkt ins Auge zu sehen.«

Statt zwanghaft nach dem Grund für ihre Krankheit zu suchen und sich ständig zu fragen: »Warum passiert denn das gerade mir?«, nahm Elisabeth jeden Tag, wie er kam. Sie kämpfte darum, weiterhin klar denken zu können, obwohl sie aufgrund des Zustandes ihrer Leber keine Schmerzmittel nehmen durfte.

»Sie schien sich völlig im klaren zu sein über ihren Weg«, schrieb die Mutter. »Als es dem Ende zuging, verabschiedete sie sich von uns allen. Sie nahm jeden aus der Familie beiseite und sagte ihm, daß sie ihn am ›allerliebsten‹ hatte. Erst zwei Jahre später, als wir an Weihnachten alle zusammenkamen, fanden wir heraus, was sie getan hatte.«

Zum Schluß wurde Elisabeth immer schwächer und fiel schließlich in ein Koma. Am Tag bevor sie starb, bat sie um ihr Tagebuch, in das sie schrieb, daß sie das Licht gesehen hatte. Auch eine Grenze sah sie, »die Grenzlinie«, auf deren andere Seite ihre Familie nicht gelangen konnte. Und außerdem traf sie ihre kürzlich verstorbene Tante, mit der sie über ihren Entschluß, bald zu sterben, reden konnte. Dann schrieb sie für ihre Mutter folgendes Gedicht:

Das Licht war der starke Weg, das fühlte ich,
und diesen Weg werde ich gehen.
Doch wie beide Wege sich für mich anfühlten, probierte
ich aus, und ich fühlte mich gut dabei.

Es gibt da einen kosmischen Zauber, der sehr einfach ist.
Und beidem fühlte ich mich nahe,
dem Leben und dem Tod.

Ich empfand mich als Teil des ganzen Spektrums,
als einen kleinen Teil bloß davon.
Ich spüre, daß ich durch mich etwas weitersagen darf,
etwas über Leben und Tod.
Etwas sehr Wichtiges, das unbedingt auch aufgeschrieben werden muß.
Ich fühle die Wiedergeburt auf mich zukommen und den Tod,
und sehr nahe
liegt beides beieinander.

Elisabeths letzter schöpferischer Akt war in vielerlei Hinsicht vielleicht ihr wichtigster.
Mir ist klar, daß über den richtigen Einsatz von Schmerzmitteln bei sterbenden Patienten in jedem Einzelfall entschieden werden muß. Jedoch sind die meisten Ärzte, die mit älteren Patienten zu tun haben, einhellig der Meinung, daß bei diesen oft überdosiert wird, wenn es auf den Tod zugeht.
Und warum? Oftmals erleichtert eine starke Sedierung es, mit dem Patienten fertig zu werden. Häufig sediert man der Familie oder des Arztes wegen. Ich spreche aus eigener Erfahrung, wenn ich sage, daß es für einen Arzt nicht so leicht ist, dem Tod eines Patienten gegenüberzustehen.
Ich weiß, es braucht mehr Zeit und ist sicherlich schwieriger für diejenigen, die sich um die Sterbenden küm-

mern, trotzdem meine ich, in der Todesstunde sollten weniger Medikamente und ein Mehr an liebevoller Zuwendung geboten werden. Ich war in diversen Fällen dabei, wo Kinder darüber sprachen, wie sie ihren eigenen Tod verstehen. So etwas ist eine nützliche Übung, um der starken Angst und Sorge, die mit dem Tod einhergeht, entgegenzutreten.

Bewußtlos und doch nicht ohne Bewußtsein

Inwieweit sind sich Sterbende dessen bewußt, was um sie herum geschieht? Die 1988 von mir durchgeführte Seattle-Studie, in der die psychischen Vorgänge während des Sterbens untersucht wurden, ergab, daß Patienten, die klinisch tot waren und dann wieder ins Leben zurückgeholt wurden, sich sehr wohl erinnerten, was sich in ihrem Umkreis abgespielt hatte. Zu meinem Erstaunen wurde es um solche Patienten nicht einfach schwarze Nacht. Vielmehr verblieb ihnen ein beträchtliches Maß an Überblick und erkennendem Bewußtsein. Viele dieser Patienten berichten, daß sie aus ihrem physischen Körper herausschwebten und sehr bewußt wahrnahmen, was um sie herum vor sich ging.
Dies ist bei unserer Behandlung von Sterbenden von großer Bedeutung. Während Familienangehörige und Freunde zur normalen Besuchszeit zu den Patienten kommen dürfen, sind sie dann, wenn der Tod naht, am Bett oft nicht erwünscht. Diese Praktiken müßten sich grundlegend ändern: Wir sollten zusehen, daß viel mehr

Menschen und viel weniger Maschinen um das Sterbebett versammelt sind.

Ein enger Freund von mir zum Beispiel erlebte mit, wie sein Großvater in einem Krankenhaus nach einem Herzanfall starb. Ihn beunruhigte der Gedanke sehr, sein Großvater sei vielleicht unter großen Schmerzen gestorben. Ich konnte ihn jedoch, ausgehend von wissenschaftlichen Erkenntnissen, davon überzeugen, daß sein Großvater seinen Tod wahrscheinlich als friedlichen, ja spirituellen Vorgang wahrgenommen hat.

Mein Freund erzählte mir daraufhin, daß es *seinem* Vater keine Ruhe ließ, daß er von seinem Vater nicht hatte Abschied nehmen können. Er hatte ihn viele Male im Krankenhaus besucht, aber als er einen Herzanfall erlitt, ließen ihn die Ärzte nicht ins Zimmer, und er wurde heimgeschickt. Als er schließlich seinen ganzen Mut zusammennahm und trotzdem hineinging, war sein Vater bereits gestorben.

Wiederum verwies ich auf die Ergebnisse wissenschaftlicher Forschung. Ich sagte zu ihm, daß sein Großvater wahrscheinlich doch wahrnahm, wie sein Sohn sich von ihm verabschieden wollte. Auch wenn er keine Reaktion zeigen konnte, war ihm vermutlich bewußt, daß sein Sohn zu einem letzten Lebewohl gekommen war.

Er bekam von mir nicht zu hören, daß sein Großvater im Himmel sei. Ich teilte ihm nur mit, wohinter ich als Wissenschaftler stehen konnte: nämlich daß es gut möglich war, daß der Vater den Sohn zur Zeit seines Todes gesehen hatte.

Dies ist ein Beispiel dafür, wie sich Spiritualität und

Wissenschaft miteinander verbinden lassen. Dadurch geben wir Patienten und ihren Familien wieder mehr das Gefühl, der Situation nicht ausgeliefert zu sein. Und wir tragen auch dazu bei, daß spirituelle Empfindungen und Vorahnungen als wahr anerkannt werden, Eingebungen, über die so viele hinwegsehen, weil sie Angst haben, von wissenschaftlich denkenden Ärzten verlacht zu werden. Ich meine, das wissenschaftliche Material reicht aus, diese Erlebnisse als reale Erfahrungen zu bestätigen. Ich denke, Ärzte sollten dieses Wissen mit Patienten und deren Angehörigen teilen, ihnen in bezug auf Visionen, die den Tod vorwegnehmen, Nah-Todeserlebnisse und andere spirituelle Phänomene ein positives Gefühl vermitteln und sie über die vorhandenen Daten informieren, damit sie sich selbst eine Meinung dazu bilden können.

Ein leuchtender Augenblick

Eine Krankenhausseelsorgerin schilderte kürzlich, wie sie ihr Wissen über Nah-Todeserfahrungen einsetzte, um einer Patientin und ihren Angehörigen zu mehr Kraft zu verhelfen. Eine krebskranke alte Frau lag im Sterben, und ihre Schwestern waren bei ihr am Krankenbett versammelt. An ihrem Todestag kam die Frau nochmals zu Kräften und sprach ihre Schwestern an. »Tom ist hier«, sagte sie und deutete zum Bettende. »Ach, endlich ist Tom da!«
»Wer ist Tom?« fragte die Vikarin.

Den Schwestern war das peinlich. Sie versuchten die Sterbende, die ganz aufgeregt war und immer noch auf die Stelle deutete, zu beruhigen.

»Sie weiß nicht, was sie da sagt«, meinte eine der Schwestern. »Tom ist ihr Mann. Er ist schon seit zwanzig Jahren tot.«

Die Entgegnung der Vikarin kam für sie überraschend. »Wo meinen Sie denn, daß Tom sein sollte, wenn nicht hier?« fragte sie.

Daraufhin änderte sich die Haltung der Frauen. Sie standen der Sterbebettvision ihrer Schwester nicht mehr ablehnend gegenüber, sondern nahmen daran Anteil. »Wo ist Tom? Zeig's uns!« sagte eine der beiden Frauen. Dann setzten sich die beiden links und rechts von der Sterbenden ans Bett und schauten zu Tom hin, bis ihre geliebte Schwester starb.

Mit dem Augenblick, wo sie die Vision gelten lassen konnten, änderte sich ungeheuer viel für diese zwei Frauen: Statt ihre Schwester als jemanden in Erinnerung zu behalten, der etwas daherphantasiert und verrücktes Zeug redet, erlebten sie einen Augenblick der Kraft, als sie ihrer Schwester beim Sterben beistehen konnten. Sie hatten an ihrer Vision teil. Und als Folge davon wurden sie mit ihrer Trauer anschließend leichter fertig.

Diese Seelsorgerin stand dem Tod positiv gegenüber und vertraute ihrer eigenen Spiritualität. Sie versuchte nicht, den Schwestern das Erlebnis auszudeuten, und hielt in diesem sehr heiklen Augenblick mit ihren eigenen Überzeugungen zurück. Sie legte den beiden lediglich nahe, daß Tom sich tatsächlich am Bettende aufhielt und daß die Sterbende ihn sehen konnte. Die Schwestern wußten eigentlich selbst, daß Tom da war. Sie vermochten nur nicht, ihrem Gefühl entsprechend zu handeln, bis die Vikarin, die Autoritätsperson im Zimmer, ihnen die Erlaubnis dazu gab.

Eine tiefempfundene Erfahrung

Spirituelle Erfahrungen zu verstehen und zu akzeptieren kann verhindern helfen, daß Trauer ins Pathologische abgleitet, auch dann, wenn es sich nicht um die eigene Erfahrung handelt.

Ich äußerte dies auf einer Konferenz in Schweden und wurde anschließend von einer Herzspezialistin und Kinderärztin angesprochen, die anderer Meinung war: »Andere können an diesen Erfahrungen nicht teilhaben, auch nicht, wenn es um eine des eigenen Kindes geht. Und wie kann man von etwas profitieren, was man selbst nicht erlebt hat?«

Mich schockierte das, was sie sagte, und ich tat, was ich konnte, um ihr zu entgegnen. Wenn ein Kind stirbt, erklärte ich ihr, steht für die Eltern die natürliche Weltordnung auf dem Kopf. Sie sind zornig darüber, wie übel ihnen das Schicksal mitgespielt hat, und ihre Wut ist sehr schwer in gesunde Bahnen zu lenken. Doch sie verstand gar nicht, worauf ich hinauswollte.

Ich hatte zum Beispiel einmal einen kleinen Patienten, der mit einer schweren Funktionsstörung des Gehirns auf die Welt kam, wobei das Gehirn langsam abstirbt. Den

Eltern fiel es sehr schwer, einzusehen, weshalb ihr Kind sterben mußte. Sie machten sich selbst unsinnige Vorwürfe, denn die wahre Ursache für diese entsetzliche Erkrankung ist nicht bekannt. Die Mutter hatte während der frühen Schwangerschaft Kokain genommen und war überzeugt, daß es an ihrem Drogenkonsum lag. Der Vater dagegen glaubte, an der Hirnfunktionsstörung seien die Gene schuld, die er weitergegeben hatte.
Und obendrein sprach dann die Mutter von einer Vision, die sie gehabt hatte, noch ehe das Baby geboren war. Sie wurde mitten in der Nacht von einer Dame in Weiß aufgeweckt, die zu ihr sagte: »Dein Baby hätte eigentlich nicht sein sollen und muß jetzt mit mir wieder mitgehen.«
Ich wollte die beiden dazu bringen, dies als Erklärung für die tödliche Krankheit ihres Kindes zu akzeptieren. Was für eine bessere Erklärung, fragte ich, ließe sich denn finden als die, daß dieses Baby nicht hätte sein sollen?
Doch anstatt diese spirituelle Vision anzuerkennen, wurden die Eltern nur noch verbitterter und ärgerlicher. Wenn ich an sie denke, fühle ich mich an das Zen-Gleichnis von dem Mann, der mit einer brennenden Kerze nach Feuer sucht, erinnert. Hätte er Feuer gekannt, wäre seine Suche sicher von kürzerer Dauer gewesen.
Hätten die beiden die Vision annehmen können, wären ihr Zorn und ihr Unglück ebenfalls von kürzerer Dauer gewesen.

Der Vision trauen

Eine Mutter schrieb mir über die letzten Monate ihres Sohnes, der Krebs hatte und zu Hause starb. Er hatte spirituelle Visionen, in denen er seinen Tod vorhersah. Zu der Zeit, als dies geschah, hatte er infolge der Chemotherapie keine Haare mehr und war nur noch Haut und Knochen. Er wollte aufgrund der Visionen die Behandlung abbrechen. Seine Mutter war einverstanden, und mit Einwilligung der Ärzte hörte er mit der Behandlung auf und war dann zu Hause.

Ich bat die Mutter zu schildern, wie es für sie war, ihren im Sterben liegenden Sohn bei sich daheim zu haben. Hier ist ihre Antwort:

»Sie haben mich gefragt, wie es war, am Bett meines im Sterben liegenden Kindes zu sein. Da mußte ich erst mal lachen, denn Sean ist auf dem Wohnzimmerboden gestorben. Die letzten Wochen war er sehr unruhig und wollte auf dem Sofa oder dem großen Sessel sein oder auf seinem Schlafsack am Boden. Wenn er im Krankenhaus gewesen wäre, hätte er das nicht tun können. Eigentlich ist mir nicht recht klar, was Sie genau wissen wollen.

Wenn Sie meinen, was in mir emotional vor sich gegangen ist, dann muß ich sagen, daß es das Schrecklichste und zugleich das Bewegendste war, was ich je erlebt habe. Es war furchtbar, mein Kind von Tag zu Tag kränker und schwächer werden zu sehen und absolut nichts dagegen tun zu können, daß es so war. Gleichzeitig war es wunderbar, ihn versorgen zu können, ihn in den Arm zu nehmen, wenn er es wollte, ihm sein Lieblingsessen zu machen, selbst wenn er es dann nicht essen konnte, ihn gespannt warten zu sehen, bis es drei Uhr nachmittag war und seine Schwestern heimkamen – alles Sachen, die nicht hätten geschehen können, wenn er im Krankenhaus gewesen wäre.

Da durchzugehen kostete mich meine ganze Kraft. Manchmal fühlte ich mich, als müßte ich gleich in tausend Stücke zerspringen, und oft habe ich mir gewünscht, ich könnte auch mitsterben, obwohl ich wußte, daß das meinem Mann und meinen Töchtern gegenüber nicht fair war. Ich weiß nicht, was in meinem Mann während dieser Zeit vorging. Ich habe ihn nie gefragt.

Ich glaube wirklich, daß sich das Sterben ewig hinziehen kann, wenn die Eltern ihr Kind nicht loslassen können oder wollen ... Die meisten Eltern, mit denen ich gesprochen habe, waren allerdings nicht so wie wir. Sie wollten alles versuchen bis zum bitteren Ende, auch wenn kaum noch eine Chance bestand. Diese Eltern scheinen dann schwerer mit ihrer Trauer zurechtzukommen.

Eine Frau, der ich öfters geschrieben habe, hatte eine Tochter, die an Leukämie starb. Die Ärzte hatten ihr mitgeteilt, daß ihre Krankheit unheilbar war, aber sie sagte, sie wollten alles probieren. Dieses Mädchen ist durch eine Hölle gegangen. Sie war während ihres letzten halben Jahres die meiste Zeit im Krankenhaus, wo es die Ärzte mit Bestrahlung, Chemotherapie und allem möglichen versuchten. Kurz vor ihrem Tod sagte das Mädchen: ›Ich habe versagt. Tut mir leid.‹

Nachdem Sean gestorben war, wollte niemand darüber reden. Den meisten Amerikanern jagt der Tod schreckliche Angst ein.

Wir als trauernde Eltern sind dadurch in einer sehr schlimmen Lage.«

Diese Mutter glaubte an die Visionen ihres Kindes und war dadurch genausosehr verwandelt, als ob sie selbst sie erlebt hätte.

Der Gewinn für den klinischen Alltag

Als Kliniker richtet sich mein Hauptinteresse an Nah-Todeserfahrungen auf praktische Gesichtspunkte, vor allem darauf, wie das Wissen hierüber eingesetzt werden kann, um Patienten zu helfen. Meine Forschung, die in erster Linie auf den Patienten ausgerichtet ist, hat mich, so denke ich, Dinge sehen lassen, die anderen, die auf diesem Gebiet geforscht haben, entgangen sind.
Ich hatte mir den typischen Nah-Todeserfahrenen als überempfindsamen, über allen Wolken schwebenden Anhänger der New-Age-Bewegung vorgestellt. Statt dessen stellte ich fest, daß diejenigen, die eine Nah-Todeserfahrung machen, im allgemeinen ganz gewöhnliche Menschen sind, die eine außergewöhnliche Erfahrung überleben.
Jetzt, nach mehr als zehnjähriger Forschung, habe ich die starken Auswirkungen solcher Erfahrungen an den vielfältigen Veränderungen der Betroffenen beobachten können. Läßt sich nun diese Forschung im klinischen Alltag verwerten? Gibt sie Familienangehörigen, Ärzten und in der Pflege Tätigen etwas an die Hand, was ihnen

hilft, denen zu helfen, die mit dem Tod und dem Sterben zu Rande kommen müssen?

Ich habe eine Reihe von Richtlinien entwickelt, die denen, die mit solchen Erfahrungen konfrontiert sind, helfen sollen, besser zu verstehen, was es damit auf sich hat. Sie erfahren, was sie tun können, damit es zu wachsendem Verständnis und größerer Unterstützung kommt. Ich finde es nicht nötig, daß im Gesundheitswesen professionell Tätige in der Diskussion um die objektive Realität dieser spirituellen Erfahrungen Partei ergreifen. Doch was ich für notwendig erachte, ist die Erkenntnis, daß sie einen natürlichen und normalen Teil des Sterbeprozesses darstellen und für diejenigen von uns, die mit dem Tod und dem Sterben befaßt sind, tiefe Bedeutung haben.

Um zum Verständnis dieser Erfahrungen beizutragen, habe ich zusammengestellt, was sie für all diejenigen, die es eventuell betrifft, bedeuten:

Welche Bedeutung haben NTEs für Sterbende?

1. Die Nah-Todeserfahrung bestätigt den Patienten in seinen eigenen psychischen Erfahrungen und kann etwas von der Ohnmacht gegenüber dem Sterben nehmen und ihm wieder mehr Würde geben.
2. Das Wissen darum, daß der Sterbevorgang nicht mit Schmerzen und Angst verbunden ist, sondern etwas Spirituelles und Wundersames ist, kann tröstlich sein.
3. Patienten, die im Koma liegen, können oft alles, was um sie herum vor sich geht, hören und sehen und Gespräche gefühlsmäßig mitbekommen. Oft schwe-

ben sie in ihrer subjektiven Wahrnehmung an der Decke und sehen sich selbst aus der Vogelperspektive zu, wie sie auf dem Sterbebett liegen oder wiederbelebt werden.

4. Wenn der sterbende Patient spirituelle Visionen hat, kann man ihm mit deren Hilfe den Sterbeprozeß deuten und braucht solche Visionen und Eingebungen nicht mehr als drogenbedingte Erlebnisse oder Halluzinationen abzutun.
5. Bei Patienten, die keine mit dem Tod in Zusammenhang stehenden Visionen haben, können Vorstellungsübungen oder Phantasiereisen oft denselben Zweck erfüllen.
6. Das Wissen um Nah-Todeserfahrungen kann die Isolation und Vernachlässigung von Sterbenden in ihr Gegenteil verwandeln: Es werden Leute zu Besuch kommen wollen, um etwas über eventuelle Todesvorahnungen zu erfahren oder mit den Sterbenden mittels Vorstellungsübungen zu arbeiten. Die »altmodische« Sterbebettszene mit den versammelten Freunden und Verwandten wird so vielleicht wieder zum Leben erweckt.

Bedeutung für hinterbliebene Angehörige und Freunde

1. Die Nah-Todesforschung bestätigt eine Vielzahl von mit dem Tod in Zusammenhang stehenden Visionen. Das Wissen, daß es sich bei NTEs um ein »reales« Geschehen handelt, kann einem dem Tod vorausgehenden friedlichen Lächeln, einem entrückten Augenausdruck oder schlichten, knappen Äußerungen

wie »Das Licht, das Licht!«, die man sonst gern überhört, eine neue Bedeutung geben.

2. Häufig haben Freunde oder Angehörige auf den Tod folgende Visionen oder Eingebungen, die im Lichte dieser neuen wissenschaftlichen Erkenntnis zutreffender gedeutet werden können. Dr. Therese Rando zum Beispiel stellt fest, daß 75 Prozent der Eltern, die um ihr Kind trauern, nach dessen Tod Halluzinationen haben, die ihr sterbendes Kind betreffen. Wenn man nun einfach nochmals deutlich sagt, daß die meisten Eltern ihr Kind nach dessen Tod wiedersehen, ohne dabei einen medizinischen Begriff wie »Halluzination« zu verwenden, so kann das für die Eltern ein ungeheurer Trost sein und es ihnen ermöglichen, ein solches Vorkommnis auf ihre Art auszudeuten.
3. Todesvisionen können dazu dienen, das Gefühl zurückzugewinnen, in der Welt gebe es Führung und Ordnung, was bei der Verarbeitung eines vorzeitigen Todes oder des Todes eines Kindes von besonderer Bedeutung sein kann.
4. Auf den Tod bezogene Visionen können einer gesunden Trauer dienlich sein und die Wahrscheinlichkeit, daß es zu pathologischer Trauer kommt, herabsetzen, indem sie eventuell vorhandene Schuldgefühle oder das Gefühl persönlicher Verantwortung für den Tod abbauen, was beides den normalen Verlauf der Trauer beeinträchtigen kann.
5. Mit dem Tod in Zusammenhang stehende Visionen erzeugen das Gefühl, der Tod habe einen Sinn, auch wenn dieser Sinn schwer faßbar ist. Zum Beispiel

kann eine dem Unfalltod ihres Kindes vorausgegangene Vision bei den Eltern das Gefühl entstehen lassen, daß dieser Tod irgendeine Bedeutung hat. Dies kann eine sinnlose Tragödie in eine sinnvolle verwandeln, was wiederum pathologische Trauer verhindern hilft.

6. Die Familie und die Freunde können Trost finden in dem Wissen, daß jene letzten Augenblicke des Lebens trotz der entmenschlichenden Realität und der scheinbaren Folter der Intensivmedizin heiter und friedvoll sind.
7. Das Wissen, daß sich die Hypothese eines Weiterlebens nun auch wissenschaftlich stützen läßt, kann die Hoffnung geben, schließlich mit dem Sterbenden wiedervereint zu werden. Dies kann für viele außerordentlich tröstlich sein.
8. Auf den Tod bezogene Visionen können den Glauben und das Vertrauen der Überlebenden stärken, so daß sie ihren eigenen spirituellen Eingebungen trauen und sich ihr religiöser Glaube festigt.

Bedeutung für im Gesundheitswesen Beschäftigte

1. Auf den Tod bezogene Visionen können auch für uns eine ähnliche Rolle spielen, indem sie unsere Schuldgefühle und unser Gefühl der Ohnmacht mindern und geistige und gesellschaftliche Isolation, wenn es um Tod und Sterben geht, abbauen.
2. Todesvisionen können uns, wenn wir mit dem Tod unserer Patienten konfrontiert sind, von dem Gefühl entlasten, verantwortlich zu sein und immer alles im

Griff haben zu müssen, stets die richtige Arzneimitteldosis und die rechte Antwort parat haben zu müssen.

3. Schließlich und endlich mag vielleicht das Bedürfnis schwinden, an unsinnigen Regeln und Praktiken festzuhalten, die nur unser eigenes Bedürfnis widerspiegeln, den Sterbeprozeß unter Kontrolle zu haben, anstatt uns auf die Bedürfnisse der zu betreuenden Patienten zu konzentrieren.
4. Todesvisionen oder das Einsetzen von Vorstellungsübungen bei Sterbenden können eine erhöhte Aktivität am Krankenbett zur Folge haben: Gespräche über den Tod und das Sterben, Berührung, In-den-Arm-Nehmen des Sterbenden oder einfaches Bei-ihm-Sitzen. All dies kann Sterbende aus ihrer gesellschaftlichen Isolation herausführen.
5. Was sollte man einem Patienten oder einem Familienangehörigen über eine mit dem Tod zusammenhängende Vision mitteilen?

- Analysieren Sie Ihre eigenen geistigen Überzeugungen und Gefühle über den Tod. Wenn wir die Jenseitsvisionen eines Patienten als Delirien und Halluzinationen abtun, so spiegelt dies häufig unsere eigenen religiösen Überzeugungen und Werte wider.
- Im Zweifelsfall sagen und tun Sie lieber nichts.
- Seien Sie sich im klaren darüber, daß es sich bei den meisten Sterbeerlebnissen um keine dramatischen Jenseitsvisionen handelt, sondern möglicherweise um einfache intuitive Erkenntnisse. Oft sind Patienten

beunruhigt, wenn sie keine dramatische Jenseitsvision erleben.

- Fördern Sie das Gespräch innerhalb der Familie und des Freundeskreises. Oft werden mit dem Tod zusammenhängende Visionen in ihrer Bedeutung erst offensichtlich, wenn mehrere Familienmitglieder über dieselbe Erfahrung zur selben Zeit berichten. Wenn von professioneller Seite bestätigt wird, daß solche Erfahrungen etwas Normales und Natürliches sind, so erlaubt dies der Familie oft eher, ihrer Intuition und ihren Überzeugungen zu vertrauen.
- Im Koma liegende Patienten werden von Familienangehörigen oft als im Tunnel steckend angesehen. Andere wieder wollen wissen, warum ihr Kind oder ihr Ehepartner sich nicht dazu entschloß, zu ihnen zurückzukehren. Diese Probleme tauchen oft auf, müssen aber auf individuelle Weise angegangen werden.
- Widerstehen Sie dem Drang, für alles eine Antwort zu haben oder die Erfahrungen zu interpretieren. Was allein zählt, ist, den Sterbenden und ihrer Familie die Sache wieder in die Hand zu geben.

6. Machen Sie sich klar, daß Nah-Todeserfahrungen den Tod für Selbstmordgefährdete attraktiver machen könnten. Jedoch kehren diejenigen, die einen Selbstmordversuch unternommen und dabei ein Nah-Todeserlebnis gehabt haben, mit der festen Überzeugung ins Leben zurück, daß ein Selbstmord keine Lösung darstellt.

Wandel durch Wissen

Das Wissen, daß diese visionären Erfahrungen zum Zeitpunkt des Todes real und transformierend sind, bestätigt uns in unserer Spiritualität. Diese Erfahrungen lehren uns vieles, das wichtigste jedoch ist, daß sie uns zeigen, es gibt einen Lebensquell, aus dem wir alle hervorgehen. So viele Probleme in unserer Gesellschaft – Drogenabhängigkeit, Depressionen, Chaos und Verzweiflung in den Großstädten und die Umweltkatastrophen, die wir selbst heraufbeschwören – zeugen von der fehlenden Einsicht, daß alles Leben in Zusammenhang miteinander steht und seinen Sinn hat.

Menschen haben die Gabe, Erleuchtung zu erfahren durch ein Licht, das imstande ist, sie zu verwandeln. Wir müssen nicht erst sterben, um aus dieser Erfahrung zu lernen. Wir müssen nur offen sein für die darin liegende Botschaft.

Nie hat jemand diese Botschaft mir gegenüber besser zum Ausdruck gebracht als Jaimal Lovitt, ein High-School-Schüler, der folgendes über das Licht schrieb:

> *»Als ich einmal das Licht sah, überstieg das alle Vorstellungen, denn es war gleich einem Klang, wie er nur in pechschwarzer Stille zu hören ist. Es ist der Klang des Lebens, das nach einem Ort sucht, wo es liegen und ruhen kann, fast als wäre es die zusammengefaßte und miteinander verschmolzene Energie aller Wesen, die dann einen weißen Lichtball bildet, der den Klang des Lebens so laut erklingen läßt, wie er es nur vermag, doch so schwach, daß die Unwissenden ihn nicht*

vernehmen und die Wissenden bloß meinen, sie würden ihn hören.

Das Licht ist ein Muster, das manche das Leben nennen. Das Auf und Ab, Glück und Unglück, Gut und Böse, das einzig Wirkliche und doch nicht ganz Greifbare, die Menschen, die reden und dann ihre Sprache verlieren. Die nachmittägliche Ruhe, der Gedanke an das baldige Ende. Der Aufruf der Welt, es laut herauszuschreien: ›Ich bin lebendig, siehst du nicht? So mach doch, daß ich den großen Klang hören kann, denn ich hab' ihn doch schon einmal gehört, er läßt mich nicht im Stich.‹

So weiß es auch sein mag, ich werde das Licht sehen. Für immer ist es bei mir, werd' ich aus dieser Welt gehen. Denn ist alles zu Ende und ich bin alt und grau, dann ist da mein Licht, und es bleibt mir treu, sein heller Schein wird in alle Ewigkeit in der ewigen Finsternis sein.«

Anhang:
Die Daten der Transformationsstudie

Für die Transformationsstudie wurden insgesamt 350 Erwachsene befragt, 100 Erwachsene, die als Kinder eine Nah-Todeserfahrung gemacht hatten, und 50 Patienten in jeder der Kontrollgruppen.

Wir fanden die Versuchspersonen für unsere Studie über Mund-zu-Mund-Werbung, Zeitungsannoncen, Anschläge am Schwarzen Brett und über Radio- und Fernsehsendungen. Die Gruppen waren, was Geschlecht und Alter betraf, gleich zusammengesetzt und bestanden aus ungefähr derselben Anzahl von Erwachsenen in den Altersgruppen der 20- bis 30jährigen, der 30- bis 40jährigen, der 40- bis 50jährigen, der 50- bis 60jährigen, der 60- bis 70jährigen und der über 70jährigen.

Es gab folgende Untersuchungsgruppen:

- Erwachsene, die als Kinder sowohl schwer krank waren als auch eine Nah-Todeserfahrung (NTE) machten.
- Erwachsene, die zwar als Kinder schwer krank waren, jedoch ohne dabei eine Nah-Todeserfahrung zu erleben.
- Erwachsene, die angeben, sich für NTEs zu interessieren, oder die sich in ihren Werten an der New-Age-Bewegung orientieren, die jedoch weder je ernsthaft krank waren noch eine mystische Erfahrung oder die einer Vision gemacht haben.

- Erwachsene, die als Kinder oder Erwachsene einfache außerkörperliche Erfahrungen gemacht haben.
- Normale Erwachsene, zumeist vorwiegend der weißen Mittelklasse angehörende Eltern von Patienten aus meiner in einem Vorort liegenden Praxis.
- Erwachsene, die als Kinder eine mystische Erfahrung machten oder eine Vision hatten, jedoch nicht in Zusammenhang mit einer Krankheit.

Die gesamte den Probanden vorgelegte Testreihe erforderte durchschnittlich drei Stunden Bearbeitungszeit. Sie bestand sowohl aus in eigenen Worten oder in Form einer kurzen Abhandlung zu beantwortenden Fragen als auch in formalisierten psychologischen Tests.
Alle Patienten gaben, nachdem sie im einzelnen informiert worden waren, ihre Zustimmung, auch dazu, daß ihre Fallgeschichten in diesem Buch sowie in wissenschaftlichen Artikeln, die sich aus dem Forschungsprojekt noch ergeben würden, vorgestellt werden. Es wurde ihnen absolute Vertraulichkeit zugesichert, daher sind viele Details der Fallgeschichten verändert worden, unter anderem die angegebenen Krankheiten, Alter und Geschlecht.
Der gesamte Test hatte folgende Bestandteile:

- Das Lebensanpassungsprofil nach Ellsworth.
- Ein Lebensstilprofil, bestehend aus Fragen zu sportlicher Betätigung, Ernährungsgewohnheiten früher und heute, zu Ausbildung und Berufslaufbahn, zur Familiengeschichte und zum Verlauf der Ehe.

- Die gesamte bisherige allgemeinmedizinische und psychiatrische Krankengeschichte.
- Fragen zu Religion und Spiritualität: eine Kombination aus frei zu beantwortenden Fragen und formalisierten Rating-Skalen.
- Der Greyson-Wertekatalog: mit eigenen Worten zu beantwortende Fragen sowie formalisierte Ratingskalen, in denen es um persönliche Ansichten über diverse Themen, unter anderem über Ehe, Geld, Sexualität und Geschäftliches geht.
- Die NTE-Validitätsskala von Greyson: eine Skala, die erfassen soll, ob jemand tatsächlich eine Nah-Todeserfahrung gemacht hat.
- Die Todesfurchtskala von Templer: ein Test, der den Grad der Angst vor dem Tod zeigt.
- Eine die Intensität der Familienbindung bewertende Skala.
- Das Reker-Peacock-Lebenseinstellungsprofil.
- Das Inventar negativer NTEs von Greyson.
- Der Fragebogen zu subjektiven paranormalen Vorkommnissen von Neppe.
- Das Inventar der Schläfenlappensensibilität von Neppe.

Ergebnisse

Testergebnisse der Validitässkala für NTEs von Greyson

NTE in der Kindheit (NTEK)	13,7
Erkrankung in der Kindheit (EK)	3,25
Hellsichtig/New-Age-orientiert (H/NA)	6,1
Außerkörperliche Erfahrung (OBE = *Out-of-Body Experience*)	12,4
Kontrollgruppe (K)	2,9
Vision (oder Lichttraum) (V)	18,1

Dieser Test soll erweisen, wie glaubhaft eine Nah-Todeserfahrung ist. Aber wie aus den Ergebnissen deutlich wird, kann die Greyson-Validitätsskala nicht zwischen NTEs und visionären oder spirituellen Erfahrungen anderer Herkunft unterscheiden.

Testwerte der Todesfurchtskala von Templer

NTEK	5,4
EK	6,7
H/NA	6,8
OBE	6,25
K	6,8
V	3,7

Diese Ergebnisse zeigen, daß Lichtvisionen oder Nah-Todeserfahrungen zu verminderter Angst vor dem Tod führen, ein lediglich außerkörperlicher Zustand dagegen nicht, ein Befund, der sich mit Twemlows Forschungsergebnissen deckt. Auch das bloße Interesse für Nah-Todeserfahrungen oder ein New-Age-orientiertes Denken vermindern die Angst vor dem Tod anscheinend nicht.

Testergebnisse des Wertekatalogs von Greyson

	NTEK	EK	H/NA	OBE	K	V
Persönliche/ materielle Werte	5,5	7,2	6,2	7,2	6,6	4,2
Soziale	12,3	12,1	11,7	13,0	12,5	12,0
Politische	12,2	12,1	11,2	13,0	11,75	12,0
Spirituelle/ altruistische	10,2	9,8	12,3	11,3	10,3	9,8

Diese Ergebnisse bedeuten, daß sich die Werte, zu denen man sich nach außen bekennt, nach NTEs, OBEs oder visionären Erfahrungen nicht zu ändern scheinen. Solche Erhebungen geben aber lediglich einen groben Überblick über das, was für die Probanden ihrer Meinung nach Bedeutung hat. Ich denke, auf dem Papier sind wir uns weitgehend einig darüber, was die wahren Werte im Leben sind. Was eigentlich zählt, ist, diesen Werten gemäß zu leben. Es zeigt sich allerdings bei denen, die NTEs oder andere visionäre Erfahrungen hinter sich haben, eine geringfügige Tendenz zu einer niedrigeren Bewertung des Persönlichen und Materiellen als bei denen ohne diese Erfahrungen.

Testergebnisse des Lebensanpassungsprofils von Ellsworth

	NTEK	EK	H/NA	OBE	K	V
Gesellschaftliche Aktivität	9,5	6,2	7,7	8,1	7,6	7,8
Private Aktivität	10,7	8,0	8,2	9,2	7,1	8,2
Ernährung und Sport	10,5	5,5	9,0	8,5	6,5	9,0
Persönliches Wachstum	8,0	5,0	7,0	6,3	4,8	7,0
Spirituelles Bewußtsein	19,9	15,2	17,0	18,0	16,2	17,0

Insgesamt gesehen erzielen diejenigen mit NTEs in der Kindheit bessere Werte in allen Kategorien, unter anderem in bezug auf psychosomatische Beschwerden, Drogenkonsum und die Verwaltung der Einkünfte. Ganz deutlich zutage tritt die von NTEs verursachte Wandlung jedoch in den Indizes für Lebensführung. In jeder Kategorie – von gesellschaftlicher Aktivität über Ernährungsgewohnheiten und sportliche Betätigung bis zu spirituellem Bewußtsein – zeugen die Ergebnisse vom Wohlbefinden derer, die NTEs in der Kindheit erlebten. Die Autoren des obigen Tests weisen darauf hin, daß sich gut angepaßte Personen in ihrem Lebensstil und ihren spirituellen Überzeugungen von schlecht angepaßten in der Regel unterscheiden würden.

In diesem Test wird zum ersten Mal deutlich, daß es ein Unterschied ist, ob man eine Vision bzw. einen Lichttraum hat oder ob man eine tatsächliche Nah-Todeserfahrung macht. Die beiden ersten – eine neurophysiologische »Trockenübung« sozusagen – können die Angst vor dem Tod senken und dem Betroffenen vermitteln, daß es irgendeine Existenz nach dem Tode gibt, dies jedoch nur als eine vage Wahrnehmung. Derjenige, der eine Nah-Todeserfahrung überlebt, hat sich dagegen unwiderruflich und lebenslang verändert.

Testergebnisse des Fragebogens von Neppe über subjektive paranormale Geschehnisse

	NTEK	EK	H/NA	OBE	K	V
Bestätigt	4,1	1,4	1,7	1,6	0,5	3,0
Unbestätigt	4,8	3,7	5,8	2,8	2,8	4,4

Dieser Test zeigt, daß eine Zunahme verifizierbarer übersinnlicher Erfahrungen um das Vierfache zu verzeichnen ist, wenn der Teil des Gehirns aktiviert wird, von dem man glaubt, daß er für Übersinnliches zuständig ist. Jedoch wird dieses Hirnareal auch im Falle von Lichtvisionen und außerkörperlichen Erfahrungen aktiviert.

Danksagung

Die Seattle-Studie ist meines Wissens die bis jetzt umfassendste Studie über Nah-Todeserfahrungen. Die ungeheure Arbeit, die darin steckt, und die vielen hundert Leute, die dazu beigetragen haben, können gar keine angemessene Würdigung finden. Ich möchte jedem, der an der Studie teilgenommen hat, danken, besonders den Patienten aus der Kontrollgruppe, die ohne für sie ersichtlichen Grund lange Fragebögen ausfüllen mußten. Ich hoffe, daß jeder, der etwas beigetragen hat, nachdem er dieses Buch gelesen hat, stolz ist, an der Seattle-Studie beteiligt gewesen zu sein.

Meinen Dank aussprechen möchte ich den Mentoren meiner Forschungsarbeit, Dr. Archie Bleyer und Dr. Jerrold Milstein. Immer wenn in mir das Gefühl aufkam, nicht weiterzukommen, oder ich neuer Inspiration bedurfte, dachte ich nochmals über Gespräche nach, die ich mit ihnen geführt hatte. Eine ständige Quelle der Inspiration war mir Dr. John Neff, und stets leistete er mir emotionalen Beistand. Dr. Edgar Marcuse schaltete sich an einer kritischen Stelle meines Lebens ein, wie er es früher schon so viele Male getan hatte. Auch dem Pflegepersonal des Kinderkrankenhauses sowie des Valley Medical Center möchte ich danken für viele unschätzbare Einsichten.

Rich Roodman und Jim Distlehorst und der Verwaltung des Valley Medical Center danke ich für die unermüdliche Unterstützung meiner Forschungsarbeit. Daß ich mir sicher sein konnte, im Krankenhaus und beim medizinischen Personal stets vollen Rückhalt zu finden, ließ mich so manchen kalten Wind, der mir entgegenblies, leichter ertragen. Meine Arbeit ist zweifellos umstritten, und der Beistand von Leuten wie John Neff und Jim Distlehorst half mir, mich auf meine Forschung zu konzentrieren und nicht auf die Kontroversen, die sie auslöste.

Ohne die großzügige Unterstützung meiner Partner hätte ich nicht die Zeit gefunden, ein vielbeschäftigter Kinderarzt zu sein und zugleich zu schreiben. Dr. Margaret Clements kam immer genau zur rechten Zeit mit klugen neuen Ideen daher. David Christopher, Gary German, Garciella Del Rio, Margaret Clements und Mike Anderson sind ausgezeichnete Ärzte und großartige Menschen, und ohne ihre Hilfe hätte ich dieses zweite Buch nicht zu Ende bringen können. Bedanken möchte ich mich auch bei meinem Sekretariat für die Erledigung unzähliger Telefonate und winziger Zettelchen, die jeder neuerliche Fernsehauftritt mit sich brachte. Meine Sprechstundenhilfe, MaryAnne Anderson, läßt mich fest auf unserer Erde stehen und ist das eigentliche Erfolgsgeheimnis meiner Praxis.

Meinem Rechtsanwalt Stew Cogan danke ich für all seine Hilfe. Er kostet mich weniger als ein Psychiater und ist wesentlich praktischer. Dieses Buch hätte nicht erscheinen können ohne das Vertrauen, das ich bei Villard Books fand. Dank sei Diane Reverand für die unbarmherzige Arbeit des Redigierens, meinem Mitautor Paul Perry, der die große Gabe hat, Unverständliches verständlich zu machen, und meinem Agenten Nat Sobel und anderen Mitarbeitern in seinem Sekretariat, vor allem Craig Holden. Ich schätze mich glücklich, nicht einfach ein Autor zu sein, sondern einem großen Team anzugehören, das sich der Förderung unseres Verständnisses von Nah-Todeserfahrungen und ihrer Auswirkung auf unsere Gesellschaft verschrieben hat.

Die Studie selbst war weitgehend das Ergebnis der Bemühungen Shannon Greers. Sie hatte alle Aspekte der Studie in der Hand, angefangen vom Entwerfen der Fragebogen und den Interviews bis hin zur langwierigen Arbeit des Ordnens von Details und des Sammelns von Daten. Stark beeinflußt haben mich die Schriften und das Denken von Dr. Vernon Neppe, und er ist meines Erachtens der führende Forscher auf dem Gebiet der heutigen Bewußtseinsforschung. Die Studie wurde mit Hilfe der International Association of Near-Death Studies fertiggestellt, und ich möchte der Ortsgruppe von Seattle, der ich seit über zehn Jahren angehöre, für ihre Unterstützung danken. Kim Clark und Bruce Greyson kennen mich, seit ich jung und unerfahren im Kinderkrankenhaus von Seattle anfing und erste Gehversuche auf diesem Gebiet wagte. Nur dank ihrer Hilfe habe ich Sensibilität und Verständnis gewonnen für die Psyche derjenigen, die Nah-Todeserfahrungen oder Todesvisionen erlebt hatten.

Noch so viele weitere gibt es, die mir eine große Hilfe waren. Viele haben mir Briefe geschrieben, die mich beeinflußt haben, die zu beantworten ich aber nie Zeit fand. Manche traf ich nach Vorlesungen oder bei Radio-Talk-Shows oder am Flughafen. Alle haben etwas beigetragen, und ihnen allen danke ich.

Mein erstes Buch widmete ich meiner Frau Allison, und sie ist die Quelle all meiner Inspiration. Unsere Ehe ist eine echte Partnerschaft, und alles, was ich zuwege gebracht habe, geschah nur mit ihrer Hilfe. Ich danke meinen Kindern Bridget, Colleen und Brett für ihre Geduld und Liebe. Mein jüngster Sohn Cody hat vielleicht mehr als sonst jemand beigetragen, wenn er mich immer aufmerksamerweise in der Nacht aufweckte, um mich daran zu erinnern, ein weiteres Kapitel fertigzuschreiben. Zuletzt danke ich meiner Mutter für alles.

Literatur

Aries, Philippe: *Geschichte der Kindheit,* München 1978

–, *Geschichte des Todes,* München 1982

Atwater, P. M. H.: *Coming Back to Life,* New York 1988

Becker, Ernest: *The Denial of Death,* New York 1973

Becker, Robert O., und Selden, Gary: *The Body Electric,* New York 1985

Calvin, William H.: *The Cerebral Symphony,* New York 1989

Campbell, Joseph: *Lebendiger Mythos,* München 1991

–, *Mythen der Menschheit,* München 1993

Delacour, Jean-Baptiste: *Aus dem Jenseits zurück,* Knaur-Tb. 4103

Evans-Wentz, Walter Y. (Hg.): *Das Tibetanische Totenbuch,* Freiburg ^{18}1986

Foos-Graber, Anya: *Deathing. Den Tod bewußt erleben,* Knaur-Tb. 4254

Greyson, B.: »Increase in psychic phenomena following near-death experiences«, *Theta* 11/1983, S. 26–29

Hawking, Stephen W.: *Eine kurze Geschichte der Zeit,* Reinbek 1988

James, William: *The Varieties of Religious Experience,* New York 1902

Moody, Raymond A.: *Leben nach dem Tod,* Reinbek 1977

–, *Nachgedanken über das Leben nach dem Tod,* Reinbek 1978

Moody, Raymond A., und Perry, Paul: *Das Licht von drüben. Neue Fragen und Antworten,* Reinbek 1989

–, *Leben vor dem Leben,* Reinbek 1990

Morse, Melvin: *Zum Licht. Was wir von Kindern lernen können, die dem Tod nahe waren,* München 1994

Neppe, V. M.: »Subjective Paranormal Experience and Temporal Lobe Symptomatology«, *Parapsychological J. of S. A.* 1, 2/980, S. 99 ff.

Reker, G. T., und Peacock, E. J.: »The Life Attitude Profile. A Multidimensional Instrument for Assessing Attitudes Towards Life«, *Canadian Journal of Behaviour Science* 13/1981, S. 264–273

Ring, Kenneth: *Den Tod erfahren – das Leben gewinnen*, Bergisch Gladbach 1988

Sabom, Michael: *Erinnerungen an den Tod*, München 1983

Schröter-Kunhardt, M.: »Erfahrungen Sterbender während des klinischen Todes«, *Zeitschrift für Allgemeinmedizin* 35–36/1990, S. 1014–1029

Sheldrake, Rupert: *Das schöpferische Universum*, München 1984

Stevenson, Ian, et alii: »Are Persons Reporting ›Near-Death Experiences‹ Really Near Death?«, *Omega: Journal of Death and Dying*, 1989–1990

Templer, D. I.: »The Construction and Validation of a Death Anxiety Scale«, *Journal of General Psychology* 82/1970, S. 165 bis 177

Twemlow, S. W., Gabbard, G. O., und Jones, F. C.: »The out-of-body experiences …«, *Am . J. Psychiatry* 139, 4/1982, S. 450 bis 455

Zaleski, Carol: *Nah-Todeserlebnisse und Jenseitsvisionen*, Frankfurt a.M. 1983